我在教学一线 2

李华昌　金　松　冯文波　主编

中国海洋大学出版社

· 青岛 ·

图书在版编目（CIP）数据

我在教学一线. 2/李华昌，金松，冯文波主编. --
青岛：中国海洋大学出版社，2023.10

ISBN 978-7-5670-3409-9

Ⅰ. ①我⋯ Ⅱ. ①李⋯ ②金⋯ ③冯⋯ Ⅲ. ①中国海
洋大学－优秀教师－先进事迹 Ⅳ. ①K825.46

中国版本图书馆CIP数据核字（2023）第182594号

WO ZAI JIAOXUE YIXIAN 2

我在教学一线 2

出版发行	中国海洋大学出版社
社　　址	青岛市香港东路23号　　邮政编码　266071
出 版 人	刘文菁
网　　址	http://pub.ouc.edu.cn
电子信箱	appletjp@163.com
订购电话	0532-82032573（传真）
责任编辑	滕俊平　　　　　　　　电　　话　0532-85902533
印　　制	青岛国彩印刷股份有限公司
版　　次	2023年10月第1版
印　　次	2023年10月第1次印刷
成品尺寸	185 mm × 260 mm
印　　张	18
字　　数	370 千
印　　数	1～1000
定　　价	89.00 元

发现印装质量问题，请致电0532-58700166，由印刷厂负责调换。

序 言

党的二十大报告对教育、科技、人才工作进行了一体部署,指出要"加快建设教育强国、科技强国、人才强国,坚持为党育人、为国育才,全面提高人才自主培养质量,着力造就拔尖创新人才,聚天下英才而用之"。党中央的重大战略部署,为我国高等教育发展指明了方向,为我国建设特色显著的世界一流大学提供了根本遵循,更是高校落实立德树人根本任务的指南针。

中国海洋大学是一所海洋和水产学科特色显著、学科门类齐全的教育部直属重点综合性大学,是国家"985 工程""211 工程"重点建设高校和"世界一流大学"A 类建设高校。学校创建于 1924 年,始终秉承"教授高深学术,养成硕学宏材,应国家需要"的创校宗旨,以培养德智体美劳全面发展、具有民族精神和社会责任感、具有国际视野和合作竞争意识、具有科学精神和人文素养、具有创新意识和实践能力的高素质创新型人才为目标,以造就国家海洋事业的领军人才和骨干力量为特殊使命。建校近百年来,学校为国家培养了 20 万余名优秀毕业生。在"神舟"飞天、"嫦娥"奔月的发射场,在"蛟龙"号探海、南北极科考的浩瀚海域,在海洋预报、海水养殖的第一线,在世界各地、各行各业,到处都有海大人的身影。这些成绩的取得,是与一代又一代海大人的勤奋努力分不开的,更与本书介绍的辛勤工作在教书育人一线的教师的默默奉献密不可分。他们强烈的事业心和责任感,他们渊博的知识和丰富的治学经验,他们学为人师、行为世范的良好师德,都是学校的宝贵财富,都是需要我们认真学习、深入总结和广泛宣传的。

2018 年,学校出版了《我在教学一线》一书,汇总、展示了校报《我在教学一线》专栏自 2007 年开办采访报道过的近 200 名一线教师的教学故事。时至今日,五年已过。学校的教育教学工作又取得了许多新成就,又涌现出了许多新的优秀教师。他们始终坚守立德树人初心,牢记为党育人、为国育才使命,爱岗敬业、潜心耕耘、勇于创新,为教育事业和学生的成长成才做出了突出贡献。正如他们所言,"做学生成长的引路人""让学生眼里有光,心里有爱""激发学生实现自我价值的自信心""兢兢业业上好每一堂课""以学生为中心,在实践中创新""在教学中与学生共成长""教学是艰深的学问,亦是终身的责任""于学生心灵间厚植家国情怀""让课堂成为传递爱的场所""教与学的优化永远在路上""让每名学生皆有收获""让学生在'做中学,学中乐'""以生为本,打造金课""打造磁力课堂,提升课程吸引力""课堂设计有趣,教学方能有效""以评促教,永远在路上"……

本书不仅收录了校报《我在教学一线》专栏的优秀文章,还收录了校报《海大人物》《教坛心语》专栏以及学校"观海听涛"新闻网《回澜阁》《人物》等栏目中与教育教学工作相关的优秀文章,以期更为全面、充分地展示海大优秀教师的风采。

站在学校下一个100年发展新征程的历史节点上,围绕学校第十一次党代会提出的"打造人才培养的海大模式"之目标任务,衷心希望学校全体教师和教育工作者恪尽职守、无私奉献,在全面推进特色显著的世界一流大学建设的新征程中勇担培育时代新人的历史使命,大力弘扬教育家精神,争做"经师"和"人师"的统一者,做学生为学、为事、为人的大先生,成为被社会尊重的楷模,成为世人效法的榜样,为培养德智体美劳全面发展的社会主义建设者和接班人做出新的更大的贡献!

书将付梓,特向诸位教师致以衷心的感谢和崇高的敬意!谨此为序。

刘　勇

中国海洋大学党委常委、副校长

2023 年 9 月 28 日

目 录 ∃

教师风采

教坛心语

教学研究

后 记

教师风采

黄 菲:
捧丹心，观云卷云舒

"我觉得我干什么都能喜欢，都能干好"，谈起当年从教的职业选择，海洋与大气学院副院长黄菲教授坦言年轻时并未有明确的职业规划，偶然得知当时青岛海洋大学（今中国海洋大学）需要气象学人才，她才将一封手写求职信寄到学校，这段缘分从此开始⋯⋯

从中国最早建立气象学系的南京大学毕业后，怀着对青岛这个海滨城市的向往，黄菲坐着绿皮火车辗转而来，在中国海洋大学[①]从教 26 年，从初为人师的忐忑不安到 2022 年获得全国气象教学名师称号，一路走来，她时常感到庆幸与热爱。

一、推陈出新，打造精彩课堂

天气的变化无时不在，云淡风轻或风雨交加，对天气现象背后的原理进行探究进而预报，就是"天气学原理"课程开设的初衷。"天气学原理"也是大气科学的专业核心课，号称学生从事气象职业的"饭碗课"，是一门学习难度大、实践应用性强的课程。

接手这门课程后，黄菲总是不遗余力地推进教学改革——1998 年在全校最早一批实现多媒体全程教学，编制网络教程，引入实时天气分析系统；为激发学生的专业兴趣，在教学实践中，积极进行互动教学和线上线下相结合、第一课堂和第二课堂相结合的教学模式，在 Bb 平台上开通了"每日天气""气象万千随手拍""火眼金睛—天气图纠错""你来当考官""典型天气过程论坛"等讨论板；推行混合式教学改革、小班制教学模式⋯⋯

在气象专业学生的 QQ 群里，学生们上传云图，讨论气象热点，气氛十分活跃。浓厚的学习氛围可以为学生种下踏踏实实做事的种子，这也是黄菲想要实现的情景。"让学生养成每天看天气图的习惯，根据每日上午 8 时的中央气象台天气图，预报未来 24 小时校园里的天气状况，日积月累就可以形成看图经验。"她坦言，现在的气象预报员大多是看数值预报产品，但是数值化产品也有局限，预报员必须根据自己的天气图分析经验，

---

① 中国海洋大学自创校以来，经历了多个办学时期。为行文方便，本书将中国海洋大学简称为"海大"。

订正数值预报产品误差,以适用于地方。

一分耕耘一分收获,"天气学原理"课程在学校教师课堂教学质量评价报告中曾得到 98.08 的高分,远高于同类课程校平均分 95.47 分。学院学生在首届全国大气科学类专业大学生天气分析预报技能大赛中获得了团体二等奖,个人一等奖一项、二等奖两项、三等奖一项的佳绩。作为省级精品课程的"天气学原理"曾获山东省高等学校优秀教学成果二等奖,近三年经过混合式教学创新改革,该课程申报了国家级一流课程,并获 2022 年度校级教师教学创新大赛正高组一等奖。

"教学上我做一些尝试和改变的时候,学生是能感受到的,而且还很欢迎。"黄菲时常提醒自己让课堂变得有趣。在通识选修课"极地探秘"的课堂上,学生会分组做五分钟的限时视频,模仿《新闻联播》介绍北极变化,拟人化展示冷极的一生……这些都是学生想象与创新的结晶。此外,还有紧跟国际会议的墙报展示环节,训练学生的交流和表达能力。

如今,学院逐渐形成了富有特色的天气学教学团队,黄菲、孙即霖、李春、石剑、谢瑞煌、刁一娜等老师研究方向既相似,也各有特色,还有预报员出身、富有实际天气预报经验的教师如尹洁、白燕和刘应辰,为学生的天气学分析等实习实践保驾护航。

二、严中有爱,心系学生成长

对于有困难的学生,黄菲总会想办法"特殊照顾",为迷茫的学生撑起一片天。

物理海洋教育部重点实验室的王宏老师就是她指导过的学生。在即将面临结业关头,王宏因导师出国毕业出现困难。黄菲了解情况后立即申请将其转入自己名下,指导她完成学位论文,"学生有问题,黄老师都会帮忙,她为气象系下一代的培养操心操劳、无怨无悔。"现在早已成为部门科研骨干的王宏感慨地说。

近些年,黄菲已接手多位可能出现心理危机的学生。面对压力,"久经沙场"的她仿佛总有办法解决,为学生量身订制研究方向并加以引导、让学生对科研有信心是她最常使用的"法宝"。在她的指导下,学生都顺利毕业,走上了工作岗位。"拿到学位可能是学生一辈子一次的机会,要是放弃了,不读完挺可惜的。"黄菲总是不忍心让他们抱着遗憾离开校园。

在学生眼里,黄菲也是一个严格的老师,开组会的时候从不留情面,哪里做得不对、哪里需要改进都是直接指出来。对于研究生,她希望每一个人都能做好自己的科研:必须读文献,科研要会分析、会找问题。作为学校气象学的学科带头人,黄菲通过各种机会带领学生了解国际前沿问题,从如何阅读文献,到如何发现问题,再到每个学生的课题指导,她指引着学生打开科研的大门,十几年来培养了 12 名博士研究生,34 名硕士研究生。

在黄菲的科研之路上,周发琇教授和刘秦玉教授是她的引路人。"我刚来海大跟着周老师做科研,他会放手让我去琢磨,然后引导我搭框架,让我知道文章该怎么写,科学问题该怎么提出,然后很快就做出来了。来校后最早写的两篇英文文章就是这样发表出来的,很有科研成就感,也使我对科研更加有兴趣,没有畏难情绪。之后我一直参加刘老师的组会,虽然不是她团队的成员,但是她接纳我一起参加她的组会讨论问题,坚持了几年,学到不少东西,也逐渐从过去学的纯粹的大气科学走进海洋特色的气象领域。"她回忆着过去的学习之路,深知有一个好导师的重要性,也身体力行地将师者情怀传承下去……

花开花落,云卷云舒,在育人的道路上,黄菲捧着丹心前行。辨云识天,研究气候变幻,在风雨气象路上,一代代人接续向前。

(新闻中心记者　周文燕)

(原载《中国海洋大学报》第 2196 期第一版,2022 年 12 月 15 日)

杨连瑞：
做出真学问，教出好学生

他18岁从外语师范学校毕业，扎根三尺讲台40余载，用仁心大爱诠释师者情怀。从沂蒙山区的偏远中学，到黄海之滨的"双一流"建设高校，他诲人不倦，为国家培养了大批有"底色"的优秀外语人才。他高瞻远瞩，带领学院历经八年奋斗，成功获批外国语言文学一级学科博士学位授权点，成为全国外语学科由弱变强的典范。他敢为人先，带领学校文科重点团队不断探寻二语习得的奥妙，让中国人学外语、外国人学汉语变得更加符合科学规律。他秉承"严在当严处，爱在细微中"的育人观，爱生如子，师德高尚，是令人敬仰的"经师"和"人师"相统一的"四有"好老师。他就是2022年度山东省教书育人楷模、青岛市教书育人楷模、中国海洋大学最美教师、外国语学院院长杨连瑞教授。

一、扎根讲台40载，不忘初心育桃李

"当老师，就要真心热爱教育事业，真心热爱学生。只有热爱，才能板凳坐得十年冷，做出真学问，教出好学生。"杨连瑞对教育事业始终怀抱一颗炽热之心。

1981年，18岁的杨连瑞从外语师范学校毕业。他坐着毛驴车，载着满满两箱书和少量行李，来到了大青山脚下的乡村中学，从此成为一名光荣的人民教师。

在那个物资匮乏、生活艰苦的年代，许多家境贫寒的学生甚至要去山上砍柴，背到集市上换成钱，用来交学费和生活费，更有甚者只能辍学。杨连瑞看在眼里，疼在心里。他从每月27元的工资中拿出一部分设立"英语拔尖奖"，奖励品学兼优的学生，鼓励他们好好学习，用知识改变命运，走出大山。

"杨老师为大山里的孩子打开了通向世界的大门，这就是'桃李不言，下自成蹊'的最好阐释。"新华社北美总分社分党组副书记、代社长徐兴堂依然谨记上中学时杨连瑞老师的帮助与鼓励。

2003年，杨连瑞调任中国海洋大学外国语学院。他在国内高校中较早地开设了"第二语言习得概论"等新颖的研究生课程，构筑了应用语言学系列课程体系，不断研究教育教学艺术，因讲课风趣幽默、见解独到吸引了大批"粉丝"，甚至青年教师也来蹭课，即使站着旁听,也乐在其中。

"外语教师应该把价值塑造内生为外语课程和课堂教学的组成部分。"杨连瑞推动学院率先成立外语课程思政中心,积极探索外语课程思政理论建构与实践探索,深度挖掘提炼外语专业课程体系和课堂教学中所蕴含的思想价值与精神内涵。

杨连瑞每年讲授的课程达八门之多,年均300余学时,主讲的"(英语)语言学"被评为首批国家级一流本科课程,"第二语言得概论"被选为山东省研究生教育优质课程。他提出的基于价值引领的外语学科"五协同"育人模式于2022年获山东省教学成果一等奖,令一批批海大学子从中受益,成为我国外语界教育改革的典范。

二、探寻二语习得规律,勇攀理论创新高峰

杨连瑞是我国较早开展二语习得研究的领军人物之一。作为中国二语习得研究会的会长,他积极谋划学科发展,引领本学科学术研究与国际学术研究并行,解决中国外语教育的独特问题,服务国家改革开放战略。他首次提出构建中介语语言学的构想,开创性地构建了中国英语学习者中介语语言特征体系,提出"中介语话题—主语转移"等假设,不断探寻二语习得的奥妙,让中国人学外语、外国人学汉语变得更加符合科学规律。

杨连瑞目前主持国家社科基金重点课题"中国英语学习者二语语用能力发展研究",主持完成国家社科基金和省部级社科课题10余项,在 *International Journal of Applied Linguistics*、*Applied Linguistics Review* 及《外语教学与研究》《外国语》《现代外语》等国内外重要期刊发表学术论文160余篇,出版《二语习得新发展研究》《中介语语言学多维研究》《二语习得研究与我国外语教学》等著作10余部,相关成果多次获山东省社会科学优秀成果二、三等奖。

杨连瑞始终秉承科学研究要为社会服务的理念,探索解决我国外语教育中的重大现实问题。2020年9月24日,中国海洋大学与山东省青岛第九中学共建"二语习得研究协同创新实验基地"揭牌仪式举行,这是该领域首个创新实验基地。他和团队致力于将国内外二语习得跨学科研究前沿成果更好地应用于基础外语教育,提升双方在外语教学研究、一流外语人才培养等方面的质量,为区域经济发展提供人才支持和智力支撑,进一步服务国家和地方的战略发展需要。

三、高瞻远瞩谋发展,学科建设进一流

"世界一流大学建设需要高水平外语学科的有力支撑。"杨连瑞认为,中国海洋大学要想在21世纪中叶实现建成特色显著的世界一流大学的目标,必须有一流的外语学科做支撑。

2010年,杨连瑞担任外国语学院院长。他带领大家积极探索突破本学科存在的"有技能,没思想,同质化"的发展困境,主张学院管理"制度要硬,文化要软",出台一系列

学科建设的"乡规民约",营造风清气正的文化环境。学院不遗余力地引进国内外高水平人才,鼓励青年教师和学术人才脱颖而出,资助教师参加学术会议,鼓励发表高水平学术论文,资助学术专著出版。在一般外教聘任的基础上,聘请八位国际一流的学者与本院教师合作招收博士研究生,形成学术团队,紧跟国际学术前沿。

2017年,学校外国语言文学一级学科博士学位授权点正式获批,成为当年山东省文史哲众多学科门类中唯一获批的博士授权点,也是学校唯一从硕士一级学科直接评审增列为博士一级学科的学位授权点。在第四轮学科评估中,外国语言文学一级学科获评全国本学科前 20% ～ 30%(B)的百分位次,2021年学校外国语言文学一级学科进入软科排名全国本学科前 13%,学院五个本科专业全部入选一流专业,学科建设和人才培养已经进入全国本学科和专业前列。本学科硕士和博士研究生培养的某些领域达到国际一流水平,成为全国外语学科发展由弱变强的典型范例。

四、为人师表树楷模,厚德博爱铸师魂

"严在当严处,爱在细微中"是杨连瑞40余年来矢志不移的育人观,也是他为人师表的写照。

山东大学外国语学院院长、博士生导师、国家教学名师王俊菊教授是杨连瑞早年教过的学生,她深情地说:"杨老师的为人、为学、为事业的品格,也成了我做教师的底色。"

"以身作则,一颗公心"是外国语学院副院长陈士法教授对他的评价。从学院长远发展考虑,为确保师资结构多元化,避免"近亲繁殖",杨连瑞不鼓励自己培养的博士留校,即使特别优秀者也要经过严格筛选,首先从科研博士后做起,并接受进一步考核。

2017年,青年教师王遥入职学校,在迷茫之际,杨连瑞不断鼓励他,帮他树立信心,找准定位,使他逐渐成长为游刃有余开展学术研究的青年教师。

"像父亲一样""不怒自威""钉钉子精神""坚实的后盾""标杆""宝藏"……每一位学生心中都有杨连瑞老师的"画像",虽有不同,却又一脉相承,师德师爱是永恒。

杨连瑞的高尚师德是大年初一依然给学生修改论文的责任担当;是对赴海外留学学生的千叮咛万嘱托;是看见学生获得证书,比自己获得任何荣誉都开心的自豪;是常年无休、夙兴夜寐的工作常态;是心怀"国之大者",培养一流外语人才的赤子情怀;是毕业多年的学生心底那份深深的眷恋。

"'捧着一颗心来,不带半根草去。'扎根讲台40余载,作为一名人民教师我很幸福,乐在其中。"杨连瑞说。

(新闻中心记者 冯文波)

(原载《中国海洋大学报》第2182期第一版,2022年9月9日)

宋大雷：
修合无人见，存心有天知

"我读 LCCI 课程的时候，授课老师不仅理论扎实，而且实践经验丰富，更重要的是能把深刻的理论与身边的实际结合起来，这一点深深地吸引了我。"学校第七届教学名师宋大雷教授说这段经历是他走上教育之路的初心，使他 2006 年初来海大时就立志做一个"好老师"，一个"让学生少走弯路的好老师"。

一、打造"金课"

教育部首批国家级一流本科课程负责人、山东省高校黄大年式教师团队骨干、省级教学成果奖一等奖第一完成人，这些都是宋大雷身上的"标签"。回忆起最初的教学经历，他坦言，做过外企"白领"、企业老总，换一个身份做老师的时候，也有些许不适应，工资微薄，为了把课程讲明白常常备课到天亮，付出的心血也很难立刻出成果。在第一次年度述职时宋大雷说，当老师的感受就是"修合无人见，存心有天知"，就像制药行业，炼制药丸的时候偷工减料别人是看不出来的，但疗效如何还是会显现出来。

2014 届自动化专业本科生黄桂军是令宋大雷记忆深刻的一个学生，他在"林海雪原杯"全国机器人大赛中获得了冠军。宋大雷回忆道，在辅导学生过程中，其实并没有用很多精力在技能上"带"学生，而是根据学生的个性化特点，在学习场景的设置上、学习资源的调配上、学习质量的提升上用了心思，触发了学生的内驱力，黄桂军主动研究、自主创新，最终获得冠军。"黄桂军彻底改变了我的教育模式！"宋大雷感慨地说这次经历是他教学观念的一个转折，"是苹果落地的那种顿悟"。从此以后，他把"教为中心"的模式变为调动学生主动性的"学为中心"的教育模式。

老师一定要直白地教学生吗？学生一定要通过听讲来学习吗？课一定要在教室上吗？考试成绩一定要老师给吗？……这些"质疑"一步步促使他对课程创新进行思考。经过一段时间的探索，宋大雷提出了"基于真实问题的项目式团队自主学习"体系，倡导学生自主构建知识体系的建构主义学习观。

宠物自助投喂机器人、水上救生机器人、快捷支付购物车、厨余垃圾打包机器人、青岛策海科技有限公司……这些都是学生在国家级一流本科课程、省级课程思政示范课"机器人专题实验"课程学习中取得的成果。

在课程建设初期,宋大雷以"机器人足球"和"人型机器人"为平台,设置综合性实验,但每年实验解决的问题较为类似,学生所提的方案也缺乏创新性。后来,课程改革为由学生自主设置开放性实验、以问题为驱动的项目制模式,以技术的应用创新为主,重点讲授特种机器人的相关知识。这一改革让课程收到了较好的效果,但出现了学生脱离实际应用场景、为技术而技术的问题。

从 2016 年开始,课程升级为"创新 2.0"的实践教学模式,引导学生针对社会痛点提出创新解决方案,组建项目式团队自主学习。老师则讲授机器人系统的基本原理和方法,并融入创新思维,同时根据项目需要针对性辅导学生自主学习有关技术。说起这些教学模式的转变,宋大雷翻出手机里几十个"创新"相关的群聊说:"当老师也得时刻学习啊。"

"现在这门课程平均每年申请三项专利,相关成果也在'互联网+'创新创业大赛、'挑战杯'、全国海洋航行器设计与制作大赛、山东省机器人大赛等比赛中获得特等奖、一等奖、金奖、银奖等成绩。"宋大雷把"教师导演、学生主演"的理念贯穿在每一门课程之中,课堂内容更丰富,更受学生欢迎,"原来我带学生最多能带两三个队就不错了,现在我们海洋航行器比赛都到几百人了,都能运转得很好,其实不是我'带'了,而是支持学生自主去做。"

"老师教一门课就像酿酒一样,既有量变也有质变的过程,要去发酵、反应和升华。但你心思得在学生身上,不然你的课讲 100 年还是那样。"关于课程创新,宋大雷一直在路上。

二、走向深蓝

水下机器人是一种在水下承担海洋勘察、应急救生与打捞、情报收集等多种任务并可以反复使用的设备。从 20 世纪 60 年代起步发展至今,我国已经开发了载人潜水器(HOV)、无人有缆水下机器人(ROV)、无人无缆水下机器人(AUV)等多种水下机器人。

宋大雷踏入这个领域始于一次"意外"。他在青岛沙子口近海养殖平台上做海流实验时,因为失误,一台价值 20 万元的进口设备掉入海里。当时水深只有 20 米,但潜水员捞了两天也没找到。潜水员的作业时间只有半个小时左右,加上海底淤泥,打捞还是有难度的。长期的科研习惯赋予了宋大雷一双善于发现问题的眼睛,"我是搞机器人技术出身的,如果用水下机器人下去寻找,这些问题不就都能解决了吗?"

通过市场调研,宋大雷发现这一领域大有可为。市场上大多是国外进口的产品,当时一台近海观察型有缆遥控型水下机器人也要 20 多万元,而且维修服务周期长达 3 个月。于是,宋大雷带领学生开始了水下机器人的研发工作,一台国产观测型水下机器人应运而生,仅需要 5 万元,可随时提供技术支持,大大减少了成本,缩短了维修周期。随后,海豚仿生机器人、水母仿生机器人、海参吸捕机器人等相继问世,并获得了国际水中机器人大赛冠军、全国海洋航行器大赛特等奖等奖项。宋大雷作为首席顾问,以世界著名的 Oi 国际海洋技术与工程装备展为平台举办 Oi 中国水下机器人大赛,推动了水下机器人技术的进步和国产化进程。如今,国产有缆水下机器人已经占据市场半壁江山。

水下滑翔机是一种新型的水下机器人,因相关经验和技术的空白意味着一切都要从零开始。宋大雷主持的国内首台声学滑翔机研制工作就面临这一难题。

"自主创新是条非常艰辛的道路,那时从一点儿不会开始,项目压力非常大。后期一年中有两三个月在海上,大部分时候租渔船,鱼腥味很重。遇到海况不好,吃了吐,吐了再吃,后来苦胆都吐出来了,但晕船也得坚持把试验做完。"宋大雷笑着说"三好学生"才能出得了海——德、智、体都得过关。

历经 5 年艰苦攻关,宋大雷主持研发的国内首台水下滑翔机问世,在国内首次采用碳纤维的耐压舱体,既能满足长航时要求,又减轻了耐压舱重量,实现了耐压 2000 米的突破,在深海环境下能探测到 3000 米外的声学信号。目前此类结构设计被国内多家水下机器人研制单位采用。

"我们教育学生基于真实问题、真实场景创新性地开展工作,发现问题、分析问题、解决问题,所以教师做科研也要按照这个思路,既给国家解决问题,也给社会行业解决问题,科研和教学都是一个思路,这样当教师就踏实了。"教师的身份早已融入宋大雷的生活,做一个"好老师",更是他一生的坚守和追求。

(新闻中心记者　周文燕)

(原载《中国海洋大学报》2172 期第一版,2022 年 5 月 12 日)

宋 鹏:
相约樱花烂漫的春日校园

2022年3月18日中午,家里钟表分针和时针在"12"重合时,宋鹏对着笔记本电脑屏幕说道:"下课!"等到最后一名学生退出云端课堂,他走到窗前向小区眺望:天有点阴,零星飘着小雨。楼下绿地上,一簇簇迎春花正在绽放。

宋鹏是海洋地球科学学院地球探测与信息技术系副教授。2022年3月18日上午的"地震波动力学"是他的线上课"首秀"。2020年初新冠肺炎疫情暴发时,他正在美国马萨诸塞大学访学,这门课由同事在线代为讲授。

"地震波动力学"是学科基础必修课,宋鹏讲授多年并积累了丰富经验,但授课模式由线下转到线上时,他还是感到了压力,毕竟他之前对在线教学没有实践经验。"熟悉平台并学会操作是上好线上课的前提",为此他对ClassIn平台的性能和操作进行了"恶补",并预先测试。为了解教师客户端和学生客户端的不同,他找到一名研究生助教共同进入所建课堂进行模拟授课,两人在"教师"和"学生"之间频繁切换角色,并同步开通微信视频,以便得到最真切的体验反馈。

2022年3月17日晚,也就是正式开讲前一晚,宋鹏邀请勘查技术与工程专业和地球信息科学与技术专业全部大二学生进入线上课堂,进行模拟授课。通过多轮测试,加上学生的积极配合,他熟练掌握了ClassIn平台的授课、随堂测试以及作业发布等各项功能。"实践出真知,这下我有底了!"回忆起当时的情景,宋鹏依然很兴奋。

第一堂课开始,宋鹏没有直奔主题讲授专业知识,而是对"围观"的52名学生讲述了2020年初他在美国访学时遭遇疫情的所见所思。"回国后,我更深切地感受到,只有我们国家才能始终做到把人民生命和健康放到第一位,能够始终做到上下齐心、团结抗疫、精准防控……所有这一切都彰显了中国共产党领导和我国社会主义制度的显著政治优势。"宋鹏说,访学经历为课程提供了第一手思政教育素材,也有助于学生在疫情防控背景下整理好心情,适应线上授课模式。

"'地震波动力学'整体理论性较强,对学生数理基础要求较高。"宋鹏介绍,自己线下授课主要以PPT为主、板书讲授为辅,对简单数学推导会借助PPT、某些关键点数学公式推导等会通过板书来分别完成。针对在线教学的特点,他重新优化充实了教学课件,比如将原来线下借助板书完成的关键点数学公式推导"搬"到了PPT上,借助动画分步展示,学生看后也能了然于心,他将这一过程形象地称为"剥洋葱"。同时,他还重新梳理、健全了课程在 Bb 平台上的原有资源,不断增强线上授课效果。

长时间在线听讲,学生的注意力会分散,听课效果会打折。对此,宋鹏有自己的对策。每次课他会提前 20 分钟进入课堂,对学生嘘寒问暖,顺便提醒大家打开摄像头并应用平台的轮播功能,以便实时掌握学生在线学习情况。授课中,他会不时抛出问题启发学生思考,并随机提问;讲授完某个内容做小结时,他会让学生"举手上台"回答提问。连珠炮似的提问让学生无暇走神,精彩的讲授内容也让学生无意"溜号"。

"老师设计的授课内容太紧凑了,根本没时间走神。""线上学习我不敢有半点懈怠,总是不断地思考问题。""线上学习的学习效率怎么比线下还要高?"……第一次线上授课结束,学生在留言区的反馈让宋鹏信心满满。

"如果把师生分别比作企业和消费者的话,那么课堂教学这个'营销'环节是非常重要的,但这并不意味着课堂外的'售后'就可以被忽视。"宋鹏坦言,数理基础较为扎实的学生课后往往想通过实践对所学理论进行验证;基础一般的学生课后容易对讲授内容产生困惑,遑论实践验证。为此,他专门设计了一项基于地震波动方程的数值模拟大作业上传至 Bb 平台,"作业具有较大的弹性空间和较高的挑战度,可以为学生提供充分发挥的空间和动手解决复杂实际问题的条件,鼓励他们继续深入研究;也可加深学生对所学知识的理解,使其清楚认识到所学理论对继续深入研究的重要性。学生对作业各取所需,从而各得其所"。

家人的支持也是宋鹏上好线上课的强大动力。"亲爱的爸爸,千千万万个像您一样勤奋的工作者在背后付出着辛苦的劳动,老师们为孩子们精心地准备线上课程,清洁工们在街道上进行消杀、打扫,白衣天使们在防疫一线无微不至地照顾着病人……正是由于你们的辛苦付出,我们的生活节奏才能不受影响,才能够安全健康地生活和学习。"上小学的女儿写给宋鹏的《一封家书》让他感动不已。

信中,居家学习的女儿先写了爸爸工作的忙碌,又写了被爸爸"冷落"的感受,最后写瞬间理解了爸爸,明白了爸爸工作的意义。"看到女儿写的家书,我心里满满的全是感动,感觉孩子真是长大了。"宋鹏说,"疫情带给我们危机和不便的同时,也给了我们每人一次在特殊环境中思考和自省的机会。经过这次洗礼,我们收获的将远比失去的多得多。"

2022 年 4 月 11 日,宋鹏回到崂山校区校园。中午下课后,他没有像往常一样直奔食堂,而是约了班上几名学生漫步在樱花大道上,且行且谈。道路两旁,樱花烂漫,香气袭人。

(新闻中心记者　金　松)

(原载《中国海洋大学报》第 2169 期第三版,2022 年 4 月 21 日)

郑　慧：
探索线上教学的新可能

2022年3月，奥密克戎变异株病毒在全国多地肆意传播。为响应教育部"停课不停学"的号召，线上教学再次成为众多高校的不二选择。直播授课、线上资源整合、自主学习……面对新形势，经济学院副教授郑慧充分发挥在线教育平台的优势，调整了授课方式，有条不紊地开展了别样的翻转课堂。

每周一下午1点30分到4点20分，是2019级金融系秦嘉的专业基础课"保险精算（双语）"的上课时间。在第一节课，她会登录学堂在线，预习当日课程并完成课后习题。秦嘉会重点回顾"线上小课堂"，这是课程教师郑慧录制的知识点讲解视频；下午2点30分之前，她需要将练习题以图片形式上传到雨课堂中。

第二节课，秦嘉会在雨课堂观看郑老师的线上直播，通过Bb平台的课件、拓展学习材料，同步跟进重点讲授，标记难点。第三节课，秦嘉开始线下复习，完成本节课的测试。每当遇到困难时，她会即时在微信群向郑老师求助，后者会在线予以指导。

"这种授课方式给了我们更多学习的自主性，满足了不同进度的学生的需要。"秦嘉已经习惯了"孤身一人"的课堂，在疫情突袭之前，她同样会在线上观看学习视频，如今只是将线下听课换成了雨课堂的直播。

郑慧教授"保险精算（双语）"已经十年了。在教学的不同阶段，她先后完成了教材、题库建设，双语教学资源建设和创新型混合式教学实践。为满足教学改革需要，她在2021年开始建设线上资源，利用"学堂在线＋雨课堂＋Bb平台＋微信群"的平台优势，结合翻转课堂教学模式，设计了"课前导学—视频课堂—重难点讲授—课后作业—章节测试—讨论答疑—效果反馈"的全链条环节。

不仅如此，她还依托保险教学案例库，在课程中巧妙融入思政元素，通过丰富的形式和充实的素材给课堂注入了新的活力。

情景剧展示民国时期金融机构的发展历程，学生分角色扮演赴港购险短剧，小组围绕新冠抗疫寿险产品进行讨论，用数据分析软件动态呈现精算发展前沿问题……郑慧将课程思政内容延伸到对精算师职业道德操守、家国情怀和社会担当的讲解中。她说："课程思政是对学生价值观、人生观、道德观的潜移默化的影响，贯穿专业课程的方方面面。现在我只是用不同形式放大了这一点而已。"

目前,"保险精算(双语)"课程已分别于 2021 年 8 月、2022 年 2 月在学堂在线平台和中国大学生慕课平台正式上线,并经历了两轮本科生、研究生教学试用,这也是学校第一门在中国大学生慕课平台上线的课程。

"我也会继续鼓励学生用课堂上学到的理论知识参与科研和实践,充分利用'挑战杯'、论文大赛等实现课堂的翻转。"成熟的教学模式和线上课程建设背后,是郑慧见招拆招的"打怪升级"之路。

2020 年春,第一轮线上授课正处在探索阶段,正在休产假的郑慧看到同事们研讨教学、创新实践教学技术,意识到线上授课可能会成为常态。结合课程本身的特点,郑慧决定建设线上课程。

"做的时候才发现问题像小怪兽一样一个个地冒出来。"尽管她多次参加线上培训讲座,真正做起来却发现没有想象中那么容易。板书的连接设备、书写效果需要反复试验;学习资料中的公式符号在上传平台后"变了样";全部资源终于上传成功,又要经历长时间的后台审核……

三个月后,郑慧终于打完了平台建设关卡的"小怪兽",开始了运行与优化的长线征程。2021 年 8 月,"保险精算(双语)"课程在学堂在线平台上线,郑慧陆续开设了课程思政案例专、章节随机抽题栏,不断使其与课堂讲授有机融合。

经济学院的教工党支部也给了郑慧很多"外挂",如开展一流课程建设培训会和案例建设交流会,策划课程思政研讨会,组织优质课程观摩,实现不同学段的案例综合。郑慧在"保险学"课堂上会引导学生用之前学过的博弈论模型解决问题,"这可以将理论模型与方法贯通起来,进一步巩固知识,学生们的总体反馈也不错。"郑慧说道。

随着新一轮网课浪潮的到来,郑慧也面临着新的考验。直播课程要保证流畅,也要调动学生的积极性,为此,郑慧先是试验了几种教学软件的组合,最终确定了"学堂在线 + 雨课堂"的主导教学方案;购置了书写板,协助课堂直播中的板书推导;综合不同平台的优势,尽可能实现效益最大化。"章节习题会同时上传学堂在线和 Bb 平台,但是后者有三次答题机会,学生有较大的进步空间。"郑慧介绍道,系统里的题目都是随机的、不重复的,三次答题会取最高成绩计入系统。

郑慧不仅是"保险精算(双语)"的教师,也是两个小朋友的妈妈。居家上课时她没法兼顾两个身份,好在姥姥姥爷特意承担起了带娃的任务,这才给郑慧营造了安静的上课环境。"我认真上课对小朋友来说是一种榜样,考上妈妈的学校是我家老大的目标。"

"走好了就该考虑怎么跑了。"接下来,郑慧希望合并自己所授的"保险学"和"保险精算(双语)"课程,整合线下与线上资源,冲击国家级一流课程。

（新闻中心记者　王红梅）

（原载《中国海洋大学报》第 2166 期第二版,2022 年 3 月 31 日）

高宇池：
以文修心，习武传道

　　一块金牌、两块铜牌，还有一座奖杯，这是外国语学院英语系 2018 级学生高雅和工程学院土木系 2021 级学生张浩伟参加山东省第十六届大学生运动会武术项目获得的奖牌，这也是学校学生第一次在专业武术项目中获奖，他们的指导老师正是体育系武术教师高宇池。

　　2020 年，高宇池任职海大，承担了"太极拳""长拳"等公共体育课的教学任务，致力于提升武术在校园中的影响力，"让更多的同学了解武术文化、参与到武术的学习锻炼中"是高宇池不变的信念。

　　高宇池自小习武，运动员时期曾获一次世界冠军和数十次全国冠军。2020 年 8 月，他从中国香港教育大学毕业后，收到了很多体育类高校的橄榄枝，青岛市体育局也给他安排了武术教练的职位，但高宇池都没有接受，他希望能在更广的范围内传承武术文化。

　　就这样，高宇池来到了海大，他说："任教综合类大学可以在真正意义上把武术精神传播到各行各业、各个地区，于我，让更多非体育专业的学生了解并喜爱武术比单纯训练运动员更有意义。"

　　"学武先修心，武术的精髓不在于一拳一脚的杀伤力，而在于对文化的传承感悟，止戈为武是停止战争的技术，是对精神和意志力的磨炼。"身为教育学硕士的高宇池对武术教学有自己的思考，他认为个人的体育锻炼与意志品质有密切关系，缺少锻炼便缺少动作感知，这也会影响个人的心理和情绪状态。

　　"现在的孩子们缺少挫折式教育。"一聊到教学难题，高宇池皱着眉头脱口而出了这句感慨。"同学们也都努力了，但是缺少对累与苦的忍耐性，缺少毅力，身体素质自然就提升不上去。"他深刻了解挫折教育的重要性。

　　2021 年 5 月，高宇池参与拍摄了央视纪录片《传承的力量·重阳篇》，在其中将武术与大团操巧妙结合，展现了大学生学习武术的全新面貌。为了提高武术在校园中的影响力，高宇池组织学生在校运动会开幕式上进行了精彩演出，还接手了梅花桩协会，将其升级为武术协会，广泛招收对武术有兴趣的学生。"传播肯定不能只靠空话，要实打实地去干。"在他的号召下，武术协会的学生每天下课后都会在操场练习一小时的武术，受益于此，这些非专业的学生才能在第一年参加的山东省武术大赛中取得令人惊艳的成绩。

　　工程学院土木系 2021 级学生张浩伟参加山东省第十六届大学生运动会武术项目获棍术第一、刀术第三的好成绩,并代表学校获得团体第八名。他说:"我从小学习的是传统武术,但比赛只有竞技武术项目,高老师不仅鼓励我积极参赛,还用休息时间耐心指导。我能在短短数月里提高竞技水平,离不开高老师专业的教导。"

　　"现在练武的人越来越少了,人们只看到了练武的不易,却没有看到武术中所蕴含的修身修心的中华优秀传统文化,将来我想让学生多了解武术的实践用法。"对未来,高宇池充满希望,他还想创编一套武术动作,将其与国学文化相融合,再面向中小学生进行推广宣传。

　　"爱家国,孝父母,敬师长,严律己,宽待人,崇德尚武,自强不息!"刚步入高宇池的课堂,就听到学生中气十足的呐喊。不同于其他体育课堂的点名,武术课堂以高宇池抱拳行礼、高喊口令作为开场白,这七个词正是他心中的武德。

　　刚来海大一年,高宇池的课堂就已经很受欢迎了。武术课由 40 人的选课限额提高到了 60 多人,很多学生慕名来上他的课。尽管如此,高宇池还在继续精进他的课程。"武术的综合性练习特别多,主要练'手、眼、身、法、步'。课上时间不多,主要锻炼身体协调性,让学生在面对危险时能保护好自己。"谈到课程建设初衷,高宇池提到,他对学生的要求正是大家对课堂的期待,那就是提高体能。

　　为此,他要求每一个上课的学生每天进行打卡,每天早晨 6 点半之后晨练或者晚上 8 点半之前进行武术锻炼。在监督学生每天运动的同时,高宇池还督促大家"每天必须吃早饭"。多方面的兼顾让上过他"长拳""太极拳"课程的学生受益匪浅。

　　为了避免学生对武术训练产生懈怠,高宇池采用与音乐搭配训练的教学方法,让学生在课堂上随着音乐节奏打出一个又一个标准动作。"打拳的时候气势相当重要,但很多学生羞于开口,整体气势就会下降。"因此,高宇池让学生跟着他一起喊出来,随着音乐一起迸发而出,这样的教学方法让大家在身体和心理上都得到了很好的锻炼。

　　有一次,一位学生在课上忽然晕倒,高宇池吓了一大跳,好在这位学生只是低血糖,一会儿就恢复了过来。但从那以后,高宇池每节课都会在口袋里装几颗糖,也会视学生的不同体质设计不一样的锻炼强度。"高老师是个很温柔、心思很细腻的人,会照顾学生在课堂中的感受。他在训练时会耐心地指出动作的错误之处,一遍遍地给我们示范。"学生对高老师赞誉有加。

　　作为一名体育教学者,高宇池不仅身体力行地践行、传承中华武术文化的使命,也以一名教育者的担当与作为,为当代青年的茁壮成长奉献着自己的青春与力量。

(学生记者　高嘉璐　费基尧)

(原载《中国海洋大学报》第 2163 期第二版,2022 年 3 月 3 日)

王慧敏：
如水的力量

在中国海洋大学年度"最美教师"颁奖典礼上，外国语学院大学外语教学部的王慧敏着一袭黑裙，微笑着接过荣誉证书。而从这一刻往前算，2021年已经是她从教的第31个年头。王慧敏开朗健谈，和蔼可亲，接受采访时也一直笑眯眯的。有同学说，见到王老师就想起一句话："Be water, my friend."。人水合一，从某种角度讲，这句李小龙的功夫哲学正是对王慧敏的贴切写照。

"水嘛，温和坚定，但也蛮有力量的。"王慧敏这样阐释自己的处事态度。性格使然，她一直是别人口中"平和温柔，从不摆架子的人"。有人问她怎会做到如此谦和，王慧敏笑答："为什么不好好说话呢？"对她而言，尊重他人是自我修养的重要体现，也是解决问题最有效的方法。

对待工作伙伴，王慧敏常以同理心把自己放到他人的位置思考，尝试寻找有效的沟通方式。对待学生，她以包容的态度代替严厉的苛责，理解他们犯的小错误。温柔和负责是王慧敏做事的两大法宝，她坚信："教育的方式有多种，板着脸说教不是最好的方式。"这份理念与其家风有关，她在讲究责任的家庭环境里长大，也把这份责任意识带到了工作中。"尽管年轻人已经基本形成了自己的价值观，但还是容易被他人带偏，所以一个有方向感的引导者非常重要。"王慧敏说，在学生正式步入社会之前，大学教师的言行会对他们产生较大影响。一学期下来，老师最短也要与一个班的学生相处几个月，因此她深感责任重大，希望做一个善意的提醒者，把批评换成引导，留出容错的空间。

不过，说起来容易做起来难，如何在保护孩子们自尊心的前提下进行有效提醒，这就需要幽默感发挥作用了。几年前的一件小事，王慧敏仍然记得很清楚。"全班同学都在专心听课的时候，有个同学突然闯进来，手拿面包边吃边走，眼皮不抬地径直走到了教室的尽头。"当时，全班的视线都集中在这位学生身上，但他似乎一点也没有意识到此刻的尴尬和对课堂的打扰。王慧敏片刻间有了一个主意，这节课的内容正好是关于求职面试的，于是她笑着说道："这位同学，我们正在进行求职面试，鉴于你刚才的表现，你在第一轮被淘汰了！"大家纷纷笑起来，凝滞的氛围一扫而光。之后，王慧敏又耐心地向全班学生讲述了日常行为习惯对职场乃至人生的重要影响，提醒大家要从小事做起，培养良好的行为习惯。下课后，那位学生找王老师道歉，说老师的一番话令他受益良多。

几年后这位学生毕业,又特地发消息向王老师表示感谢。

对王慧敏来说,这只是教学生活中的一滴水,但正是无数这样的水滴慢慢积累起来,才形成了她独特的教学风格。学生在"水"中浸润,也学会了待人宽和。

在学生心中,王老师充满活力。但时光倒转,读书时的王慧敏没有想过自己会站上讲台成为一名教师,而且一站就是31年。

"想做翻译,我对口译比较感兴趣,没怎么考虑过做教师。"毕业分配工作时王慧敏成了一名大学英语教师。对教学的热爱是循序渐进的过程,王慧敏形容自己对教师这份职业的感情如同品尝食物,或许第一口没那么惊艳,但日久生情,她逐渐爱上了这种味道。

回忆起31年的教学经历,王慧敏把它分成了三个阶段。在第一个十年,她充当了一个"trainer"的角色,主要工作就是帮助学生用所学的有限的几千个词汇顺利通过四、六级考试。在第二个十年,王慧敏开始关注教学本身。她传授给学生英语知识和技能,帮助他们为未来生活和工作做准备,她认为这是一个"teacher"的职责。随着对教师这个职业的认知的提升,王慧敏开始了她第三个阶段的探索——educator。"自己与educator的距离很远,但这是我心中奋斗的目标。我愿意与学生分享我的所学和所思,帮助学生成长,使他们不仅掌握语言知识和技能,还能深刻领会文化的内涵,通晓国际规则,拥有全球视野。"

欧美国家的访学和游历经历,让王慧敏的思维一直保持活跃,使她能够根据授课内容实时展开相关联想。譬如某节课的主题是"产品展示",她便从企业广告语导入课堂内容:"谁能翻译一下肯德基的广告语'We do chicken right？'"有的学生怯场,有人表达能力强,但是所有学生都想努力尝试。王老师在每个单元结束后都会安排学生根据情景进行课堂展示,锻炼学生的口才和演讲能力。2019级文化产业管理专业的纪然同学说:"每次做完展示,王老师都不吝啬赞扬,并针对演讲内容进行适当的拓展。"

2007年起,结合自己的教学实践和国内外先进的教学理念,王慧敏尝试将体裁教学法引入课堂。这种方法旨在通过对不同体裁的文本进行分析,帮助学生迅速抓取关键信息,完成有效阅读。经过最初的教学实验和后期的教学验证,体裁教学法有效提升了学生的阅读理解和听力理解能力。

这是一个吸收国外先进教学理念的成功例子。事实上,从事英语教学以来,王慧敏一直鼓励学生多看世界,学习不同文化和理念,兼收并蓄;与此同时,也要不忘初心,时刻牢记中国立场。这两者看似有些相悖,实际上是对立统一的整体。

"和平、友好……我们的梦想是相似的,一起构筑人类命运共同体,但国与国之间也可能因为利益或误解发生冲突,这就需要有效沟通,促进理解。"王慧敏谈到当今国际形势引申出商务英语课程的现实意义。她认为,我们需要提高英语水平,加强与其他国家的沟通和交流,实现双赢。除了语言能力外,学生还应该从商务英语中学到"专业性""企业家精神"和"契约精神",这三个词语分别对应着客观分析并解决问题、关注他人需求、契约与规则意识这三种重要的品质。

在日常教学中,王慧敏时刻注意渗透自己的教育理念。2019级法学专业学生喻甜甜笑称:"第一次上课就被老师的活力四射惊艳到了,王老师紧跟时代潮流,聊起'凡尔赛'等网络热词也毫不落后。"而另一位学生说:"老师的发散性叙述方式引人入胜,疫情防控期间不能出远门,是王老师的故事带我们开始了丰富多彩的环球旅行。"课堂上,学生自我展示的机会多,常常得到王慧敏的中肯点评与鼓励,也逐渐在热情的暖色调中明白何谓兼具国际视野和家国情怀。

"令公桃李满天下,何用堂前更种花。"这是学生对王慧敏的评价。对于她本人来说,抛去赞誉与头衔,教育首先是一份责任。31年的教学岁月悄然流淌,王慧敏笑称自己已经是"old lady",但在学生眼中,她永远是那个"见多识广、幽默年轻的王老师"。

（学生记者　杨子骏）

（原载《中国海洋大学报》第2159期第二版,2022年1月6日）

王云飞：
于弓弦之间传承美

秋色横空的午后，远山与薄雾交衬，微风与树叶共舞。红瓦雕琢的 6 区教学楼内，传来了一阵悠扬婉转的二胡之音。其音轻渺，空远寂寥；其音生动，"啾啾"逗趣。室内老旧的风扇嘎吱嘎吱地响着，也来一凑这妙音的热闹。

这是学校通识课"中国民族乐器"中的弓弦艺术鉴赏课堂。教室前方，主讲老师王云飞正投入地演奏着刘天华的《空山鸟语》。

王云飞是艺术系二胡专业教师，八骏国乐民族室内乐团胡琴演奏员，毕业于中央音乐学院。执教十年，王云飞组建学校胡琴重奏乐团，出版适用于综合类高校的教材《胡琴重奏曲集》，传承中华民族优秀传统文化；也将音乐融入生活，录制专辑，举办个人音乐会，参加全国各地的民乐演出，用热爱诠释事业。

"吱呀吱呀——"6317 教室的讲台上，六名学生正专心致志地用琴弓拉着"锯"，王云飞站在一旁面带笑意，"欣赏"学生使用特殊的弓弦乐器拉出"奇形怪状"的声音。在这堂课上，学生不仅学会了拉锯琴，还充分体验了胡琴制作中辨木头和闻木香等工艺，掌握了二胡演奏的基本技能绑千斤和擦松香。

"乐器是具有实操性的，将实物直接发到学生手上，枯燥和乏味的理论就变成可以把玩和操作的技能，这能让他们更好地理解这件乐器。"王云飞为这门课程付出了大量心血。开课之前，她动员三名二胡专业的学生担任课程助教，组成了"复盘分队"，虚心听取课堂反馈；开课之后，她出资购买了四把二胡做课堂流动乐器，还聘请青岛市坠琴、马头琴等弓弦乐器名家，为学生演绎并讲解特色乐器及其背后的文化故事；开学第一课，她从家里带了 20 多件不同型材及种类的民族弓弦乐器，一趟一趟地搬到教室。

"王老师的课让我在繁忙的大学生活中重新与音乐联通，也更好地了解了中国的民族音乐。"汉语言文学专业 2021 级学生李心怡特别喜欢这门课，她开心地说："这是学校第三轮选课新增设的课程，我们没有用选课币就选上了，'免费'体验了一门宝藏课程！"李心怡说，学校其他几门宝藏课程，用"全副身家"100 个币都不一定选得上。

除了发挥团队授课的专业优势外，王云飞还设计了别出心裁的课堂形式。在介绍二胡经典曲目《赛马》时，她会让大家上台演绎"形形色色"的马叫，点评时她用"除了不能听，其他都挺好的"引发全班爆笑。讲解不同胡琴种类时，她演绎每件乐器的代表曲目,将课堂变成了小型音乐会。在多堂理论课之间,她会穿插小组展示课,让学生分组演绎舞台剧、音乐剧和微电影,大胆自信地展现自己。她还带领学生走进青岛迷胡胡琴文化馆,参观百余件形态各异的中国民族弓弦乐器,了解乐器制作过程,切身感受庞大的中国民族弓弦乐器家族。

丰富多彩的互动和实操,充分调动了学生参与课堂的积极性。"我特别希望每一堂课都能让每一位同学有所收获,只要有一个同学昏昏欲睡,我就会特别自责。"对王云飞来说,最幸福的时刻就是下课铃声响起时,学生纷纷围到讲台,和自己继续讨论课堂上那些有意思的地方。

为了实现这种幸福,王云飞会用一整周的时间备一堂课,反复看讲义,思考新的课堂设计和互动。她总是第一个到教室,最后一个离开。功夫不负有心人,在第一堂课自我介绍时说"不要关注我"的学生,在期末已经能勇敢地站在讲台上拉锯琴了。"每一个人都在慢慢变化,孩子们能感受到老师的用心,给出积极反馈,进而推动课堂发展。"王云飞经常用"孩子们"来形容这些"00后"学生,就像她经常用"热爱"来形容自己对音乐和教学的感情一样。

"教育是要用心的,我一直相信良心、信心、细心和耐心的重要性,这既是自我要求,也是对学生的培养方向。"无论是通识课还是专业课,王云飞在一次次探索实践中展望新的目标。

二胡专业的学生以"胡胡"自称,对王云飞是又怕又爱。他们不约而同地在一件事上达成了共识,那便是王老师是"自己从小到大遇到的最严谨认真的老师"。

"大一时我不敢和老师说话,一对视就紧张到冒汗,觉得老师是天上飘着的一位仙女。"二胡专业 2016 级学生赵晓彤已经毕业一年半了,谈起王老师时依然充满敬畏,"当时我基本功不好,王老师就让我拉了一年的练习曲,而别人只需要拉半年。"害怕落下的赵晓彤听了这话,铆足了劲训练,终于赶上了进度。

一遍遍地帮学生抠字眼、改论文,一次次地帮音不准的学生纠正错误,从大三就开始操心学生毕业后的去向……王云飞的严谨认真不仅体现在细节上,更落实在对待学生的态度上和对学生人格的培养上。

2021 年 6 月,王云飞的第三张专辑《听海——王云飞与中国海洋大学胡琴重奏乐团》发布,这张筹备 10 年的胡琴重奏曲辑记录了学校 2008 级至 2019 级大部分胡琴专业学生的演奏声音,12 支动人乐曲背后是无尽烦琐的编排、录制和制作工作,这都是她亲力亲为推动的。"大年三十,我还带着孩子们在家里录制,下午他们的父母都在楼下等着接孩子回家过年。"为了这张专辑,王云飞还购买了录音设备,一边学习一边自己做后期。"这是一个相互成就的过程,老师付出的比我们多得多。"赵晓彤参与了专辑中《老城胡同》的录制,经过那段时间的艰苦训练,她的重奏能力有了很大提升。

二胡专业 2018 级学生邹艺目前已保研到学校文艺学专业攻读研究生,是"复盘分队"的成员之一,她不无骄傲地说:"'胡胡们'整体视奏能力还是较强的。"原来,简谱和五线谱是音乐学习中两种不同的记谱方式,很多二胡学生在高考前从未接触过五线谱。为了训练学生,王云飞一直要求他们看五线谱演奏,如果有学生偷偷用简谱标注,她会直接撕掉谱子。

与课上的严厉不同,课下的王云飞是温柔包容的,她全身心关注教学对象,关注学生进度和反馈,关注教学效率。她说:"我的学生就是我的孩子,课下我会走近他们,帮助他们解决各种难题和保持很好的学习状态,引导他们走适合自己的路。"有的学生参加保研面试不自信,她会劝慰道:"非音乐学院学历其实是优势,有助于在不同学科的交叉学习中实现融会贯通";有的学生因体寒经常请假,她会布置"泡脚打卡"任务,一个月后,学生再也没有缺过课,也养成了良好的生活习惯;有的学生练琴进度慢,她会耐心地讲解、示范每一个音,给学生打气:"天赋只能决定起点,科学训练和长期坚持才能决定高度和终点。"

冬季天冷,早晨 8 点的课对学生来说是一大煎熬。偶尔,他们迟到时,总会看到二胡教室通风的窗户和等待的身影。王云飞不会批评他们,只会在朋友圈为自己"解围":"美好的一天,从琴房等学生上课开始!应该是天太冷了,学生实在起不来了。"

点点幽默和乐观,些些严谨和温柔,再加上无尽的热爱,就是"胡胡"们心里的仙女老师。在这段和学生的亲密关系中,王云飞默默耕耘,因材施教,把心爱的孩子们送到了不同的远方:他们有的成为中国歌剧舞剧院民族乐团胡琴演奏员,有的成为天津音乐学院、各地中小学音乐教师,还有更多学生继续在中央音乐学院、上海音乐学院、天津音乐学院等专业音乐院校攻读硕士研究生……

王云飞对音乐和教学充满热情,于她,所爱之事便是值得奋斗一生的事业。她践行着"把力所能及的事情做到极致,把有意思的事情做得有意义",始终相信前路有光,定会向阳生长。

(新闻中心记者　王红梅)

(原载《中国海洋大学报》第 2155 期第二版,2021 年 12 月 9 日)

于慈江：
以诗接驳远方

在 2020 年教师节来临之际，于慈江应邀作诗《我的大学我的校园》，虔心致敬海大——"我的大学掩映在奇崛的三山与碧海之间""我的校园有五子顶和八关山，登高可览胜、可望远""我的大学研究高深学问、培养硕学鸿儒，立意高远""我在我的校园里瞩望诗歌、花朵与远方的美好"。

是的，这样令人心驰神往的场面真实存在着……

1980 年，于慈江以贵州省文科榜眼的优异成绩考入北京大学中文系，一待就是七年连读本科和硕士。毕业后，他顺利进入中国社会科学院外文所工作。两年后他靠一笔奖学金赴美求学，最终拿下雷鸟国际管理学院的 MBA/MIM 学位。多年后他再接再厉，连续取得中国社会科学院研究生院国际贸易学专业经济学博士学位、北京师范大学文学院中国现当代文学研究专业文学博士学位。于慈江对此的解释是，他这个人一向比较爱读书、爱学习。

他的博士生导师王富仁曾感慨道："于慈江在我的博士研究生中是特殊的一个，也是令我感动的一个。他在中国社会科学院获得了经济学博士学位之后，紧接着就报考了北京师范大学文学院中国现当代文学研究专业的博士研究生并在我的'门下'继续自己的学业。这在当代中国，恐怕也是少有的事情，令我这个中文系教师感动不已。"

作为 20 世纪 80 年代的北大文学生、话剧队队长，于慈江的身上有着整整一代人的理想主义光影，对诗与情怀的推崇是刻在骨子里的。

于慈江与诗结缘，既与自己年少时对诗词格律天然的好感和亲近有关，也与他的硕士生导师谢冕有关。谢冕是中国新诗界冲在最前列的重量级呐喊者和守望者。因缘际会，他的学生于慈江尚在学校，便成了诗界风云人物。同是北大出身的杨瑞芳老师说："20 世纪 80 年代北大中文系主办过《启明星》诗刊，那个年代的北大人大都看过这份'校园明星刊物'。那个年代慈江师兄就经常在《启明星》诗刊上发表作品。"也正如于慈江本人所言："我是当年北大学生里几乎唯一一个全方位搞新诗诗评的。"

2019 年，于慈江来到海大任教，承担"创意写作"（与朱自强教授合作）及"杨绛研究""英诗的中译""百年中国新诗研究""中外现代经典诗歌鉴赏与诵读"等课程。其中，"中外现代经典诗歌鉴赏与诵读"已被定为全校核心通识课。

　　课堂上的于慈江总是西装革履、精神抖擞、语调铿锵。他说,这是为了保持最佳的"临战状态"。在学生面前,年过半百的他从未想过松弛下来。

　　"踏踏实实做基础的诗教与普及不仅是极其必要的,也是极其艰难的。活了小半辈子,只剩下两个念想:一是勤于笔耕,尽可能多地留下点可供人玩味的文字;二是把自己全部的才学、所有的光和热都倾注到年轻的学子身上,助力他们成为好一点儿的人。"关于当下的情状与未来的设想,于慈江信心满满。

　　"床前的诗行墨汁正干 / 是汗浆 / 还是泪水 / 我听得见盐巴沉淀 / 慢慢结晶的声音",这是于慈江写的《诗歌》。那么,诗的终极价值何在?在他看来,在于温抚与抱慰,悦己兼利他;在于浸润情怀,提高精神视野与生存高度。

　　当生活在日常的琐碎中黯淡下来,读读诗吧,抓住诗意瞬间中的鳞片与羽毛。这或许是于慈江在校园内外高扬"以诗接驳远方"旗帜的主要因由。

　　清华大学老校长梅贻琦在《大学一解》中曾说:"学校犹水也,师生犹鱼也,其行动犹游泳也。大鱼前导,小鱼尾随,是从游也。从游既久,其濡染观摩之效,自不求而至,不为而成。"这也是于慈江所倡导的健康的师生关系——从游。

　　"我一直认为,本科教育是大学中最重要的。"于慈江相信,"年轻人在 18 岁到 22 岁之间的可塑性比之后更强。"作为通识教育与人文教育的积极倡导者和拥护者,他在课堂上以极大的热情投入与学生的互动,以引导阅读和讨论为本,致力于培养学生的思考、提问、讨论与表达的能力。

　　于慈江在自己的诗歌课堂上,大力融入"写、译、析、诵、评、改、润"等元素,全方位展现诗的魅力。海子、西川、顾城、徐志摩、闻一多、林徽因、冯至、穆旦……这些名字并不陌生,但每当于慈江抑扬顿挫、情致饱满地读起他们的诗歌时,学子们的眼睛里还是会涌动着被诗意击中的波澜。文艺学专业 2020 级学生张琳雪就曾深有感触地说:"于老师的诵读给人强烈的感染力,让我迅速融入其中,在音节顿挫中、在淋漓的情感之中产生强烈的共鸣和震撼。"

　　师生一同享受诗、享受文学、享受大学生活的时光是美妙的。不过,在大量"好评"之外,课堂上也会出现一些"杂音"——在被生活裹挟着前行的日子里,每个人都或多或少地面临各种现实的压力,参与诗歌活动的空间、时间无形中会被压榨到近乎尴尬和可怜的地步。此外,对大多数年轻学子而言,上于慈江的课之前,不仅从来没有写过一首诗,也对于他在课上一再号召的抢占讲台或舞台、勇于表达和诵读心存怯惧。

　　那么,如何帮助学生战胜自我、实现零的突破?于慈江有他自己的想法与做法:"一方面,耐心地让学生明白,追求诗和远方与脚踏实地生活、学习并不矛盾;另一方面,言传身教,手把手地导引他们写出第一首诗、译出第一首诗、诵读第一首诗,实现自己登上讲台乃至海大舞台的第一次,帮助他们避免挫败感、收获成就感。这不仅要通过课上面对面的交流,也要通过课下频密的、不厌其烦的线上交流,通过对他们反馈上来的习作的细致审读和修润。"

　　万人丛中一握手,使我衣袖三年香。用心的托举与滋养终会换来丰硕的果实——参与诗歌课堂的学子们大多渐渐突破了自己的心理障碍,变得更加知性,更加具有人文情怀,更加具有家国情怀……

在海大,除了日常教学以外,于慈江还有另一个身份——一多诗歌中心主任。

2020年11月18日,一多诗歌中心正式成立。念兹在兹,必有回响——一多诗歌中心的创建,是为了接续海大自20世纪30年代起,由闻一多先生等肇始的人文文脉与辉煌。诗歌于是成了媒介和桥梁,海大学子从此有了一个以诗接驳远方的平台和抓手。

自成立以来,一多诗歌中心马不停蹄,接连举办了多场与推广诗歌和诵读相关的大型活动——"首届一多樱花诗歌创意大赛•诵读会""一多诗诵会""一多元旦诗会""红色经典诗歌解析与诵读讲座晚会""一多诗论坛•回到'诗歌的'叙述学""我是天空里的一片云——纪念诗人徐志摩辞世90周年",等等。此外,于慈江还应校人事处之邀,领衔创作了微诗剧《一多与"二家"》,与几位学生和老师一起,在2021年教师节表彰大会上成功演出。在他看来,诗人闻一多其人其作代表的正是家国情怀、人文传统和诗歌精神。

轻松有趣、自由有序,老师和学生因着对诗与远方的一份热爱相聚于诗歌现场,惬意而畅快地诵读、交流……这一极富仪式感的诗歌实践,无疑是校园一角不可多得的风景。诗言志,歌咏言,正是有了氤氲着诗意和情怀的立体诗歌课堂,诗歌因子和人文精神自然而然、潜移默化地在校园里浸润和滋生开来。

"但问耕耘"是于慈江在采访中多次提到的一个词。作为大学校园里的一名教师,如何体现价值、发挥好带动作用是必答题。带领学生在课堂内外找寻诗意世界、走进诗意世界、开拓诗意世界,这条属于诗歌的羊肠小径幽深曲折,却直通心灵的深处和真善美的远方。沿着这条小径一直走下去,一路点燃潜藏在学生心底的人文情怀和良知火种,这至少是于慈江的心之所向。

大学校园无论什么模样,海纳百川总是基本的限度或底色。正是有着方法各异、志趣不同的形形色色的教师团队,校园里才充满了多种多样的观点与碰撞,学子们身上也就自然而然地打上了多种多样的精神烙印,获得了精粗相间的各色滋养和激发。在或平淡中庸,或个性鲜明的教育模式里,于慈江信奉"拾遗补阙",既气定神闲又充满激情地致力于诗教领域的增量贡献。

(新闻中心记者　周文燕)

(原载《中国海洋大学报》第2153期第二版,2021年11月25日)

龙红岸:
热爱可抵岁月漫长

流萤纷飞,自散光芒。他如一只萤火虫,在仲夏夜里不甘寂寞地且歌且舞,寻找着同行的伙伴,一路收获真情,一路点燃希望。他就是龙红岸教授。

一、科研成长:始于好奇,终于坚守

"做科研,是好奇心驱动,而非好胜心驱动。"问及龙红岸的"科研年龄",他摸着后脑勺浅笑道:"从小热爱自然,好奇万象,常常忍不住思考生命的起源。"忆及少年时代,他曾为向小伙伴证明自己的勇气在深夜去墓地探险;曾无数次蹲在灌木丛里观察昆虫;亦如很多淘气男孩一样逃学翘课……可以说,放任自流、胆大不羁是他年少时的关键词。然而高中时的他,为解除心中对一个自然问题的疑惑,试着翻阅文献,体会到"书到用时方恨少"——满是物理、数学知识的英文长篇大论让他望而却步。但那陌生的文字符号并未吓住他,当好奇心无法被满足时,他选择端正求学态度,磨去顽皮伿气,开始潜心学习各科目。曾经言行举止中的机灵内化为活跃的思维,他在解决几何题时发散思维,进出巧解,并独立撰写题为"一个有用的立几结论"的论文发表在《数理天地》期刊上。

如果说,好奇心为龙红岸敲开了科研的大门,使他得以徜徉在探索的天地,那么科研良师则引他进入科研的殿堂。

2004 年,从中国海洋大学本科毕业时,他选择留校硕博连读,追随恩师宋微波进入原生动物学研究室,开启纤毛虫分类学的研究。当时,他还收到了美国迈阿密大学 SH Gruber 教授的读博邀请邮件,但是他觉得纤毛虫分类学研究似乎更赋魅力。

在宋老师实验室里,他学习到的不仅是逻辑缜密的科研思维,还有待物宽容的处世之道。日复一日的耳濡目染,使龙红岸明白了"一花独放不是春,百花齐放春满园"的集体关怀,"高瞻远瞩、法乎其上"的求知理念。于龙红岸而言,宋老师,亦师,亦友,亦人生楷模。

龙红岸的科研生涯并非一帆风顺,而是经历过几番"折腾"。在海大硕博连读时他竟中途退出并以硕士身份毕业,"原因是我想知道为什么生物在自然界有那么多的种类和基因多样性,是什么驱动和维持这些多样性的形成和种类形成及演化的?而这些并不是当时实验室的研究内容。"与导师坦诚交谈后,他决定申请自费留学,去中国香港科技大学生物系读博。但是,入学半年后的他又再次毅然选择了退学!"不是因为学校不好,而是作为北方人的我适应不了香港地区的快节奏和粤语环境,所在实验室的培养方式也不适合自己。"

岁月不待人,或许此刻旁人会担忧其读博生涯被无端地延长,但龙红岸相信:个人生长环境值得精心寻找!他宛如蒲公英一样,漂泊万里,随风游荡,随性飘飞,只为寻找一片适合成长的沃土以扎根。

第三次申请读博,他终于扎根落地在太平洋彼岸航天城内的一所大学——美国休斯敦大学,就读生物与生物化学系博士,跟随 Rebecca Zufall 研究纤毛虫的变异规律。

二、科研转变:角色转换,羽化蜕变

龙红岸视 Rebecca Zufall 为榜样。从提出主题,到实验设计,再到数据分析和写文章,师生二人相互弥补提醒。龙红岸在导师营造的环境中全身心投入研究,每一个新主题的主动提出、每一点进展、每一步成功、每一次拿到符合预测的数据,都是他心潮澎湃的时刻!

"如果能够遇到有相同兴奋点的同行,无须酒桌上觥筹交错,那种彼此言语中透露出的相见恨晚,那种共同奋斗推动整个学科发展的壮志雄心,不正是幸福中的幸福吗?读博士只是享受这种幸福的开始,保持健康就还有大半辈子的时间去欣赏烟花绽放的灿烂和辉煌。"

科研路漫漫,求索无止境,每次柳暗花明,每次茅塞顿开,每次小小的前进所收获熹微的幸福,如他所言,"恰如看显微镜下样品里一个个神秘的迷你动物园,目睹稀奇活物的兴奋,好比儿时抓到一个可爱小动物一样心花怒放。"

心之所向,身之所往。龙红岸沿着好奇的藤蔓,悉心探索纤毛虫进化的规律,以好奇心自驱,甚至在实验室资源紧缺、经费不足的条件下,奇迹般地协助导师拿下 191 万美元 NIH 项目需要的全部数据!他本人亦水到渠成地拿下了博士学位。

如果说博士研究生还是学生,那么博士后更是从学生向独立科研人的转变。博士毕业后的龙红岸进一步深入研究进化基因组学,聚焦自发和环境诱导变异的规律及演化机制研究。博后实验室提供给他丰富的科研硬件,憋在他心底的灵感得以付诸实践。"当时按捺不住兴奋,合同开始前半个月我就进入实验室,准备一探神迹!"

理想永远很丰满,现实终究很骨感。他的第一个小实验是敲除掉一个细菌的 DNA 错配修复基因。然而,不论是通宵达旦,还是更换试剂,或者四处奔波请教,半年光阴已过,他却毫无结果——重复卡在基因重组环节,而重新测序又需四个月的时间;外加妻子怀上二胎他还要带老大……顶着科研和家庭的双重压力,龙红岸精神颓靡。

或许,机会总是留给坚持到最后的人,他偶然发现手头的实验手册有误,于是顺藤摸瓜,通过文献和实验找到了解决方案。那一刻,他意识到该"学术断奶"了,要从一个

研究生转变为一个独立科研人员。"类似的实验细节,自己有义务检查清楚,不怨他人,每个逻辑环节都需要推敲。做科研,复查尤其重要。"

四年八个月的博士后光阴,龙红岸称之为"一段低开高走的岁月",在逆境中接受"千磨万击还坚劲"的科研捶打,在指导本科生中学着培育后起之秀,在结交中国同胞中收获深情厚谊。

龙红岸是幸运的,接触的每一位导师都抱着宽容的心态,静心培养独立的科研人。博士后工作一结束,他便转向国内,和美国挥手告别。"我会珍藏这段宝贵的经历,用正面的思维去面对未来的挑战,脚踏实地以行动去改善自己的领域,和已经奋战在一线的中国科学工作者们共同营造一个以兴趣为基础、健康向上和强大的学术圈。"

三、宽容育人:让教育返璞归真,打造育人生态

滴水入海,2017年夏天,龙红岸学成归来,入职海大海洋生物多样性与进化研究所。别无他求,他只求拥有一个独立的实验室,该所所长对他予以支持。

龙红岸成功搭建起进化基因组学实验室——一个努力为学生撑起一片快乐科研平台的净土。

"借鉴进化生物学R/K选择理论中的K策略到研究生培养上,即培养少量狮子不培养大量的蚂蚁:通过严控实验室内研究生数量以及努力争取各种资源,来增加每个研究生的平均资源量(工资——经济独立才能保证独立的研究、研究资源、学习资源、导师的关注度等),并给予充足的时间让他们发展各自的兴趣,挖掘潜力。"

在这里,每一个学生都直呼龙红岸名字,做大胆的思考者;刚加入实验室的学生,不必急于定实验课题,而是被鼓励阅读前辈的经典书籍,畅享醍醐灌顶的快乐;在研讨室,他对学生授之以渔,指点迷津,定期与学生谈话,掌握学生的心理动向,及时疏导;他招募本科生参与勤工助学,解放研究生,让研究生作息自由,并将大部分时间用到文献阅读、思考讨论和练习数据分析技能上……他教导学生"做好奇心驱动、基于科学问题的科研",乐于花时间和学生交流,只为了师生思想一脉相承、相向并行。

龙红岸致力于打造"育人为本,创新领先"的乌托邦。或许前期理念的传递会耗费大量精力,但倘若做事缺乏精神的根基,便如浮萍一般随风漂流,终究不会蓬勃生长、树大根深。他因材施教,从文化建设到技能训练,循序渐进地培养科研英才。

除了对研究生强调"好奇心驱使而非好胜心驱动"的科研理念外,龙红岸对本科生培养同样尽心尽力,为学生打造一个耐心宽容的平台。

他教授的"微生物"实验课,以微生物分离、培养和鉴定作为总目标,将真实科研引入教学中,以完成一个具体科研任务为主线,串联零碎的实验技能,让学生真正学以致用、以用促学;他不计课时地组织"模式生物的发育与进化"通识课,邀请达尔文馆一线科研人员讲课,将发育和进化生物学最前沿的知识引入本科生课堂,激发本科生的好奇心和求知欲,该课程得到了水产学院副院长温海深教授的大力支持;通过设立大量勤工

助学岗位让本科生有机会在实验室里施展拳脚；他担任 2018 级水产养殖学 1 班的班主任，期望每个人都能消除迷茫，找到自己深藏的梦想，"不管科研多忙，一定要给本科生上课，虽然会耗费大量时间和精力，但本科生会是未来整个领域的领军人"。

科研上乘风破浪，育人时开放包容，奉献里古道热肠……龙红岸的身体里，藏着一个有趣的灵魂。

（学生记者　黄瑜晴）

（原载"观海听涛"新闻网《记者眼》，2021 年 11 月 22 日）

张　弛:
实验室里的分类学专家

"登高,坡顶自有青天,倘若正有一朵白云闪耀,那就望云爬坡吧。"这是日本小说家司马辽太郎《坂上之云》里的一句话,也是水产学院实验师张弛的微博个性签名。

张弛出生在福建北部山区,选择报考海大水产专业,只因想出来看看海。本科期间一次做助研的经历使他对渔业产生了兴趣,硕士阶段跟随国内耳石研究的先驱学者叶振江求学。凭着对分类学的熟稔,毕业后张弛留在水产学院成了一名助理实验师,教授"普通动物学实验""鱼类学实验""渔场学实验"课程。

"80后"的他秉持着"干一行爱一行"的朴素价值观,在工作和生活中不断发掘与积累乐趣,用点滴细节诠释着对水产工作的热爱。

圆斑星鲽、蓝点马鲛、大斑刺鲀……张弛所在的渔业资源生物学实验室有400多种鱼虾蟹贝类标本,在常人眼里,它们的面孔没有陆上生物那么可爱,甚至有点可怖,但在他的讲解下,这些都是海洋里美的存在。

他买了各种海洋生物模型,用来和学生互动。从我国香港带回来的鱼类模型摆件,从二手市场高价淘来的奇谭南极生物扭蛋,一个个小物件,充盈着主人的心血,也感染着课堂上每一位学生。

张弛是做耳石研究的,这一件事,他已坚持了十年。耳石是硬骨鱼类内耳的钙质结晶,起到听力、平衡的作用,并在内部以类似树木年轮的轮纹记录着鱼体年龄、环境等信息,也被称为鱼体中的"黑匣子"。"耳石研究是个耐心活,很枯燥,不过和我的性格比较匹配。"一天取耳石好几十颗,不断切割打磨,需要耗费大量时间,他的灯笼鱼日龄研究耗费了五年的时间才推进了一小步。"还好硬组织年代学实验室窗外的风景好",他这样聊以自慰。眺望过去,窗外是信号山的如画景致。

在微博上,张弛是一个活跃的冲浪达人,一日更新数条微博,致力于科普各种鱼类知识。国内做海洋科普的人并不是很多,他坚持一个朴实的想法:能做一点是一点。2018年他就带领学生做起了海洋类公众号——"海错拾遗",名字取自清代画家兼生物爱好者聂璜绘制的海洋生物图谱《海错图》,希望借此机会系统整理标本,搭建与学生互动的平台。目前,"海错拾遗"已经发布了250多篇文章,有关于耳石研究的,有关于南极风光的,有关于鱼类鉴定的,保持着专业与大众口味的协调。"那些大大小小的耳石,或随波逐流,或乘风破浪,它们的存在本身也是大自然的奇迹。"这是公众号的介绍语,字字句句皆是水产人的情怀与热爱。

渔业资源生物学实验室的阳台一角就是他的办公室,里面有两个落地书柜,密密麻麻地摆放着各种分类学书籍,《日本近海产贝类图鉴》《中国海洋生物图集》《黄渤海的软体动物》等,还有一些珍贵的绝版书,价值不菲。张弛笑着说,自己算是学院里个人藏书最全的人了。

他不仅爱藏书,也做专业领域的图书审订工作,审订的《潜水识鱼》已在北京科学技术出版社出版,审订的科普类图书《鱼的好奇心:关于生命、海洋及一切》获得第十六届文津图书奖。审订不是一项容易的工作,中国水生鱼类有 3700 多种,他要确保书中的鉴定是正确的,这需要非常专业且大量的知识储备。

行远自迩。因着热爱,张弛在自己的领域不断开拓边界、拾级而上。

谈到南极科考经历,张弛笑称自己做到了"下五洋捉鳖"。在认识南极、保护南极、开发南极宗旨下,他作为鱼类研究组科考队员参与了第 36 次南极海上调查。2019 年 10 月 22 日,科考队乘坐"雪龙"号离开位于上海的中国极地考察国内基地码头,前往南极。

在此次南极调查中,国内首次开展中层鱼类研究,"抓到鱼"是此行的主要任务。在深度 200 米到 1000 米的海洋中层无光水域,怎么下网、在哪里下网、可能抓到什么鱼,这些问题都需要张弛所在的团队思考和解决。

出发前团队做了细密的准备工作,总结之前南极科考的经验教训,参照国际标准设计合适的网具,一切整装待发。在通往南极的路上,科考船需要穿过一道天然屏障——魔鬼西方带。在南纬 45°～60° 度附近,常年西风不断,气旋频繁,风大浪高,气候恶劣,平时最小的风力也有 7～8 级,大多时候达到 10～12 级,船只航行极为危险,故被称为"魔鬼西风带"。幸运的是,"雪龙"号较为平稳地穿越了这片海域。到达南极后,团队一共下了 23 网,捕获了 600 多条鱼,超额完成了任务。

紫蓝盖缘水母、冥河水母、巨新颚糠虾、安氏克灯鱼、巨海萤、南极裸灯鱼、冰盖乌贼、南极深海鲏、南极掠食巨口鱼、科达乌贼、斯科蒂玻璃虾、考氏背鳞鱼、小齿圆罩鱼、深海乌贼、皮氏青长尾鳕、尼氏裸灯鱼……这些都是中国首次采集到的南大洋中层生物。冥河水母,在过去 114 年中目击记录只有 119 次。科达乌贼,据 GBIF 统计,之前全球记录仅 72 次。现在这些南极生物标本都存放于鱼山校区水产馆内。

从南极归来之后,张弛花了两个月的时间,把捕获的南极生物鉴定了一遍,对生物的群落结构、生长情况展开了研究,并在"海错拾遗"公众号上推出一个介绍南极风物的特辑。大千世界,即使在最遥远、最严寒的地方,生命的奇迹也无处不在。

极地风光无限,张弛临行前特意买了 GoPro 运动相机,拍摄了玄妙的南极地磁点极光、浪花吹成水雾的阿尔代角 12 级海况、极昼下阿蒙森海的浮冰与落日……他最喜欢的是在阿尔代角对着天空与大海拍的延时视频,云卷云舒,飞雪连天,悠然适意。

王小波在《黄金时代》里说:"人这一生,可以选择的事很少,没法选择怎么生,也没法选择怎么死。我们能选择的,只有两件事,这一生怎么爱,这一生怎么活。"世界在张弛面前,是蓬勃展开的。实验室里树木年轮状的钟表、挂在墙上的耳石切片相片,都在无声表达着主人生命的舒展与趣味。

张弛性子淡淡的,出海碰到 12 级风,浪比船高,也很淡定。他常在青岛海边逛逛码头,转转海鲜市场,饶有兴致地拍摄讲解视频,侃侃而谈。

"偌大一个胃里全是塑料包装,近海塑料污染,形势严峻。""小小一片滩涂,三五十人在采集,如此滥采对潮间带的破坏难以估量。"一次科学解剖、一次海边实习也让细腻的他触动着、呼吁着。看到网络上的一些"赶海"视频,他表示好多是假的,海边不会出现那么多生物,自媒体需要向大家传达一些正确的观念。

刘丹是渔业资源专业 2021 级硕士研究生,也是"海错拾遗"公众号的"元老"之一。谈到与张弛老师的缘分,她说,"我大二上张老师的课,他上课讲得很有意思,不是照着PPT 念的,觉得他很厉害,后来就一直跟着学习。"

"牧海唯真,敏学笃行",这是水产学院的院训,张弛切身践行着。行稳致远,相信在不远的将来他会开辟出更为广阔的天地。

（新闻中心记者　周文燕）

（原载《中国海洋大学报》第 2151 期第二版,2021 年 11 月 11 日）

朱自强:
谦谦君子步履不停

"我不是一只容器／我本是一片大地／能开花结果／能绿荫满地……"

这是一位从教 40 年的老师创作的歌词《书本知识》,其中蕴含着他一以贯之的学术和教育理念。

为学者,他致力于建构和发展"儿童本位"的儿童文学理论,步履不停;为师者,他始终把"老师"作为第一身份,循循善诱;为人者,他以童心激发满满的求知欲,被人戏称为"斜杠青年"。

他是朱自强,儿童文学教授,中国海洋大学国际儿童文学研究中心主任,中国儿童文学研究领域的领军学者。

一、"咬定青山" 的学者

1982 年,25 岁的朱自强开始从事儿童文学教研工作。四年后,他发表第一篇论文,以个性化的批判精神反思成人本位的教训主义传统,变革儿童文学观念。经过十年的批判性思考,他终于在《儿童文学的本质》(1997)一书中,建构了当代"儿童本位"的儿童文学理论。这一理论是对中国儿童文学学科建设的一个重要贡献。

朱自强多次用"兴致勃勃地背起行囊"来形容自己的研究心态。他集中精力"重写"文学史,于 2000 年出版《中国儿童文学与现代化进程》一书。三年后,他来到中国海洋大学任职,专注国内儿童文学纵深面研究,出版了《儿童文学概论》(2009)一书,带头成立儿童文学研究所,组建儿童文学研究团队。朱自强根据儿童文学自身的发展需求,在团队方向规划上做出了卓有成效的设想:将不同专业和学科整合起来,在重要领域和方向实现有机对接。

2013 年,朱自强出版著作《"分化期"儿童文学研究》,提出了在学界引起很大反响的"分化期"概念,并开始展望下一个学术新起点。期间,他从未放弃过对图画书、小学语文教育、儿童教育和童年生态的研究,还创作绘本、译介图书,数十年如一日地投身于儿童文学事业,守护着学术初心。

2021 年 6 月 22 日,朱自强获得国际儿童文学学术研究领域的最高奖"国际格林奖",颁奖词中说:"朱自强教授是具有国际视野的学者,在切实推动中国的儿童文学研究和教育发展的同时,也向国外推介中国的儿童文学创作和研究。"朱自强一直用自己导师的话警醒自己,"不断地超越自己,是多么快乐的事情"。他希望在更高的基点和更广阔的视野中,将自己的学术研究带入新天地。

在儿童文学研究团队成员徐德荣的眼里,朱自强是一个"有情怀、有智慧、有担当"的学者。"朱老师以义无反顾的情怀,投入'为孩子'的研究中;以融会贯通的智慧,打通古今中外的学问;以关怀现实的担当,解决中国'儿童阅读'问题,出版《小学语文儿童文学教学法》(2015)一书。"在勇攀学术高峰的路上,朱自强团结了一批有共识的人勉力前行。

二、循循善诱的师者

"朱老师超温柔超有意思",中国海洋大学行远书院 2019 级本科生周新一这样形容朱自强。

2015 年,朱自强接受行远书院"大学之道"课程的讲授任务,那时他年近 60 岁。这门跨学科课程远远超出了朱自强的专业范畴,从此,他把自己变成了一块汲取跨学科知识的海绵。飞机上、高铁上、待机时,他在忙碌的日程间隙里读书、备课,根据大学通识教育理念和人的心智成长规律设计课程内容。著作等身,荣誉加身,他却说:"讲授大学之道使我渐渐成为一个有较大格局的人文学者。"

"上朱老师的课,我们学会了独立思考,受益匪浅。"大三学生周新一至今对朱自强"多面的好"念念不忘,她说行远书院的学生没有一个不喜欢朱老师的,有的学生从书院毕业后,还去旁听他给研究生上的课。

鲁晴今年读博二,自读硕士便一直跟随朱自强学习,她认为朱老师的讲课风格"如春风化雨、循循善诱",指导学生时"认真严谨",念童谣时"绘声绘色、出口成诵"。文学与新闻传播学院教授徐妍对此也颇有同感,她说:"朱老师的教学方式和他的做人、治学风格是分不开的。他一向平等、平和地对待学生,尊重其个性差异,知识广博又幽默风趣。"徐德荣也是朱自强的学生,现任中国海洋大学外国语学院教授,谈起恩师,他止不住话匣子,"朱老师的教学是启发式的,他不灌输知识,而是让学生贡献思想,给学生探究的勇气和自信。"

近五年,朱自强年均教学量 244 学时,他以严谨创新的学术研究为源头活水,创造性地开展教学工作,"教学是引导学生去理解、阐释、发现和创造知识"。64 岁的他,依然活跃在教学一线,在学生渴求与信任的目光中获得了无可替代的幸福感。

三、童心满满的"斜杠青年"

"我问斑马,你是有白条纹的黑马,还是有黑条纹的白马……"朱自强在课堂上朗读过谢尔·希尔弗斯坦的作者《斑马的问题》。彼时,他西装革履,嘴上挂着一抹淡淡的微笑,用抑扬顿挫的音调和文雅有质的音色娓娓道来。沉思的和天真的、文质彬彬的和童心满满的,这些要素混合在一起,装点着学生口中"眼睛里闪烁着光芒"的朱老师。

年轻时,朱自强喜欢打篮球、打乒乓球、滑雪、滑冰、游泳,还喜欢听音乐。现在他不仅是儿童文学学者,还是翻译者、创作者、语文教育者、儿童教育者和阅读推广者。用时下流行的话说,他俨然是一个"斜杠青年"。对这个"戏称",朱自强欣然接受,"我自觉心理和精神状态都还年轻,所以要努力做一个优秀的'斜杠青年',享受人生的快乐。"他希望创作出更多受儿童读者喜爱的作品,还想写诗、写歌词,他把它们当作不求饱的"点心"、不求解渴的"酒"。

于志刚校长评价朱自强是一位"谦谦君子",学生称赞朱老师"童心满满",朱自强自己说:"'童心'蕴含着天真和单纯,不是幼稚和简单。'谦谦君子'对己是谦逊自省,对人是宽厚包容。这两种品质愧不敢当,虽不能至,但心向往之。"

作为人文学者,朱自强还在当打之年,他"兴致勃勃地背起行囊",向着"欲穷千里目,更上一层楼"的旅程步履不停。

(新闻中心记者　王红梅)

(原载《中国海洋大学报》第 2143 期第一版,2021 年 9 月 16 日)

史宏达：
做学生成才的"梯子"

　　他扎根讲台，始终践行课程思政，主讲的"港口规划与布置"课被誉为专业"王牌"课，堂堂爆满，圈粉无数；他矢志蔚蓝，搏浪弄潮，围绕海洋可再生能源领域"卡脖子"问题，潜心攻关，硕果累累；他坦率真诚，儒雅谦和，师德高尚，是深受学生喜爱的"达哥"。他就是2021年"中国海洋大学最美教师"史宏达教授。

　　30余年来，史宏达始终秉持为党育人、为国育才、谋海济国、服务社会的初心使命，像一头默默奉献的"老黄牛"，诠释着教师之美。

一、三尺讲台勤耕耘，甘为人梯育桃李

　　"我愿是一架梯子。"史宏达这样表达对"教师"这份职业的理解。他说，梯子不仅自己能够到高处，还心甘情愿地让别人踩着自己登高望远。

　　史宏达主讲的"港口规划与布置"课程，被工程学子称为港口航道与海岸工程专业的"王牌"课。他的课，深入浅出，旁征博引，知识性、趣味性、学术性浑然一体。他还善于把思政元素融入专业课教学之中，在潜移默化中使学生涵养"建港筑天下"的宽广胸怀，树立责任担当意识。

　　史宏达的课堂总是呈现这样一番景象：讲台上，他激情洋溢，侃侃而谈；讲台下，学生全神贯注，听得如痴如醉，每当下课铃声响起，彼此都依依不舍，希望可以一直讲下去、听下去。

　　"史老师的课异常火爆，需要提前占座，去晚了都抢不到好位置。"在2018级学生魏浩强的记忆中，想要和老师坐得更近一些，只有更早一点到教室。

　　2020年，"港口规划与布置"入选国家级一流线下课程。2021年6月，该课程又被教育部评为首批课程思政示范课程，史宏达及其课程团队也获评教育部课程思政教学名师和团队。2005年，港口、海岸及近海工程专业教学改革项目荣获山东省教学成果一等奖。

　　30多年来，史宏达培养了硕士和博士研究生100余人。这些学生毕业后大部分奋战在以工兴海、以工强国一线，不少人成长为国家级高层次人才和国家海洋事业的骨干力量。他们在长江三峡、港珠澳大桥、长江口深水航道等国家重大建设项目中贡献中坚

力量,勇做中流砥柱。

"为师不易,要修炼,让自己高尚到君子慎独,又深刻到理从心生;要与学生共同成长,让他们体会到你的陪伴,记住与你相处的美好时光,这就是使命!"史宏达如是说。

二、矢志强国勇攀登,以工兴海谱华章

"国家的需要,就是我们的责任。"10多年前,结合我国海洋能资源充沛的特点,史宏达带领团队开启了海洋可再生能源开发利用的探索之路。

2014年1月15日,黄岛区的斋堂岛海域天气寒冷、风大浪急,史宏达带领科研团队在冰冷的海面上成功完成了10kW级组合型振荡浮子波能发电装置的投放,解决了多数传统装置小浪不发电、大浪易损坏的问题,标志着中国海洋大学在国内波浪能阵列化开发与工程应用领域率先取得了实质性突破,为我国波浪能资源的低成本、规模化开发利用奠定了坚实基础。

史宏达团队还在斋堂岛建成了我国首座容量为600kW的海洋能多能互补海岛电站,不仅解决了岛上300余户居民的部分生活用电问题,还为当地渔民开展海水养殖提供电能,成为以海洋可再生能源为海岛供电的工程示范。

作为我国海洋能科学研究的"领头羊",史宏达始终孜孜以求,勇攀高峰。他10年前提出的"海能海用,就地取能,多能互补,独立供电"的先进理念逐步成为业内共识,并被收录进国家《海洋可再生能源发展"十三五"规划》中。

从我国海洋能领域的第一个"863计划"主题项目到我国海洋能领域的第一个国家重点研发计划以及相关国家自然科学基金项目,截至目前,史宏达累计主持科研项目50余项,发表高水平学术论文150余篇,形成技术专利40余项,编写专著和教材6部,获国家科学技术进步奖二等奖、山东省科学技术进步奖一等奖、第二十一届中国专利奖等奖励20余项。

三、为人师表树形象,修身立德做榜样

"老师的魅力在于让学生形成综合的印象,既要德高才重,也要对学生付出真情。"从教30余年来,史宏达用良好的师德师风去影响和教育学生。

"谦和""博学""较真""情怀"……这是史宏达的同事和学生对他的印象。

凡是和史宏达接触的人,都对他的温文尔雅、坦率真诚记忆深刻。周围的同事和学生喜欢喊他"达哥",这个称呼一喊就是20多年。

"史老师既像一位'家长',又像一棵'大树'。"在团队青年教师曹飞飞的印象中,作为团队负责人,史宏达总是以身作则,发挥好"传帮带"的作用,为年轻人快速成长提供良好环境。

"他总是亲力亲为,冲在第一位,先行先试,敢闯敢干。"梁丙臣教授也被史宏达越是艰难越向前的精神勇气感动着、鼓舞着。

史宏达在立德树人、科学研究、服务社会等方面的卓越成就也获得了社会的认可，他于 2009 年获评"青岛市劳动模范"，2014 年获评"国家海洋局十佳标兵"，2016 年获评"山东省有突出贡献的中青年专家"、获颁"山东省富民兴鲁劳动奖章"，2018 年获得"青岛高校教学名师"荣誉称号，2019 年获评"山东省泰山学者特聘教授""青岛最美科技工作者"，2021 年荣获"山东省高等学校教学名师"。

史宏达喜欢电影《一个都不能少》，他也有一种信念：所有跟着自己学习的学生一个都不能少，必须把他们培养成好学生。"我一直在朝着这个目标努力，争取做一位'好老师'。"史宏达说。

（新闻中心记者　冯文波）

（原载《中国海洋大学报》第 2141 期第一版，2021 年 9 月 2 日）

王　刚：
师生之间是相互成就的关系

走进王刚的课堂，只见偌大的阶梯教室从第一排到最后一排都坐得满满当当，其中不仅有本专业的学生，还有许多慕名而来的其他学院的学生。学生们说，在王刚老师的课堂上可以感受到学科的魅力和学习的乐趣。

这是国际事务与公共管理学院王刚教授的"逻辑学"课堂。

第一次上这门课的学生会惊喜地发现，自己手中所拿的《逻辑学》教材正是由眼前站在讲台上的老师所编写的。王刚结合自己10多年来"逻辑学"课程教学经验，参考国内外各类逻辑学书籍，提炼其中精华，编写出《逻辑学》教材，并将其应用到教学过程中。这门"逻辑学"课程因此成为由海大人编写、海大人教授、海大人学习的"原汁原味"的海大课程。

行政管理专业2020级的高文旭同学说："王刚老师对我们来说，是真正的导师，他既有师者的风度，又有学者的深度。"

"同学们——"听到这句口头禅，学生一抬头总会看到笑眯眯的王刚。他上课时很有耐心，有的学生回答问题时跑题了，发言时间过长，他也不会打断学生，而是安静听完后再做评价。面对学生不时提出的"难题"，他不会在没有研究的情况下给出回答，而是在充分查阅资料、深入思索后给出明确回答。学生无奈又敬佩地说："王刚老师不仅对待科研很严谨，连考试范围划定都非常准确，你绝不可能从他这里得到一丁点儿关于考试内容的消息。"

"无所不会，又倾囊相授"，是学生对王刚的评价。在他的课堂上，学生不仅可以学习专业技能，还可以广泛涉猎经济学、政治学、管理学乃至数学方面的思想，拓展认识世界的视角。在讲定量研究中的决策树法和风险决策法的时候，王刚还自拟数学题，带学生做起了等比数列求和。在教学过程中，王刚注重将传统逻辑学与现代批判性思维相结合，提高学生的逻辑思辨能力。他会以问答的形式进行逻辑思维训练，"孙中山先生为什么在三权的基础上加上监察权和考试权？""八股文真的一无是处吗？"学生在回答问题的过程中，逐渐养成了思辨的习惯。

王刚经常这样告诫学生："理论就是对这个世界系统而又片面的认识，在学习的过程中不能对理论盲目崇拜，而是要进行批判性思考。"

现在不再上王老师的课了，高文旭有些怀念，她说："王刚老师讲课时常会颠覆我的传统认知，教我们怎样用辩证的思维看待问题。"

"好的老师不仅是自己成就的自己，也是学生成就的自己。"王刚回忆起那年的"管理学原理"课程，班里来了几个异常活跃的学生，交流之后他发现，原来他们是来自鱼山校区水产学院的学生。尽管是晚间课，几个学生仍然坚持乘班车来听课。在课程结束后，其中两位学生写了长信，感谢王刚的教导。王刚对此深有感触："获得学生的认可，对老师来说是一种特别的荣耀。"学生对待课程认真热情的态度会启发老师更加专注地投入教学活动，不断改进教学模式和方法。科研活动中，学生和老师探讨的过程，不仅是学生学习的过程，也是老师得到反馈的过程。"和学生关于课题逻辑漏洞的讨论，会深化老师对课题的认知，使论文思路更加清晰。"

在学生眼里，王刚是幽默风趣、循循善诱的教授。其实，他也有另一面。大学时期的王刚，曾是校报记者团的一员。那时学校宿舍熄灯早，他便到走廊里继续写稿，从最开始稿子屡屡落选，到后来他终于成为校报的骨干力量。"坚持到最后的人，会有意想不到的收获。"王刚认为，坚持对生活的方方面面都有影响，他人可以成就自己，但更重要的是自己要成就自己。

行进在教学科研之路上的王刚，依然践行着教育和坚持的力量。

（学生记者　孙　梦）

（原载《中国海洋大学报》第 2141 期第二版，2021 年 9 月 2 日）

王竹泉：
以匠心，为师表

"海大的会计学科发展势头强劲，在产学研协同育人方面更是独树一帜！"

"欢迎给我们引荐优秀的毕业生！"

"希望您能到我们学校举行一次主题演讲……"

2021年4月30日，在上海国家会计学院举行的全国MPAcc（会计硕士专业学位）教学管理工作研讨会上，会计名家、中国海洋大学教授王竹泉的演讲引发强烈反响，与会者纷纷与他交流并盛情邀约他传授经验。

作为一名大学教师，30余年来，王竹泉始终怀揣一颗工匠之心，潜心育人，醉心科研，用执着和坚守诠释着为师者的大爱情怀。

一、与会计学专业的不解之缘

1965年，王竹泉出生于山东省胶东半岛腹地的栖霞县。父母给他取名"竹泉"，期望他能如竹子般高雅脱俗，如泉水般清澈纯净。受父母影响，王竹泉从小热爱学习，小学、中学成绩一直名列前茅。1980年，刚满15岁的他，以优异成绩考取了北京钢铁学院（今北京科技大学）工业自动化专业。

4年大学生涯，王竹泉接受了系统的工科训练，养成了良好的学习习惯，培养了科学的逻辑思维能力，这成为他后续学习和工作的坚实基础。

1984年，大学毕业的王竹泉被分配到冶金工业部张家洼工程指挥部机械动力处工作。1985年初，冶金工业部要在青岛组建青岛冶金矿山职工大学。建校伊始，师资匮乏，冶金工业部决定从分配到张家洼工程指挥部的大学毕业生中选拔10人派往东北工学院（今东北大学）进修，5人学习企业管理专业，5人学习会计学专业，以充实经济管理类的师资力量，王竹泉幸运入选。

由于对数字和严谨的钩稽关系的热爱，加上在工业自动化专业学习时对控制论等知识的深刻领悟，王竹泉对严谨务实的会计学一见倾心。"近两年时间，我在东北工学院系统地学习了会计学的主要专业基础课和专业课程，打下了较为扎实的专业基础。"王竹泉说，从那时起他便与会计学专业结下了不解之缘。

二、创新，是日积月累后的突破

20 世纪 90 年代初，我国开始实行与国际惯例接轨的会计制度，发布实施了《企业财务通则》《企业会计准则》，由此开启了我国会计改革和发展的新时代。一时之间，会计准则和国际会计惯例成为会计教学与研究的热点，在高校任教的王竹泉亦积极参与其中。

针对当时我国会计准则研究不够深入的现实情况，王竹泉有意识地将专业课程教学和资格考试辅导作为发现研究课题的切入点。他不仅指出了《企业会计准则》规定中存在的逻辑错误，还纠正了当时注册会计师考试、会计专业资格考试指定用书等对这些问题的错误解释。从 1996 年至 2001 年，他先后在《会计研究》等核心期刊发表论文近20 篇。1998 年，《合并会计报表的所得税会计处理》被评为中国中青年财务成本研究会第三届优秀科研成果（1993—1997 年）论文类唯一的一等奖。"这些论文都是在课程教学和资格考试辅导中发现问题基础上进行研究写成的，且主要是围绕《企业会计准则》展开的，是在前人基础上的修修补补，算不上理论的基础性创新。"王竹泉说。

王竹泉深知要想跳出"就会计论会计"的思维定式，在学术研究的道路上走得更远，必须进行系统的专业训练和视野拓展。1999 年，他考取了中南财经政法大学的博士研究生，师从罗飞教授进行会计理论的学习与提升。

读博期间，王竹泉的研究视野不再局限于会计准则和会计制度，开始拓展到供应链管理、公司治理等新领域。"当时，在公司治理研究中倡导利益相关者参与治理，但在运用利益相关者理论研究财务披露监管问题方面还是空白。"王竹泉说。他敏锐地捕捉到这一创新点，把利益相关者理论引入会计领域进行研究，提出了"利益相关者会计"这一新颖的研究方向。其博士论文《公司治理结构中的会计监督研究》获湖北省优秀博士论文一等奖和山东省高等学校优秀科研成果一等奖。

"学问的乐趣藏在深处，就像倒吃甘蔗，越往下才越能品尝到甜头。"王竹泉说，做学问只有静下来、钻进去、研得深才能体会到快乐。

20 世纪 90 年代中后期，海尔、澳柯玛等企业开始走出青岛，王竹泉多次受邀参与此类企业跨地区营销体系的审计和流程优化设计工作。在这一过程中，他逐渐萌生了将供应链管理、渠道关系管理等理论和方法引入营运资金管理领域以推动营运资金管理理论创新发展的想法，并创造性地提出了"基于渠道管理的营运资金管理理论"。2007 年，他撰写了《国内外营运资金管理研究的回顾与展望》一文，提出"应以营运资金分类为切入点，建立基于渠道管理的营运资金管理新框架"。迄今为止，该文依然是国内营运资金管理领域被引率最高的论文。

资本效率与财务风险分析是近年来王竹泉与团队成员重点研究且硕果频现的领域。

2020 年，突如其来的新冠肺炎疫情使企业的资产流动性降低，极易引发短期金融风险。此种情势之下，如何精确、灵敏地感知金融风险、防范风险，使企业化危为安，成为摆在政府和企业面前的重要课题。

针对传统测度指标对短期金融风险变化的感知力和灵敏度严重不足的弱点,王竹泉带领团队重构了存量流量兼顾的短期金融风险综合评估体系,依托此体系,可快速精准地识别出受疫情冲击较大的地区和行业,判别面临的金融风险等级,为政府迅速决策、提振经济、警示企业,及时有效防控系统性金融风险提供了更加精准和高效的信息支撑。

30 余年执着追梦,王竹泉感触颇深:"创新,从来没有捷径可走,唯有像工匠一样坐得住'冷板凳',精益求精、心无旁骛地去磨砺、去探求,日积月累定会有所突破。"

三、从"讲课能手"到"慈师益友"

自 1987 年初为人师,30 余年的教学生涯中,王竹泉是大家公认的"教学名师""讲课能手",是学生心目中的"男神"。

1993 年,全国注册会计师资格考试首次面向社会统一考试,王竹泉以青岛市第一名的成绩全科通过考试。从 1994 年始,每年的 6—8 月,他都会受邀为青岛市财政局组织的注册会计师考试辅导班授课。由于讲授得条理清晰,深入浅出,重点难点阐释透彻,他深得学员好评,其他班的学员纷纷到他授课的教室听课。上课的大阶梯教室总是座无虚席,很多人都坐在台阶上、窗台上听课,原本容纳200多人的教室经常有300多人在听课。

作为营运资金管理研究的倡导者,自 2008 年起,王竹泉为本科生开设了"营运资金管理"特色课程,并于 2020 年获评首批国家级一流本科课程。作为专业选修课,这门课程异常火爆,几十人的班额,每学期都吸引逾百人选修。很多学生不惜花费大量的"选课币",也要挤进"男神"的课堂。

"王老师的课一般在下午,但常常中午 12 点,门口已经有等候占座的学生了。"在 2016 级学生孙文君的记忆中,王竹泉的课总是一座难求。"再复杂的合并会计报表经他讲解后都变成了生动的数字游戏,复杂的逻辑和规律变得简单明了。"2015 级学生焦丽苹对王竹泉化繁为简的讲课技巧赞叹不已。

王竹泉的课堂上不仅有学生,还有很多青年教师慕名而来,有的来学习专业财务知识,有的来学习他的教学模式与方法。无论台下坐的是谁,他总是循循善诱、条分缕析,在娓娓道来中让大家学有所思、学有所获。

"王老师的课时常有新操作,总能带给学生意外之喜。"同一团队的青年教师王苑琢说。2016 年,王竹泉带领团队开发了"营运资金管理"慕课,2018 年该课程在线学习人数已达 4 万人,并获评国家精品在线开放课程。疫情之下,雨课堂线上教学火了起来,王竹泉不甘落后,及时引入这一交互式教学模式。"王老师的课堂上,经常是弹幕、投票、随机点名轮番出现,课堂气氛异常活跃。"王苑琢说,他总是敢于尝试新颖的教学手段,而且乐在其中。

2018 年 12 月 21 日,国家级教学成果奖揭晓,王竹泉领衔申报的"科教融合,产学协同,理实一体,构筑财会专业研究生教育特色资源共享平台"成果荣获二等奖。这不仅是中国海洋大学迄今获得的首个研究生教学成果国家奖,也是山东省在当届评选中唯一获奖的研究生教学成果。

一分耕耘,一分收获。奖项背后是王竹泉与团队成员多年如一日坚持科研反哺教学、凝练学科特色、深化内涵发展的恒心与匠心。

2019年,中国海洋大学会计学专业入选国家级一流本科专业建设点,这与学科带头人王竹泉带领教师长期坚持走重协同、强特色的学科发展之路密不可分。"填报志愿时之所以选择海大,是因为高中数学老师告诉我海大有一位讲会计学的名家。"学生崔晓文说。

近年来,王竹泉与团队完成的"从中国石油资金配置政策的变更看企业集团内部资金配置""海尔金控:产融结合走向产业投行"等10项教学案例陆续入选中国专业学位教学案例中心案例库,一项教学案例入选"中国工商管理国际案例库"。日积月累,这些教学成果均成为中国海洋大学当选会计硕士专业学位教育质量认证(AAPEQ)A级成员单位的重要支撑。

"以身作则,为学生树立一个好榜样。"这是王竹泉教书育人的座右铭。

"不要在该奋斗的年纪,选择安逸。""要有匠人精神,专注于自己的事业并努力做到极致。"王竹泉经常用自己丰富的阅历鼓励青年学生。"王老师是慈师,也是益友,与他聊天总能收获满满的正能量。"学生史晓洁表示。

"我热爱教学,从来也不觉得累。"谈起教师这份职业,王竹泉脸上洋溢着幸福。

四、在奉献社会中成就无悔人生

"奉献社会是当代知识分子的使命和担当,作为一名大学教师我责无旁贷。"王竹泉表示。

2008年初,正在加拿大进行学术访问的王竹泉给中国会计学会写了一封信,建议学会成立自己的研究机构,"以中国海洋大学为依托设立中国企业营运资金管理研究中心",以提升学会的学术创新能力。一封信成就了一段佳话,中国会计学会在中国海洋大学设立了中国企业营运资金管理研究中心。12年后,这一研究中心已蜚声学界、兵强马壮,"试验田"变为"示范田"。

在这方宽阔的田地上,王竹泉带领团队经年累月不辍耕耘,服务大众,回馈社会。他们定期开展中国上市公司营运资金管理调查,成功打造了中国上市公司营运资金管理数据库和中国资金管理智库数据平台两大数据"富矿",编撰出版了七部《营运资金管理发展报告》和六部《资本效率发展报告》《财务风险发展报告》,一系列成果和数据全部免费向社会开放,实现资源共享。

始于2011年的中国资金管理智库高峰论坛是中国企业营运资金管理研究中心的品牌活动。10年间,累计吸引了200多所高校及企业界的2000余人次参加研讨。

密切关注国家和企业重大需求,致力于将资本效率与财务风险领域的理论成果应用于企业资本管理实践和区域金融风险防范体系建设,王竹泉带领研究团队始终牢记"科研要为社会服务"的使命,以执着和担当书写了一份奉献社会的精彩答卷。

（新闻中心记者　冯文波）

（原载《山东教育》杂志,2021 年 5 月）

于晓林：
追求科学需要特殊的勇敢

"我工作的最终目标是提升人类对海洋大气变化的预测能力。我边工作边学习，一直在前线、在路上，每天进步一点点。"作为启迪海之子入门海洋研究的"引路人"之一，于晓林始终抱着不断学习的心态坚定地走在科研、教学的路上。

于晓林执教"Fortran 程序设计"课程已经五年。Fortran 作为海气科学实际模拟工作的工具，是每一位专业学子必备的技能。Fortran 语言结合了线性代数、概率论等多种数理基础课程的知识学习，对于初入门的学生难度不小。为了帮助学生尽快熟悉课程内容，课上他密切关注每个学生编写程序的进度，及时答疑；课下也几乎随时在线，学生周末都会收到老师发来的指导，他们深感于晓林的耐心负责："只要有一颗想学的心，不论水平如何，于老师都不厌其烦。"

面对着初遇海洋研究的学生，于晓林不断创新授课方式，让这门"古老"的编程语言，在刚踏入海洋科学探索道路的新一代生力军心中埋下鲜活的种子。于晓林根据经验，在教学中让学生明确自己的定位，再据此确定自己应该达到的水平。"每个教学班都会有人走上模式开发的道路，专门从事科学计算程序的编写工作；也有人以 Fortran 作为常用工具，他们需要懂 Fortran 并能做适当的小修改；也会有人未来与这门课程的交集越来越少，但也要基本掌握原理。我希望做到'无上限'因材施教。"于晓林说。

在讲授 Fortran 基本语法算法时，他先向学生介绍计算机科学发展历史，介绍海气数值模拟预测工作现状、海气实际工作小程序编写等背景知识，让学生对这门程序语言的基本应用有直观而生动的认知，养成计算机思维。他还发明了"Fortran 奖章"，奖励那些积极完成程序、热衷思考探索的学生。无论是率先完成程序，还是积极回答有挑战性的问题，都可以获得这枚标有"Fortran Coder"的钥匙扣奖章。在它斑斓闪烁的光晕里，学生似乎可以窥见编程世界的五光十色。

"要相信基础知识的重要性，相信出一分力有一分功，科学研究需要长时间的学习、思考和实践。应用虽然很有成就感，但能真正应用所学之前，必然有漫长的枯燥和寂寞要面对。"从当学生到做老师，于晓林有着自己的心得。在最初的学习过程中，他逐步发现了自己对于数理科学方向的好感和好奇心，深入学习后更感到在海洋科学工作中所获得的知识技能是属于自己的"力量"，让人有成就感和乐趣。

"海洋科学的研究需求是巨大的,然而海洋科学进步的过程又是艰难的,还有很多空白有待填补。只有掌握了全面的基础知识和深入的专业知识后,才可能理解前人已经达到的阶段和当前面临的困难,并花终身的精力去解决其中的一个小问题。"于晓林如是说。他一直关注着最新的科研动态,希望学生可以投身更广阔、更深入的科研工作。

他知道,由于信息学并不是许多学生升学、入学必备的科目,能用好、用精计算机的学生不多,因而在入门时期便遇到许多困难,或无法安装 Fortran 编译平台,或打字速度较慢以致影响代码编写速度和准确性,抑或是难以理解计算机思维,于晓林总是鼓励学生要多动手,多尝试,多在错误中"折腾"自己,"要发挥 IT 中很有名的 DIY 精神,Do it yourself,知行合一"。

(学生记者　刘玥芃　王雨辰)

(原载《中国海洋大学报》第 2130 期第二版,2021 年 4 月 29 日)

姚增善：
每个学生都有学好数学的能力

"数学思维是一个人的基本素质和能力，是推动个人向更高水平提升的重要条件。作为公共基础课，数学给予了各个专业必要的学习支撑。"当谈及躬身耕耘 30 多年的学科时，姚增善的每句话都仿佛历经时光的沉淀与凝结，不必字斟句酌，却不矜不盈，切中肯綮。

自 1988 年从事教学工作以来，姚增善主要讲授"高等数学""线性代数""概率论"等公共数学课程，同时讲授应用数学专业的专业基础课——"复变函数"及"实变函数"等。他还主持编写公共教材，从事复分析、海洋数据分析等应用数学方向研究，成果卓著。

作为一门思维科学，高等数学以其独特的"公式语言"、高度抽象的内容、严密的逻辑性、简洁的表达方式等特点成为大学生学习的难关。许多学生不理解数学对于所学专业的作用，也缺乏对数学学习的兴趣与主动性。对这个问题，姚增善这样看待："在学生的学习观念还没有完全成熟的时候，以老师为主的教学环境对于学生学科兴趣的建立起到至关重要的作用。"他不断创新改进教学方式和教学手段，力求激发学生学习高等数学的主观能动性。

多年来，姚增善将自己的心得内化到实际教学中，并一直坚持着两个原则：每一堂课必须充分准备；上课要有属于自己的风格。

相比文科专业宏观的思维方式，数学学科的严密性和严谨性让姚增善形成了"盯紧细节"的教学特点。每次课前，他总是针对班级实际情况对课堂例题进行有效筛选，力求更好地提升学生的解题思维能力。他还习惯于在课前对课堂内容进行体系化的梳理，根据难点、重点来预先分配课堂时间，提高课堂效率。他说："必须关注细节，重视基础。传授给学生的知识务必准确凝练，总结到位。"

每节课前的充分准备使他对课程内容了然于心。他上课从不带讲义，却以全面透彻的板书和思路广受学生欢迎。

在评价老师的一个贴吧里，记者看到这样一句话："让我印象最深刻的是姚老师的板书，非常清晰，全盘抄成笔记不需要二次整理就可以用来复习。"

姚增善认为，数学教学如果采用照本宣科的僵化模式，学生的注意力就会分散，无法跟紧老师拓展思维。因此，除了讲教材例题外，他还为学生筛选高质量的课外习题。有时针对同样的问题，他甚至故意使用跟教材不一样的处理方式来解决，使学生课后翻阅教材时可以体会两种方法的异同，加深思考。同时，他格外重视基础，在教学理念的阐述中多次提到"基础知识""基本能力"等字眼，在教学中也深度践行这一点。2020级材料专业的何琪说："上过姚老师的课，我才明白原来基础的定理才是最难证明的，定理越基础，证明给出的条件越少，所以基础知识是非常重要的，以后一定要重视。"

姚增善重视与学生的互动，擅长将复杂晦涩的数学定理用幽默风趣的语言拆分、转化，把自己代入学生的角色去思考问题，启发学生思维，探索多样性的解决方法，"这样才能减少学生由于课程难度产生的反感和抵触情绪，使他们在课堂上保持注意力，从而有助于灵活、自然、轻松的课堂氛围的形成。"姚增善说道。

课堂上，姚增善是学生眼中的"老顽童"，时不时以幽默生动的语言解释知识网络，使学生在欢笑中享受锻炼思维的趣味。课堂外，他也是学生公认的篮球健将，喜欢和学生一起运动。

对姚增善来说，"给学生留下印象，被学生记住"，是一个老师最大的成功。"有已经毕业二三十年的学生依然热情地邀请我去参加他们的班级聚会，这说明学生认可我，喜欢我。"谈及此事，回忆起旧时光里那段真挚的师生情谊，他的语气中洋溢着满满的成就感，温暖又动人。

对自己教过的不同专业的学生，"数学必须学好"是姚增善的要求。"专业不同，数学的应用面、发展方向当然不一样，但是对数学的基础知识点的掌握和基本能力的培养是不分专业的。当你未来将工作做到一定水平的时候，数学的出色应用将辅助拓展你发展的范围。"对于数学学习，在姚增善这里不区分文理，"千万不要害怕数学。文科专业同样依靠数学思维，需要数学素质，每个学生都拥有学习数学的能力"。

（学生记者　汤晓萌　王雨辰）

（原载《中国海洋大学报》第 2127 期第二版，2021 年 4 月 8 日）

杨生照：
亦师亦友，教学相长

3月初，乍暖还寒，在文新楼楼前的停车区，记者远远地看见了背着双肩包的杨生照老师。一起来到他的办公室，他从包里拿出了两本书放在桌上，分别是《道论》和《中国必须再儒化》。

杨生照正在做当代新儒家的研究，《中国必须再儒化》是他最近阅读的相关书籍，《道论》是他的博士生导师杨国荣先生研究形而上学的著作，时常被他带在身边翻阅。从本科到博士，杨生照所学专业皆为哲学，他现在主要教授"马克思主义基本原理概论"和"《论语》导读"两门课程。得益于学习中西方哲学的基础，杨生照在教授这两门课时得心应手。

如何让思政课更加生动有趣？杨生照说："要让马克思说中国话，让哲学说普通话。一方面，'马克思主义基本原理概论'作为一门思想政治理论课，最基本的要求是让所有学生都能听懂；另一方面，教学内容也不能过于浅显，要兼顾理论性与故事性。"

在上课过程中，杨生照不仅会用生活中的案例来解释马克思主义哲学，也会穿插着讲一些中国传统思想和西方哲学思想，在比较的过程中帮助学生认识马克思主义哲学的科学性和逻辑性。

"《论语》导读"课的侧重点放在挖掘《论语》选段背后更深层次的哲学道理上，引导学生思考中国哲学对中国乃至整个人类社会的发展有什么样的意义。杨生照会通过阅读《论语》选段、摘抄古今解释、抒发个人见解、背诵重点段落的方法让学生达到"学而思"的效果，加深学习印象。修过杨生照"《论语》导读"课程的2019级公共事业管理专业学生李仁发回忆说："杨老师对《论语》的解读很深刻，听老师讲解的过程中也会发现一些句子有常读常新的奇妙之处。"

杨生照不仅引导学生思考，他自己也是参与课堂"头脑风暴"的一员，"有时候在讨论的过程中会突发奇想，然后会讲一讲哲学道理，所以我讲课一般没有底稿。"

与学生相处，杨生照遵从"在知识和智慧面前人人平等，在探究学识、追求智慧的道路上，老师和学生应该拥有平等的地位"的原则。在他眼中，孔子和弟子之间那种亦师亦友的关系是理想的师生关系。学生不因老师的威严而心生畏惧，老师也不因学生指出错误而难堪。"要给学生一瓶水，自己首先要有一桶水。"对于学生来说，能把老师问倒是学生的本事;对于老师来说,被学生问倒说明老师需要不断学习。这是杨生照对教学相长的理解。

如何才能走进学生的思想世界? 以学生为中心,了解不同学生的成长环境、关注话题以及网络语言,是杨生照走进学生思想世界的基本方式。在课堂上,他用案例讲解的方法调动大家学习的积极性,设置一些能够引发大家深入思考的问题,并用抑扬顿挫的语调讲授课程,尽可能地使学生的注意力集中在课堂上。在教授"《论语》导读"的过程中,杨生照要求学生用繁体字抄写名篇,有助于学生了解字词原本的含义,也加深了对《论语》的理解。

2018级国际经济与贸易专业学生肖菁菁说:"学习这门课之前,我想象中的'《论语》导读'大概还是像中学时学习文言文一样,有些无聊。但是杨老师讲课时深入浅出,为我们详细介绍《论语》选段的背景以及与之相关的人物介绍,语言幽默风趣,使我们在学习《论语》时很愉快,也对《论语》有了深刻、全新的理解。"

"'学而时习之,不亦说乎?'当我们知道有作业时会开心吗?那快乐源自哪里呢?""乐"不是"乐"在任务繁重,而是通过"学而时习"让自己变成一个有知识有技能的人。掌握了这门技艺,从一个无知无才的人变成了一个有知识有才能的人,从知识浅薄到能提出自己的独特见解,所以"乐"。孔子说"君子不器","不器"是什么意思呢?君子首先要掌握某种技艺,对社会有某种用途,成为某种"器";然后不断学习多门技艺,触类旁通,成为多种"器";最后找到其背后的共同之处,超越具体的器,最终成为一个"不器"之才。

听了这样的"《论语》导读"课,或许你会有恍然大悟的"通彻"感受吧!

杨生照很注重中国哲学与西方哲学的对话,他认为知己知彼有助于让中国的思想走向世界。攻读硕士和博士时的导师都倡导"古今中西,全都涉及"的研究方法,对杨生照的教学和科研产生了深刻影响,开阔了他的视野,让他在教学和科研的过程中不困于一家。

杨生照认为哲学与每个人都相关,他建议大学生可涉猎一些经典哲学著作,如柏拉图的《理想国》《论语》,王阳明的《传习录》,能够通过学习哲学形成爱思考的习惯,借此提高逻辑思维水平、批判思维水平和创新思维水平。

(学生记者　王瑜鸽　宗雨婷)

(原载《中国海洋大学报》第2126期第二版,2021年4月1日)

冯丽娟：
对化学"从一而终"

　　学生零零散散地走进教室，着一件蓝色羽绒服的她已早早坐在讲桌旁，温和地注视着走进教室的学生，瘦削的脸庞上带着笑意。

　　上课铃一响，她走到讲台前简洁干练地问候一声"同学们好！"接着开始了配位化学章节的讲解。

　　她讲起课来利落干脆，很注重知识与现实生活的衔接。比如讲到配合物方面，她会指出配合物可以用于对疾病的治疗，如治疗癌症的药物顺铂，这样既加深了学生对书本知识的理解记忆又拓展了他们的生活认知。

　　这是化学化工学院冯丽娟教授"无机化学Ⅱ"的课堂。前不久，冯丽娟获得第五届"青岛高校教学名师"称号。

一、教育要注意因材施教

　　谈到与化学的缘分，冯丽娟兴味盎然。她因喜欢中学化学老师的讲课方式而对化学产生了浓厚的兴趣，高考十个志愿都填了与化学相关的专业。冯丽娟说自己对化学"从一而终"，从学士、硕士到博士都是学化学专业，工作后又围绕化学开展教学、研究。

　　做了教师的冯丽娟将对化学的热爱也转移倾注在教育教学上。她重视从学生实际出发因材施教，认为不同年级不同课程要采用不同的方式：大一学生，主要是帮助他们做好从中学到大学学习方法转变的衔接；大二学生，最重要的是帮助他们更深入地了解未来的目标；到大三、大四，就要让学生有较为清醒的职业规划；研究生的培养则注重自主学习能力和分析问题能力的提升，并注重引导树立自我责任感。

　　精心教，关注学。冯丽娟重视主讲课程的内容更新和教学方法改革，她主讲的"无机化学""无机化学实验"和"应用化学实验"课程，注重夯实基础，内容体现时代性和挑战性。她坚持把激发和培养学生的兴趣摆在第一位，积极探索无机化学开放实验新模式与教学实践，率先设计建设了针对大一学生的个性化开放实验平台，重在基础能力训练、实验和科研兴趣培养，深受学生的欢迎。大家觉得既锻炼了实验技能，又增加了对化学学习的兴趣。

　　冯丽娟提出了"A"字形应用化学专业实验开设新模式，解决了原来实验项目之间难易不均衡,学生受训不一致,学生接触专业领域面较窄的问题。教学内容既充分体现"创新",又强化"基础",更好地实现专业实验和基础实验的衔接。冯丽娟还结合自己的研究成果开发了"活性炭吸附海水中碘"和"有机酸浸取废催化剂中钒的研究"综合实验项目。

她主编的教材《无机化学实验》已经出版到第三版,被多家高校选用,主讲的"无机化学实验"课程获批 2019 年山东省一流课程建设项目。

二、将师者的温暖一代代传续

回忆起求学之路,冯丽娟说起自己的恩师彭少逸先生。彭先生的治学态度、师者风范、悉心指导深刻影响着她。彭先生对学生在细节处的温情也深深地影响着她对待自己学生的态度。

冯丽娟曾担任两届化学专业学生的班主任,给学生的不仅是学习上的指导,更有生活上的指点迷津与关怀,用爱心感染学生。她认为老师不能替学生规划人生,但可以助力学生实现人生目标和理想。记得有一年的教师节,冯丽娟收到了一名延长修业年限学生的短信。信中除了教师节的祝福外,还有对冯丽娟当年教诲和劝慰的感谢,让他终于幡然醒悟,下定决心参加结业补考,最终获得了毕业证书,由此在就业的路上少走了很多弯路。

温暖的举动可以挽救迷路的心灵,这让冯丽娟更感到师者作为引路人的重要意义。

从 2005 年开始,冯丽娟每年都被学校高教研究与评估中心聘为学科组专家参加课程教学评估工作,参与评估的课程近 50 门。她还是学校第七、第八届教学督导,任期五年来,深入课堂,先后听了约 150 门课程。她对青年教师的课堂教学组织、课程内容设计等给予指导,为他们教学能力、教学质量更上一层楼提供帮助。

三、大爱严中来

"我和学生的关系算是亦师亦友,但我对涉及原则的事坚持不妥协。"化学是一门实验学科,数据和数据处理是非常重要的,"要对实验数据有敬畏之心",她说,"做实验的目的不仅仅是为了获得某个固定的数据,而是对学生动手能力的培养——通过对数据的分析,得到一些新的结论、新的结果,从而有可能有所创新。"说到这里,冯丽娟幽默风趣地用了"躺平"一词,"躺平当然舒服,但人总归是要直立行走的,立起来就需要能量,所以你要费点儿劲,要努力才能立起来,这才叫顶天立地! 一个人如果没有严谨的态度,创新就是空谈。"

崇本学院一期学生李圣龙回想起当他做完实验,自豪地拿实验结果记录去找老师签字时,冯丽娟却发现记录数据的有效数字少了一位,"铁面无私"地要求重做实验。但重做实验后效果仍不尽如人意,当李圣龙带着困惑和失落去找冯丽娟面谈后,他的不满被化解了,并牢牢记住了冯老师的教诲:"学生要在严格的实践中体会到做科研是要耐得住寂寞的,需要大量付出,更需要严谨态度,不能奢望一蹴而就。"

四、大学就是学着长大

"教育理念不像一成不变的化学方程式,而是随着时代的进步不断更新。"冯丽娟认为教育的意义不仅仅是授之以"鱼",更重要的是授之以"渔",是让学生掌握获取知识的能力,自主分析的能力,独立解决问题、发现问题的能力。

在教学上,冯丽娟也不断尝试新教学方法和手段,自 2018 年后,上课就采用雨课堂辅助教学,加强课堂上与学生的互动交流。上课之前,她会让学生先打开雨课堂"签到",课中通过雨课堂的"随机点名"功能来提问,并通过学生发的弹幕及时了解他们听课中存在的问题。师生的这种互动既活跃了课堂气氛,又让学生更容易掌握专业知识。

冯丽娟一直鼓励本科生参加社会实践和科研,她自己也多次做本科生实践和科研项目的指导教师。她认为学生参与这些项目,不仅能提高自身素质和科研能力,也可以尽早接触科研世界,调整自己的人生目标。

"大学是什么呀?大学就是学大——学着长大,人在学着长大,知识也在'长大'。"中国台湾大学的吕世浩老师在行远书院讲学时说的这句话,深得冯丽娟认同。"在大学,每个人都应该更好地成长。"

冯丽娟最心心念念的是学生更好地成长。她希望学生都能实现人生理想,在学习期间打下坚实的基础,成长为可以回报社会、服务国家的栋梁之材。

这是一个教授对学生、对教育的殷殷之心。

(学生记者　崔林萍)

(原载《中国海洋大学报》第 2121 期第一版,2021 年 1 月 23 日)

盛立芳:
教育是一种慢时光

"身教重于言教,正人必先正己""培德先于育才,育人不计辛勤",在盛立芳的教育教学工作中得到完美阐释。她喜欢与可爱的学生为伴,是学生口中的"盛妈妈",因为"盛妈妈"全心全意像爱孩子一样爱着他们,在成长路上为他们遮风挡雨,引领起航。

一、"教学不应该只是一个良心活儿"

从教 28 年的盛立芳一直是教学路上的求索者。从 1992 年研究生毕业任教以来,她长期执教本科生课程"空气污染气象学"、研究生课程"大气边界层与大气扩散"。她注重不断探索新的教育教学理论,改进教学方法。"科学是不断向前走的",她希望自己的教学内容跟上时代的步伐,满足更多的现实需求。目前,她已经完成了 10 多项校级和省级教学研究课题,逐渐形成了以需定教,持续改进课程教学;因材施教,全面关注学生成长;融合资源,促进学生内涵发展;因势利导,挖掘学生创造潜能的教学特色。她认为,教学不仅是知识的传递活动,而应集教师的德、才、智、情于学生的言、行、情、态中。教师应该把学生放在主体地位,注重学生个体差异,了解学生学习特点,助力他们的学业发展和心理健康成长。

盛立芳负责三个本科教学团队:专业选修课"空气污染气象学"团队、通识课"科学认识天气"团队和专业核心课"大气物理学"团队。根据科研进展和教育教学研究的发展,各团队采取不同的建设方案。"空气污染气象学"团队着重利用交叉学科知识,推进教学内容改革;"科学认识天气"团队着重实践以学生为本的教学研究;"大气物理学"团队着重基础课教学方法改革。

"科学认识天气"是盛立芳设计的全校首门大气科学类通识课程,她还和同事一起将其建成了 MOOC 课程,每年为全国 40 多所高校的 13000 多名学生开课。她希望通过教学让更多学生了解自己的潜能,激发自己对生活的兴趣和对科学的热爱。课堂上,盛立芳善于与学生沟通,挖掘学生的潜力,激发学生的学习积极性,课堂气氛活跃,时常有非选课生前来旁听。课堂之外,她因势利导,连续多年指导学生参与科研项目,包括大学生发展计划、国创项目和研究生自主科研项目,获得过省级优秀指导教师等荣誉称号。

"教学不应该只是一个良心活儿,而要做到卓越。"盛立芳一直以匠心打磨着教学,用长久的坚持沉淀着自己从事教学的初心。

二、"不和学生多接触交流是老师的损失"

送走一届学生就是放飞一次梦想和希望。20多年来,盛立芳教过的学生先后走上了社会的各个岗位,但无论走多远,想起她时都还会亲切地称呼她为"盛妈妈"。

在盛立芳的思想里,"不和学生多接触交流是老师的损失"。她总是用心去了解每一个学生的具体情况,从不以分数的高低去评价学生,而是注重学生的个性发展。她曾经指导过的一名男研究生,非常热爱孔雀舞,因为怕别人不理解,就在学习之余偷偷练习。盛立芳知道后,鼓励他去做自己最想做的事。她说:"青春只有一次,人的生命漫长又短暂,不去拼搏一把,你永远不知道梦想多美好。"现如今,这位学生已经在舞蹈艺术上小有成就。

她经常与学生促膝谈心,给学生建议。谁迷茫了,谁的家里有困难了,谁最近心情不好,谁最近因某些原因要放弃希望,这样的事情太多太多,但是她偏偏要一件一件地管。学生们感慨:"温暖的'盛妈妈'是我们成长路上的引路人。"

盛立芳说:"人生就是如此,酸甜苦辣,平凡真实。这时候你不去引导或者敲醒睡梦中的学生,怎么对他们的未来负责呢?"

三、"我相信每个接触气象学的人都会喜欢它"

谈及气象学对自己的意义,盛立芳简单地说:"我们生活在大气中,气象与我们息息相关,我很喜欢气象学。"从最初学习天气动力学,到选择投身海洋气象领域,意味着她选择了呼啸的海涛,选择了未知的海洋。海洋调查是获取第一手数据的重要手段,盛立芳承担了多项海洋气象调查、数据集成研究项目。她带领研究生北上黄渤海、南越赤道太平洋,完成海洋气象观测和海洋高空探测任务。海上风云变幻,除了对意志力的考验外,还时不时遇到实验仪器出现故障的困难,但盛立芳说海洋研究"是一种乐趣,也是一种向往",出海调查也是对团队合作精神的培养。学生也对出海调查点赞:"不但看尽了大海姿态万变和日出日落的美景,难忘的出海经历更是一笔宝贵的精神财富。"

四、"大气学科是一门服务性很强的学科"

教学之外,盛立芳积极投身社会工作。青岛市环保局环境应急专家库、青岛市碧海蓝天环保志愿者宣讲团,都少不了她的身影。近几年,利用国家自然科学基金等项目的支持,她指导研究生从事气候变化背景下中国雾霾的研究,学生在 *Journal of Geographical Research* 等国际知名杂志上发表论文10多篇。

在学生眼里,一直在科研前沿、三尺讲台默默耕耘的是盛老师;热爱游泳、热爱跑步、热爱写作,被冯士筰院士赞为"才女"的是盛老师;保持一颗童心,在迎新晚会上与学生一起跳"咖喱咖喱"的是盛老师;经常邀请学生一起做饭、运动,在快乐的日常中增进师生感情的还是盛老师。

对盛立芳来说,"热爱生活才是最幸福的模样"。

（学生记者　王雨辰）

（原载《中国海洋大学报》第 2109 期第一版,2020 年 11 月 5 日）

张 晨:
用心守护学生

"我作为老师,有责任给学生希望。"谈到自己正在主持的教育部人文社科项目——"社交媒体中抑郁症社群的互动行为及影响研究",张晨老师说道。

张晨是中国海洋大学新闻与传播学系的老师。当注意到近年来的抑郁症有普遍化和年轻化趋势,学生群体中抑郁症的发病率也在不断升高这个现象后,她在日常与学生相处时,总是以轻松的方式,最大限度地减少学生在学业与社交中的压力,鼓励学生,给他们信心和勇气。

对于学生,张晨愿意用思想去引导,用心灵去守护。在课堂上,她以温柔和蔼的语气与学生交流,用微笑接纳学生的各种观点;在日常生活中,她默默关注每个学生的日常表现和朋友圈动态,在学生遇到挫折时,给予其安慰与鼓励。"某某同学最近朋友圈总是发一些悲伤的文章,可能是因为最近心情不好,要乐观一点。""我觉得某某同学说得很好,其他同学还有没有别的想法?""我觉得大家说得都挺好,每个人都有自己的观点。"这是张晨在课堂中经常会说的话。

"新闻伦理与法规"是张晨主讲的一门课程。伦理学的学习,有时候会使人陷入一种"时时刻刻不知如何是好"的境地,张晨谈道:"这恰恰说明了我们不能回避,而要认真去面对一次次真实的伦理选择,通过大量案例的情境化演练,找到自己珍视的价值。"

对第一次上这门课的学生,张晨要求他们"放弃对绝对的、唯一的标准答案的执着",因为"我们的伦理课不需要一个放之四海而皆准的标准答案,只有个体心中认为合乎伦理、情境以及自己道德选择的答案"。她努力尝试打破学生的思维禁锢,给予他们自由空间去独立思考。在讲到"康德伦理困境"时,她让学生充分利用自己的想象力,尽情联想这一困境的背景,于是,课堂上便产生了许多奇思妙想。

让学生参与课堂,是张晨认可和采取的一种教学方法,"做中学",采用小班制授课方式,注重学生的参与感,师生互动频繁。

张晨以"做中学"为授课原则,在"新闻伦理与法规"课上设计了一个情境化的角色扮演与参与式讨论环节:慈善机构诈捐引发的伦理问题情景剧,需要学生扮演记者、政府官员、普通职员、捐助者、受助者等角色。课程要求一公布,学生积极争取自己感兴趣的角色。或许演技不够精湛,但他们努力去理解这些人物扮演的角色,用心塑造,演绎了一出围绕慈善机构诈捐而发生的故事。一位参与表演的学生说:"这种形式不仅让参与其中的学生,通过扮演角色对事件、对人物、对伦理道德有更深的理解,也让作为观众的学生不知不觉获得了知识。"

为了让学生更好地理解隐性采访的利与弊,在"新闻伦理与法规"课上,张晨还组织开展辩论会。正反双方激烈的交锋深深吸引了在场所有学生的注意力,所有人都沉浸在辩论中,思索每个论点的合理性。"隐性采访"这个新闻学概念,通过一场辩论在学生的脑海中变得清晰而深刻起来,不再是一个抽象的概念,而以鲜活生动的形式让学生更好地理解。除此之外,张晨还会在授课过程中增添许多思考题,让学生围绕问题讨论交流,在大家的畅所欲言中,课堂氛围变得越来越热烈。

张晨在课堂中注意给予学生充足的思考与展示时间。在让学生回答问题时,她鼓励畅所欲言:"你们的回答直接一点更好,这种直接来源于你们的生活和思考,这非常重要。一个人要保持对日常的敏感,带着问题意识去学习,这种独立思考比背答案更有收获。"

"我不能将学生的希望浇灭,我要让学生明白,尽管传统新闻行业面临一些危机,但新媒体事业是大有可为的。"张晨说,现在新闻业遇到很多挑战,伦理问题层出不穷,这些困难是世界范围的。即便如此,教师也要给予学生希望,引导学生面对挑战、接受并且战胜挑战。教师要鼓励和支持学生。这种鼓励,是教师的责任,是种在学生心间的希望之花,也是行业未来的希望所在。

(学生记者　陈婉懿　吕冉冉　吴国宁)

(原载《中国海洋大学报》第 2109 期第二版,2020 年 11 月 5 日)

李红涛：
芳华十载潜心育人

近日，2020 年度"山东学校思政课教师年度人物""山东高校辅导员年度人物"评选结果揭晓。中国海洋大学海洋与大气学院党委副书记、副院长李红涛荣获"山东高校优秀辅导员"称号。

2011 年，李红涛任海洋与大气学院党委副书记、副院长，分管学院学生工作。10 年来，她扎根辅导员岗位，以培养"爱国、励志、求真、力行"的青年学生为工作目标，不忘初心，情系学生，教育引导学生立鸿鹄志、做奋斗者。

一、理科生有了灯塔领航

"这是我第一次参加微党课活动，我怀着无比激动和好奇的心情早早去了教室，想进一步了解党，进一步用积极的思想来武装自己。"这是 2019 级海洋科学专业的一名本科生在"见微知著"系列微党课上的分享。刚来学院，李红涛就充分认识到辅导员队伍在落实立德树人根本任务中的重要意义，并针对理科学院学生党的基础理论知识掌握薄弱的特点，思考如何将党性教育融入日常、抓在日常。2011 年至今，学院已举办 18 期"增强学生党性修养主题教育"活动，将学习型党组织建设与入党积极分子、预备党员考察相结合，活动覆盖了 80% 的本科学生。

"在南极科考中，我看到了党员榜样的力量。他们能吃苦，在处理所有脏活儿、累活儿、危险活儿时都冲锋在前。"一位南极科考队员在个人总结中写道。出海科学考察是学院一项重要的常态化科研工作，但学院师生面临海上科考任务多、时间长、管理难、条件艰苦的问题，李红涛便探索将基层党建工作与海上科考相结合，探索流动党员管理新模式，建立科考流动党员三级联动管理制度，激励师生党员弘扬"爱国、求实、创新、奉献"的极地科考精神。

"形势与政策"课曾经是学生眼中的"水课"，课程教学形式单一，课程内容枯燥无味，教学效果不理想。李红涛又打起了学院"大牌"教授的主意，开展了基于海洋特色的"形势与政策"课改革，邀请教授走进本科生课堂，讲授有"海洋味"的思政课。和专业一结合，老师讲得有劲，学生听着也有味，曾经的"水课"变成了思想政治理论"金牌"课。

二、学困生圆了海洋梦

学院本科生需要学习多门数学、物理类课程,课程难度大,学生压力更大。大学物理、高等数学、理论力学、流体力学……对于这些科目,即使是海气学院的优秀学子也多少有点畏惧。李红涛非常重视学院的人才培养质量,尤其关注学困生,探索建立学业预警及精准帮扶机制,充分体现了"以生为本"的治学理念。2014 年起,她探索在本科生中创建"学霸讲堂"学业帮扶模式,多年来聘任学生"小讲师"100 余名,帮扶学生 1550 余人次,2020 年帮助 16 名曾受学业警示或留级的学生顺利毕业,工作经验被多个兄弟院系学习借鉴。此外,她还坚持在研究生群体中开展"学术人生•书籍共享"读书活动,引导学生多读书、读好书。这一活动目前已成为学校知名的品牌活动。

"我们的征途是星辰大海。"这是 2018 年学院第一届"海洋风云榜"分享会上星海志愿服务队的介绍。党的十八大召开以来,习近平总书记高度重视我国海洋事业的发展,建设海洋强国成为实现中华民族伟大复兴的重要奋斗目标。在这样的环境氛围下,社会各界对海洋知识的渴求愈发强烈。李红涛也十分注重对学生海洋意识和海洋责任感的培养,大力支持创建星海志愿服务队,以海洋知识科普为使命,旨在激发中小学生的海洋兴趣,提升学生的海洋知识水平。自 2017 年以来,学院已有 400 余名志愿者参与海洋科普义教,与青岛市石老人小学、同安路小学、李沧区实验小学等近 20 所学校 40 余个班级开展合作,累计组织了 2000 余人次走上海洋义教的讲台,10000 余名中小学生直接受益。

三、为心困生沏了"一杯暖茶"

李红涛办公桌最显眼的地方放着一本"心理台账",她说:"这是我最关心的学生。"如果说前段时间网络上的热词"秋天的第一杯奶茶"可以"秀感情",那么对于需要心理疏导的学生,李红涛更像是"冬天的一杯暖茶",悠悠茶香沁人肺腑,款款深情抚慰心灵。

秋季学期开学初的一天,晚上 10 点多了,李红涛急匆匆地从家赶往学校,路上还不忘远程指挥在校辅导员和班级骨干。原来,一名学生在朋友圈释放出危险信号后失踪,班主任获知信息后第一时间上报给学院。李红涛凭借多年的危机学生处理经验,关键时刻紧急动员,迅速行动,求助学校保卫处和驻校民警,组织专兼职辅导员、班级学生查看监控、广泛寻找,叮嘱家长不间断联络、表达爱意挽留生命。经过一夜努力,最终在酒店找到该生,并确认安全。多年下来,李红涛养成了手机 24 小时开机的习惯,不知有多少学生因为她的关心关怀走出困境。她的脸上总是挂着让人心安的温柔笑容。那笑容,有力量。

李红涛还兼任青岛市心理学会会员,担任学校兼职心理咨询师,每年义务咨询近 100 小时,成功化解学生心理危机 10 余次。2019 年,李红涛主持学校"育德•育心"辅导员工作室,联合多个学院共同打造专业辅导员心理育人团队;2020 年,她申请建立"心海听音"心理工作站,关爱心灵,让心理健康教育有趣、有感、有效。

芳华十载,潜心育人。李红涛始终奋战在学生工作第一线,围绕学生、关照学生、服务学生,带领辅导员、班主任团队共同进步,努力成为学生信服的人生导师、信赖的知心朋友。

（海洋与大气学院辅导员　窦　鹏）

（原载《中国海洋大学报》第 2109 期第三版,2020 年 11 月 5 日）

许 阳：
师生关系应"合情合理"

　　许阳的学生说，上她的课不仅能在轻松愉悦的氛围中掌握专业知识，还能收获老师的风趣幽默。

　　"这些课程既是开启对所学专业认识和兴趣的钥匙，也是构筑专业知识系统的基础。"许阳是学校国际事务与公共管理学院的教师，讲授"管理学原理""公共政策学"等课。她喜欢和学生交流，对学生的迷茫和困惑有深刻了解。课堂上，许阳喜欢讲故事，古今中外的行政管理案例信手拈来，学生听得十分入迷。案例故事犹如"化骨绵掌"，一下子让枯燥的理论具体生动起来，学生的学习兴趣也被提了起来。

　　课堂上，许阳比较注重"翻译"，愿意用简单直白的语言讲述深奥的专业理论。"深入浅出能增强学生对专业知识的理解和吸收。"许阳说，想要取得良好的教学效果，师生互动不可或缺。她认为良好的互动和回应，应当包括最基本的知识互动和碰撞，学生对教师授课方式、课程接受程度的回应，"教师不仅要注意课堂上和学生之间的眼神和肢体动作互动回应，同时也要重视学生对于课堂的建议，了解学生的接受程度和想法，设计出更适合受业解惑的讲授方式，获得更好的教学效果"。

　　大学学习生活中，良好的师生关系对教学的重要性不言而喻。对如何与学生相处，许阳有自己的见解。"师生关系应该是'合情合理'的。"她说，"合情"就是师生之间的亲密关系是由多种情感复合交织而成的，有师生情，也有亲情和友情。教师作为长辈，在课上课下向学生输出的不仅是专业知识，还有对学生学习和人生发展提出的建议，并给予关怀。"合理"则是师生关系要合乎规则理性，教师和学生在规范内各司其职、各尽其责，在情感表达上有所平衡，更好地维护师生关系。

　　谈及与学生之间最难忘的事，许阳坦言自己在平淡中收获了真挚的师生情谊。看着已经毕业的学生各自奔赴自己的前程，时不时收到来自学生的问候，总令她感动不已。许阳说，参加学生的婚礼，看到昔日的学生成长和幸福，油然而生的不仅是参加喜事的喜悦，还有作为教师的成就感，"和学生的相处虽然平淡，但当学生承载着老师的期许和祝福飞得更远更高时，教师这个身份所产生的成就感最令我难忘"。

　　教学之外，许阳也专心于科研。她认为，科研和教学相辅相成，教师在讲授过程中将科研成果、前沿专业知识融入教学活动，不仅能够提高教学质量和水平，对学生未来的专业发展也有重要意义。"授课内容应该随着科研的进展不断更新,尤其是人文社科领域,理论体系应随着各种科研成果的产生而不断改进更新,专业知识讲授也要紧跟学术理论前沿。"许阳说,教师也能通过教学加深对知识的理解,为科研提供灵感。她常常鼓励有志于科研的学生,认为有投入科研的想法和热情是在科研道路上持续前行的重要因素。许阳建议本科生不断尝试,在实践中明晰自己的努力方向,只要保持热情不断前行,在进步中总结经验,最终一定可以拨开云雾见日出。

她也积极鼓励学生参与专业竞赛。进入大学后,各种竞赛层出不穷,很多学生跃跃欲试。有相当一部分想参与的学生因为缺少准备、没有方向性而与比赛擦肩而过,或是在比赛中失利,留下遗憾。对此,许阳建议,要早早了解有关竞赛的情况,搜集信息,组建团队,在磨合中加强团队意识,为比赛做好万全准备。"对于比赛结果,应秉持重在参与的心态坦然接受,注重研究学习的过程和经验。"许阳为学生支着,各种专业比赛不是孤立割裂的,切忌打一枪换一个地方,坚持将某一核心理念作为研究重点,不断深挖延展,在比赛中加深对理念的研究和认识,这样研究成果就会像滚雪球一样越来越大,变得丰硕起来。她认为学生可以从"三下乡"等实践活动中寻找研究方向,不断积累,等待时机成熟,再参加各类专业比赛。

（学生记者　孙　梦　吴国宁）

（原载《中国海洋大学报》第 2108 期第二版,2020 年 10 月 29 日）

李 婧:
腹有诗书气自华

"我读大学、保送研究生的时候也在苦恼,想过很多方向,因为很多老师都讲得很好,自己也对很多方向感兴趣。最后因为自己从小就比较喜欢古诗词,所以还是遵从自己的兴趣,选择了古代文学。"谈及为何选择古代文学作为研究方向时,学校文学与新闻传播学院的李婧老师这样说道。她的声音温柔而又坚定,让人如沐春风。

李婧本科、硕士均毕业于山东大学中文系,之后前往复旦大学继续深造并获得博士学位,专业方向为中国古代文学,现主讲"中国古代文学""中国古典文献学""文史要籍导读""《昭明文选》导读""历史文化专题"等课程。

李婧认为,课堂教学需要师生互动,这种互动带来的情绪和气氛感染是线上教学难以实现的。就讲课感受而言,线上课堂很难进行沟通,也不了解学生对课程知识的接受情况。然而,线上教学作为一种特殊时期的特殊形式,也展现出了它的优点——能够打破时空的限制。在李婧看来,即使是在疫情平复之后,线上教学也会成为教学的辅助手段。居家授课期间,李婧一直开着摄像头讲课,她想让学生看见自己,进而能够更好地集中注意力,更好地传递课堂情绪。同时,她也鼓励学生在回答问题时打开摄像头,尽情展现自己的风采。

李婧有自己独特的教学方式。针对不同年级的学生,她设置的教学目标和教学难度也不尽相同。对于大一的"萌新"们,她会着重培养他们自主解决问题的习惯,在课程难度的设置上会尽量减轻学生的负担,有意识地激发学生学习文学的兴趣,营造轻松欢快的课堂氛围。对于升入大二的学生,李婧认为他们已经具备了一定的解决问题的能力和魄力,便设置各个小组,分配一些教学任务,让他们在课堂上进行活动展示。相比大一和大二的学生,高年级的学生面临更多的就业升学压力,李婧在课程中会注重培养学生的语言组织能力,并设置模拟面试对学生的口语交际能力进行训练。李婧在坚持因材施教的同时,也不忘询问学生的感受。每次结课,她都会请学生填写课堂反馈表,以便能根据学生提出的建议进一步完善教学。

一路走来,李婧的教学之路也历经了一些坎坷。她发现,学生在小组讨论时偶尔会发生争执,她感到担忧的同时又苦恼自己想不出其他更公平的可以替代小组讨论的考核方式。在课堂上讲授了教学内容后,她会留一些思考题给学生,希望以这样的方式引导大家进行深度思考。但由于选课人数过多及其他客观原因的限制,李婧始终认为自己在教学过程中与学生的交流不够深入,她希望自己能在日后的教学中与学生进行更广泛、更深入的思想沟通。

对有意向选择古代文学作为以后研究方向的学生,李婧给出了这样的建议:首要的考虑因素是兴趣,兴趣是最好的老师。有了兴趣之后,还得夯实基础,对于一些基础知识,要练"背功",多记多看。即使现在是信息时代,从网上获取资源很是方便,但李婧觉得,只有真正记在脑子里的知识才能成为自己的珍宝,才能成为知识库中可以随时调用的资源。"腹有诗书气自华",没有记忆的印迹,诗书就不是你"腹中的诗书"。再次要多读书,进行广泛阅读,有选择性地阅读一些研究性的著作,对学界的学术成果要有所了解,进而厚积薄发。李婧说:"我以前读《文心雕龙》这本书时,导师经常告诉我,不能只读这一本书,要广泛地阅读,读很多才能把它学好。我希望同学们可以做到,无论是读一本书还是研究专著都要广泛阅读。多阅读才能对著作里面的观点了然于心,然后逐渐试着去解决问题。"

李婧将读书的用处总结为三点:首先,学以致用。她认为学习过的课程知识像兵法一样,学生要学会灵活运用它们,把这些专业知识用到将来的工作中,要坚信自己学习的知识是有用的,在工作和社会实践中去体会所学知识的作用。其次,学以修身。中文系的课程注重对人文素养的培养、对人文情怀的引领、对人文知识的积淀,这对思想境界的提高和对思维的训练都是非常有帮助的。最后,学以怡情。在学习过程中,人文知识会在潜移默化中陶冶学生的情操,进而培育更深厚的文化底蕴。李婧觉得,读书的最高境界就是把读过的书内化成自己的人格、气质和内涵,展现出与旁人不同的胸怀和境界。

在采访的最后,李婧也表达了对学生的期盼,希望大家从多方面进行培养和锻炼,并要坚定读书的信念,努力成为有责任感、使命感的大学生。

（学生记者　宗雨婷　陈　曦）

（原载《中国海洋大学报》第 2107 期第二版,2020 年 10 月 22 日）

张　一：
让教学更"接地气"

"社会是什么？柴米油盐酱醋茶。我常常被问到什么是社会保障、公共管理，我觉得就是反过来，保障社会、管理公共事务，是和每一个人息息相关的事情。"在许多人看来有些陌生的公共管理专业，在学校国际事务与公共管理学院张一老师的谈笑间被化解成了"接地气"的直白表述。

从最初接触社会学专业，到培养起浓厚的兴趣，再到在这一领域不断深入钻研，张一说这是一门有魅力的科学，激发了自己的好奇心，他也希望更多人可以培养起研究社会的兴趣。尤其是在社会经济不断进步发展的今天，对每一个社会中真实存在的"人"的研究尤为重要。"这是一门'接地气'的科学，带着我走进了这个大时代。"

从家乡的黑土地来到海大这片以海洋科学为特色的科研沃土，张一把目光投向了与海洋有着密切关联的人群。在他看来，这是新世纪"海洋强国"号召下科研工作者的使命要求，也是自己一直保有的那份好奇心的安放之所。在海洋社会学领域，张一着眼于许多切实的社会问题，从内陆居民从事渔业的情况调研，到对失海渔民的关切，再到海洋生态文明的研究，"社会很大，社会学也无处不在，但是社会学研究的方法是不变的，我们所探索的也是关乎民生的事情"。

在教学过程中，张一把自己的学习心得融入点滴之中，他说："教学离不开科研的支撑，教学促进了科研。如何让教学更生动，将教学成果转化成实践能力，进而发现问题、解决问题，这离不开科研。"在他看来，科研可以直接提高学生的学术能力。作为老师，他非常愿意用自己的研究成果和心得引导学生参与科研项目，为学生提供锻炼的平台，更希望在这个过程中能培养出超越师生关系的合作伙伴。他希望自己是学生学术科研方面的指导者，能够带领学生进入专业世界中，培养学生对学术研究的兴趣、参与学术研究的热情。

每年，张一都会指导学生进行多项 SRDP、"三下乡"社会实践项目，多次被评为市级、校级大学生暑期"三下乡"社会实践活动优秀指导教师，对此，他有自己独特的见解。"我非常鼓励大一、大二的同学多参与暑期'三下乡'调研、寒假社会实践等活动。其对于还处在对自己的专业有些懵懂、研究问题还处于摸索式读文献阶段的同学，是很好的培养'发现问题'能力的实践。"在张一看来，这不仅仅是对科研能力的初次锻炼，更重要的是培养了学生的社会责任感。他还有两个非常特别的建议,概括而言,一是"回家",希望学生能够到自己的家乡宣传与当地有密切关联的最新政策;二是"出海",因为这是中国海洋大学海洋特色学科建设的特色,更是身为海大学子应有的担当。在这个过程中,张一始终注重指导、培养学生的开放性思维。他要求每一位参与的学生一定要宣传国家的新政策,从合格的"宣传者"做起,成为具有敏锐眼光的"发现者",最终成为"描绘者"。而他自己要做一名"解读者",帮助学生分析问题的症结。

张一把在实践中积淀起的"接地气"的教学方法转化为独特的教学风格。许多学生被他轻松的课堂氛围、幽默风趣的讲课风格感染,在他的带领下开启了学术探索之旅。张一笑说,这除了有自己性格的因素外,更离不开自己从学生转变为老师过程中老师的指导。"首先,刚开始教学时我被要求脱稿讲授,因为这是对学生的尊重;其次,要说'白话',把抽象的、总结性的话转化为通俗易懂、易于接受的语句,才能入脑入心。"

"公共管理是和每个老百姓都相关的事情。与经济所提供的动力机制不同,这是一个协调机制。"在当今多学科融合交叉背景下,他也希望每个人都能通过接触一点社会学与公共管理学知识,在潜移默化中体察社会的点滴变迁。"要成为一个'顶天立地'的人,既要站上思想的高点俯瞰,也要俯身体察我们所生活的时代。"

(学生记者 王雨辰)

(原载《中国海洋大学报》第 2106 期第二版,2020 年 10 月 15 日)

弓联兵：
用心浇灌,静待花开

　　"学政治学不易,教政治学不简单,培养出优秀的政治学人才更是一项紧迫和艰巨的任务。"学校国际事务与公共管理学院弓联兵老师办公桌的后面,摆放着一组略显朴素的书橱,里面摆满了各种专业书籍。

　　弓联兵从 2006 年开始在高校执教,始终把"教书育人"放在第一位。他在讲授"当代中国政府与政治"课程时,就以"基础扎实、视野宽广、能力突出"为教学目标。他说,政治学是一门理论和现实紧密结合的学科,学生不仅需要牢牢掌握课程基础知识,更要争取多去实习实践。他将这种理念也贯穿到学生的课外学习中,一方面,他和系里其他老师一起建立了"海外中国研究"兴趣小组,让学生对外国文献进行编译研究,及时了解国外中国研究的最新进展和学术动态,不仅有效提高了学生的外文阅读理解能力,而且明显增强了学生的学术兴趣,拓宽了学术视野;另一方面,他联合其他老师为学生组织创办"悦享读书会",通过阅读政治学经典著作,分享交流阅读心得,让学生与伟大的思想家隔空对话,体会名著中深邃的智慧,通过指导阅读经典,有效提升学生的理论素养。

　　弓联兵倡议实施的"本科生导师制"是他用心培养学生的具体体现。精准培养,让每个学生都能在四年大学生活中最快最准地找到适合自己未来发展的道路是他的追求。他目前正在从事"'一带一路'沿线风险"研究项目,为了给学生提供优质的深造或实践机会,他将很多有志于学术研究的学生纳入科研团队中,其中既有研究生,也有本科生。他认为,只要精心指导,老师永远都想象不到学生能够释放出怎样的能量。在他的指导下,该团队对"一带一路"沿线国家的政党轮替、政府违约、腐败风险、内战风险、民粹主义等进行了有益探究,多篇成果已经发表在核心期刊上;在他的课题经费支持下,多名学生参加了清华大学、北京大学、中国社科院等机构组织的高水平学术会议,不仅提高了专业素养和研究能力,还开阔了视野,增长了见识。

　　弓联兵习惯用心引导学生遵守学术规范和学术道德,并且更多地把课堂交给学生。一个小小的话题或是一个具体事例的课堂展示和问题讨论,他就可以以此培养学生的学术态度、实践能力和研究素养。用他的话讲,就是"一点点,也许只需要那么一点点的用心引导,学生就可以做得很好"。

　　说到新冠肺炎疫情,弓联兵说,不可否认的是,疫情给世界各国和人民带来了难以估计的创伤,但是它也为政治学课堂提供了案例。学生通过亲身经历能够直观感受到中国在疫情防控中的出色表现和制度优势,那么学生的自信和理性的认识便自然而然形成了。弓联兵借用"化危为机"阐释了对"机"的认识,"年轻一代,其实已经在不知不觉中肩负起了时代和社会的责任"。也许,这就是对学生最大的收获。

　　在弓联兵10余年的教学工作中,"热爱学生"是他作为一名师者的底色。"我们拥有优秀的学生,只要老师积极付出、善于发现、精心指导,为学生提供平台和机会,他们就能释放出无穷的能量。培养出比自己更优异的学生,正是为师者的最大收获和快乐!"谈到在海大的教学经历和感受,他言语间流露出无限的自豪感。

　　弓联兵说,当看到学生微信朋友圈里可爱的一面时,他会感到惊喜和欣慰;当指导的学生实现最初的抱负和梦想时,他会真切体会到为师者的成就和感动;当教师节收到毕业学生和在读学生的祝福时,他意识到教师的幸福感来自学生的成长。"其实,'青出于蓝而胜于蓝'才说明一位老师的成功。"在他看来,教学的过程不仅是传道受业解惑,更是"慢慢播种浇水"的精耕细作。"用心浇灌,静待花开。只有把水洒到根的关键处,才能帮助他们更好地成长起来。"弓联兵深情地说。

(学生记者　丁晓凤　冯世瑞)

(原载《中国海洋大学报》第 2105 期第二版,2020 年 9 月 30 日)

王　芳:
热爱与责任让我坚守讲台

　　讲台上,她是旁征博引、幽默诙谐的好老师,与学生亦师亦友令她"圈粉"无数;科研中,她下池塘,进养殖场,经常奔走在蓝海碧河,把论文写在祖国辽阔大地上;扶贫路上,她数次前往西藏,在高寒、缺氧的条件下开展盐湖水域特征调查研究,为当地脱贫致富带去生生不息的希望。

　　她就是用 30 余年坚守诠释热爱与责任的王芳教授。

一、30 余载坚持干好良心活

　　1989 年,王芳从青岛海洋大学水产学院毕业,恰逢我国水产养殖生态学领域的带头人——李德尚教授创办的水产养殖生物学实验室(今水产养殖生态学实验室)招聘科研助理,成绩优异的她如愿留校。

　　"王芳,我特别想要一个男生,但是学院推荐了一个女生。你这么瘦弱,能不能适应实验室的工作?"李德尚教授对这位新招的科研助理持怀疑态度。

　　"李老师,你先让我试试吧,我相信我能做得好。"王芳凭着不服输的劲头,带实验,做项目,去池塘、水库做调研,样样做得出彩。后来,勤奋好学的她,又考取了硕士、博士,自己也成了一名导师。

　　一门"水环境化学"课程王芳讲了 20 余年,却总能做到常讲常新,课堂气氛也是异常活跃。"她总能结合产业中的案例、行业中的难题把枯燥的理论讲得通俗易懂,而且她喜欢开玩笑,语言诙谐幽默。"2019 级博士研究生朱柏杉说,从那时起他就喜欢上了王老师的课,暗下决心,将来读研究生一定选她当导师。

　　从事水产养殖生态学研究,离不开和渔民打交道,下养殖场、去池塘是常有的事。风吹日晒雨淋,把王芳练成了一个雷厉风行的"女汉子"。所以,招研究生的时候,她也不太情愿招女生。"风里来雨里去,一身汗水一手泥,女孩子都爱美,又比较柔弱,选这一行确实不适合。"王芳坦言。但学生一句"王老师,我要努力成为一个您这样的人。"又让她感动不已,"欢迎报考"。

　　"跟着王芳老师读书很幸福。""生活中的她是慈母,学术上的她是严师。"学生对她宽严相济的风格既爱又怕。

春风化雨,桃李芬芳。

当记者请她分享 30 余载坚守讲台的收获与感悟时,她说:"做好天职事,干好良心活。"

二、绽放在扶贫路上的巾帼之花

2020 年 7 月 26 日,"中国海洋大学水产学院双湖科学考察站"揭牌成立,成为海大海拔最高的科考站。这一天,王芳和团队成员盼了三年。

2017 年,西藏那曲市双湖县慕名找到中国海洋大学,希望对当地的卤虫产业发展给予技术支持。水产学院迅速组织起以孙世春、王芳和刘晓收三位老师为核心的课题组,奔赴双湖县巴岭乡其香错开展卤虫资源调查研究,用科技为当地脱贫注入新动能。

卤虫是一种耐高盐的小型甲壳动物,是鱼、虾等水产动物的优质饵料。卤虫产业是巴岭乡的支柱产业,在当地最大的湖泊其香错采集卤虫卵是当地居民的主要收入来源。

"之前从来没去过西藏,也很向往。"到了当地之后,她才发现现实和想象的差距很大。

从拉萨至巴岭乡道路崎岖,有的地方甚至没有路,司机完全凭经验往前开,车子陷进泥里、爆胎时有发生。最长的一次,他们竟然在路上走了 21 个小时。"住宿一人一个沙发,围成一圈,和衣而卧,翻个身就会掉下来。"王芳说,门永远关不严,睡觉时,请男生在外面用石头抵上。

相较于生活上的艰苦,科研设备的匮乏最令他们头疼。当地竟然找不到一条船供他们深入其香错去调研,后来,团队找到在当地开展科学研究的同行借了一条橡皮艇。"见到橡皮艇,当地百姓感到很好奇,都想上去坐坐。"2018 年,他们想办法从青岛定制了一条船,团队终于有了自己的科考船。

"科考站成立,生活和科研条件有了很大改善。学校也表示会加大对科考站的支持,争取为当地经济社会发展做出更大贡献。"谈及下一步工作,王芳表示,希望运用大数据,构建模型,对当地卤虫资源的演变趋势进行预判,进而指导产业发展。

正是凭着这股埋头苦干的劲头和巾帼不让须眉的豪情,扶贫路上,王芳不断发光发热。

三、从"德尚世家"到悠悠"芳草地"

传承是最好的致敬。

李德尚教授的学生建了一个微信群——"德尚世家"。王芳说,大家时常在群里互通有无,交流专业,增进感情,虽然分散在天南海北,但导师教诲大家的"博爱""灵动"精神永远牢记于心,并尽己所能发扬光大。

王芳低调谦和,与世无争,只醉心于学术。她把自己的微信命名为"悠悠芳草"。她的学生建了一个微信群,名为"芳草地"。寓意在这片芳草地上,她将每位学生都保护起来,为他们提供无尽的关爱与家的温馨。

在西藏其香错采样时一名女生在湖边晕倒,她用双手焐热学生的手心、脚心,护送学生从双湖至拉萨,一天一夜的山路她都没有合眼,悉心照料不离左右,直到学生完全脱离危险。毕业论文答辩会上,学生在"致谢"里感念她慈母般的师爱。

学生生病住院,王芳牵挂于心,她的安慰与鼓励如暖阳驱散学生心头的阴霾。"在我最痛苦和最美好的时刻,感谢您一直都在。"学生发自肺腑的言语让自诩为"女汉子"的王芳潸然落泪。

2019 年,是王芳从教 30 周年。为了给她一个惊喜,学生瞒着她筹划了一场纪念座谈会。当学生把刻有"人生好导师"的奖杯赠予她时,她又一次流下了感动的泪水。

"王老师之于学生更像是火炬手,薪火相传给学生以人格、品行、学识与技能等。""成为您的学生是我最大的幸运,加入'芳草地'大家庭结识优秀的师兄、师姐也是我的荣幸。""很荣幸能够成为'芳草地'的一员,感谢和蔼可亲的王老师为我们建造温暖的大家庭,让我们在轻松温暖的环境下追寻水产科学的真理。""是您让我浮躁的内心变得沉静,教会了我既要仰望星空,又要脚踏实地。"一本名为"我们的回忆"的纪念册,记录下学生对"芳草地"的留恋、对师恩的感念。

芳草如茵,生生不息。

(新闻中心记者　冯文波)

(原载"观海听涛"新闻网《回澜阁》 2020-09-09)

毛相朝：
把论文写到祖国大地上和蓝色海洋中

"教育的智慧在于唤醒，老师要当好学生成长路上的引路人。""我喜欢探索未知，享受攻坚克难的每一段过程。""做自己喜欢的工作，能够不断实现对目标的探求，就很快乐。"

2020年是毛相朝在中国海洋大学工作的第11个年头，当初那个略显青涩的青年教师已成长为一名优秀的博士生导师。谈及过往，他又加深了对"教师"这份职业的理解与认同。

一、要让听课的学生有尽可能多的收获

初登讲台，免不了紧张与忐忑。"担心讲不好，会卡壳，无法让学生获取更多的知识。"毛相朝亦不例外。

从教伊始，学院就让他担任专业核心课程"生化工程"的主讲教师。重任在肩，他想的是既不能辜负领导的期望，也不能让学生失望。

成功的课堂需要充分的准备。为此，他在备课上铆足了劲，下足了功夫。

如果第二天有课，前一天晚上他肯定不回家，一直在办公室备课到深夜，反复演练讲课技巧，修改完善讲义。第二天清晨5点起床，再试讲一遍，确保以最佳状态登上讲台。为了让学生集中注意力，提高听课效率，毛相朝给每一位学生发一张听课记录表，让大家把重要的知识点和听课感受写下来。课下他会就讲课的效果与学生及时沟通，询问改进的意见和建议。

"毛老师让我们把对课程的意见和建议写在课堂作业后面，还鼓励我们努力提高创新实践能力，将来打造一片具有海洋特色的生物工程新天地。"2013级学生潘芳说。

"再过10年、20年，你们将成为我国生物工程领域的中坚力量，应有舍我其谁的勇气和担当。"毛相朝善于把课堂变为培养学生家国情怀的沃土。

通过讲述国内学者运用生化工程技术提高产能击退外资企业垄断市场的精彩案例，激发学生凭借专业技能服务社会的责任感和使命感。

通过指导学生参加全国大学生生命科学创新创业大赛、"互联网+"大学生创新创业大赛等各类赛事，进一步开阔学生视野，提升创业能力。

毛相朝办公室的门永远向学生敞开,在一次次的谈心中,他坚定了学生的专业信心,使他们更加热爱自己的专业。受他启发,2013级学生邱永乾返乡创业,成立江西邱菇娘生物科技有限公司,成为带领家乡父老乡亲共同致富的优秀代表。

"让每一位学生在我的课堂上都有尽可能多的收获。"这是毛相朝执教的动力之源。

二、做一名"自燃型"科研工作者

"既然选择了读研究生,就希望大家能把科学研究作为神圣的事业对待,要敬畏科研,要热爱科研。"科研路上,毛相朝不仅通过言传感染学生,还利用身教带动学生。

长期以来,我国海洋水产品加工产业以初级加工为主,存在着精深加工比例低、产品种类单一、资源利用率不足等问题,而且有些传统产业还存在着二次污染严重的弊端。针对上述产业瓶颈,毛相朝带领团队开辟了应用生化工程技术对海洋生物资源进行绿色综合利用的新领域,构建了海洋食品绿色生物制造技术体系,形成了以"微生物发酵转化甲壳类海洋水产品提取功能活性物质的关键技术""特定聚合度海洋生物寡糖的酶法定向制备"为代表的一系列关键技术。特别是在虾蟹副产物的综合利用方面,采用这些关键技术,不仅避免了传统加工过程中以单一成分的初级加工利用为主、不能有效降低二次污染等弊端,而且实现了虾蟹副产物中甲壳素、虾青素、蛋白粉等营养物质的绿色"全利用",开发了高纯度游离虾青素、高品质甲壳素和高游离氨基酸海鲜调味品等具有特殊营养和保健功效的高值化海洋生物制品。此举,不仅极大地推动了我国虾蟹加工产业的绿色化、高质化发展,而且为我国海洋生物资源高效利用以及后续高值化、高质化新产品开发奠定了技术基础。

"给我一个舞台,还你一份精彩。"10年来,毛相朝埋头于生化工程与海洋生物资源开发利用这一交叉学科的探索之中,成功建立了以微生物和酶为工具,以海洋生物资源为研究对象,应用生物催化、生物转化和发酵工程等生化工程技术开发高端海洋食品的海洋生化工程方向,而且使其发展成为水产品加工与贮藏工程国家重点学科的重要支撑力量。

"热爱科研,这种热爱是一种全力以赴、舍身忘我的执着。"话语间透露出毛相朝——这位"自燃型"科研工作者的坚守。

三、绿色海洋食品的追梦人

"科研一定要服务于生产,我们的选题一定是来源于生产过程中的关键性难题"是毛相朝及其团队矢志不移的追求和坚守。

2019年5月,山东省发展和改革委员会发文认定46家山东省工程研究中心,中国海洋大学组织申报的山东省海洋食品生物制造工程研究中心榜上有名。这是首个依托学校建设的山东省工程研究中心,成为毛相朝及其团队服务山东省新旧动能转换、助力"海洋强省"建设的又一重要载体。

他提出的运用生化技术对虾蟹等甲壳类水产品加工副产物进行综合利用的技术目前已在多家企业推广应用，并构建了国际上第一条甲壳素生物法提取生产线，不仅彻底改变了产业的高污染状况，还让原本丢弃的虾头、虾壳产生巨大的价值。与甲壳素传统生产工艺相比，这种新技术在生产甲壳素的同时实现了水产原料中蛋白质和钙质的回收利用，每吨原料增值近万元，扭转了甲壳素化学生产产值低、污染重的局面。

此外，他还将海洋生化工程技术与青岛本地的特色食品加工过程紧密结合，主持研发了海参功能黄酒、全营养牡蛎黄酒、牡蛎肽精酿啤酒等产品，突破了海洋水产资源的营养物质转化、脱腥脱苦以及在酒精饮料中的高效溶解关键技术。凭借着独特的口味和丰富的营养，这些产品已成为深受老百姓喜爱的"接地气"产品，在帮助企业创造经济效益的同时，也使海大在产学研结合、服务地方方面声誉远播。

国家优青、国家现代农业产业技术体系岗位科学家、泰山学者青年专家、中国产学研合作创新奖、山东青年五四奖章……一系列荣誉和奖励成为多年来毛相朝带领团队深化产教融合、服务地方经济社会发展的有力诠释。

"将生化工程技术进一步在鱼虾贝藻各类水产品中推广应用，实现海洋生物资源的全面综合利用，为国家的海洋强国建设和'蓝色粮仓'建设提供重要技术支撑。"着眼未来，毛相朝依然心系产业发展。

（新闻中心记者　冯文波）

（原载"观海听涛"新闻网《回澜阁》　2020-09-09）

刘贵杰:
言传身教的"刘爸"

他是学生眼中的"刘爸",作为一名班主任事无巨细、亲力亲为,深受学生爱戴;他是一名资深教师,数十年如一日献身教学一线,创新教学实践方法;他是一位海洋强国的建设者,深耕海洋工程领域,探索产学研结合新模式。工程学院的刘贵杰教授在 27 年的从教经历中,用严谨的治学风格、创新的科研思路、扎实的工作作风和无私的奉献精神,诠释了以立德树人为使命的"教师"二字。

一、用治学精神坚守教育初心

多年来,刘贵杰坚持以课堂教学改革为人才培养的突破口,严谨求实,扎根一线。他先后主讲过"材料力学""理论力学""机械设计""机械制造技术""计算机绘图""机械工程概论""工程测试技术""海洋工程装备技术"等多门本科生课程,多次指导机械专业本科生的金工、生产、毕业、顶岗实习,近三年本科生教学年均 217 学时。

课堂上的刘贵杰循循善诱、旁征博引,课堂氛围生动有趣又不失严肃,深受学生喜爱。他的课堂上,少了照本宣科的灌输式教学,多了许多专业相关的实际科研课题;少了授课教师的独角戏,多了学生热烈的自由讨论。独特的教学方式,是他从多年丰富的教学科研经历中摸索出来的。他的课具有前瞻性,因材施教,灵活教学,学生的学习兴趣、创新思维被激发,创新潜能被调动。同时,他在课下也坚持通过微信、QQ、邮件等多种方式与学生保持沟通,知识传授不受物理空间限制,全方位、全过程育人。由他构建的基于"三螺旋"理论和多元协同的机械专业卓越工程师人才培养实践教学模式,获得山东省第八届高等教育教学成果奖特等奖等多个教学类奖项。他先后多次获得国家及省部级研究生和本科生大赛优秀指导教师、本科生毕业设计优秀指导教师、中国海洋大学教学名师等荣誉称号。

二、用求索奉献点亮前行之路

"教学与科研两手抓,两手都要硬。"在教学的同时,刘贵杰主要从事水下机器人、水下仿生学、海洋机电装备、设备状态监测与故障诊断等方向的研究,积极探索产学研结合模式。主持国家自然科学基金项目 2 项、省部级科研项目 12 项、市厅级科研项目 5 项，作为课题组副组长承担国家"863"课题 1 项，作为主要成员参与国家"863"课题 3 项。作为青岛市三家企业专家工作站首席专家和企业人才项目，在促进产教融合培养学生的同时，联合开发的多项成果也已成功应用于企业，大幅提升了企业的技术创新能力和经济效益。近 5 年，作为第一作者／通讯作者发表 SCI 收录论文 38 篇，出版专著 2 部，获授权国家发明专利 22 项、软件著作权 5 项。主持完成的"近海生态环境和溢油立体监测与处理关键技术研究、装备研制及应用""海底沉积物原位保真采样关键技术、装备研制及应用"等成果，已成功实现产业化应用，经济效益显著，并先后获得山东省技术发明二等奖、青岛市技术发明一等奖、山东高校优秀科研成果二等奖等。荣誉的背后是几十年如一日的勤奋探索，是"以工强海"家国梦的初心不变。

三、用拳拳爱心托举希望之花

怀揣着对学生的拳拳爱心，刘贵杰担任了机械设计制造及自动化专业 2013 级的班主任。班级作为"卓越工程师计划"的试点，对他来说是挑战也是动力。本着对学生负责的态度，从日常学习生活，到课程的设计实施，再到顶岗实习的联系安排，他都事无巨细，亲力亲为。顶岗实习期间，他经常去看望学生，与学生进行面对面的谈心，耐心听取他们对于教学、管理、实习等各方面的意见和建议，并将学生的意见反馈到教学改革之中。在学生的印象中，躬身校园、甘为人梯的刘老师，既是一位以严格体现对学生的关爱的师长，又是一位可以诉说心事的益友。毕业时，学生在精彩的汇报会后，齐声喊出"谢谢刘爸"，成为对刘贵杰最高的褒奖。

"要学生好学上进，我就要更加好学上进；要学生勤奋刻苦，我就要更加勤奋刻苦。"这是刘贵杰经常挂在嘴边的话。任教 27 年，他坚持为本科生上课，坚持与学生面对面，坚持教学道路上的探索，坚持科研与教学的结合。学生说，这就是我们的"刘爸"，用言传身教诠释了立德树人的内涵。

（工程学院辅导员　刘　萌　朱富江）

（原载《中国海洋大学报》第 2093 期第一版，2020 年 5 月 21 日）

余　静:
以学生为中心,让网课活起来

　　学校海洋与大气学院的余静老师这次开设的课程,是主要面向海洋科学专业2017级本科生的"海洋资源学"。虽然拥有丰富的教学经验,但是得知要网上授课,余静还是感到些许的焦虑,"这种焦虑来自对在线课堂掌控能力和网上授课效果的不自信"。为此,她早早就开始着手课前准备。

　　由于学校提供了操作教程并开设了线上教学培训课程,还有许多在线教学经验丰富的老师分享心得,余静很快就找到了适合自己的授课方式,在开课前两周就确定了"以录播为主、直播为辅"的教学思路,采用"Bb平台+智慧树平台+QQ群分享屏幕直播"的教学设计。

　　余静在线上教学中始终秉持以学生为中心的理念。为了充分照顾各种性格学生的学习需求,她对课前、课中、课后的各个环节都倾注了不少心血,甚至调整了家里书房的布局,只为给学生营造舒适的授课环境。她还充分发挥班主任和学生联系人的作用,提前两周就建好课程QQ群和在线学习平台的课程班级,确保91名学生全部在线,不让一人掉队。

　　为了测试在线教学实际效果,余静在开课前两周就召集部分学生提前试讲,针对学生反馈的部分问题进行了改进。凡事预则立,不预则废。余静深谙其理,她提前两周就在Bb平台发布每周的学习任务单、教学视频、PPT和作业,要求学生课前预习。

　　为了保证到课率,余静利用Bb平台线上签到,同时利用QQ群视频聊天签到,利用很短的时间,分组让91名学生都打开摄像头签到,提高"真实到课率",有效提高了师生亲密度,学习之余也带来许多欢乐。

　　授课中,余静先通过QQ群分享屏幕直播,用PPT为学生简要介绍本次课程的学习要求、重点和难点,然后让学生自行观看提前录制好的教学视频,观看过程中遇到问题可以随时在QQ群提问。下课前15分钟,师生们会重返课程QQ群进行在线答疑和讨论。考虑到内向的学生在课堂上不好意思表达观点,余静就利用Bb平台互动交流板块发起讨论,让学生在课下也能畅所欲言,给学生更多反馈的空间。

　　首次在线授课非常顺利,无论是QQ分享屏幕直播,还是学生自行观看视频,网络流畅,学生参与互动也很积极。课堂上,学生积极反馈问题,提出课程需要改进的地方;课下,他们通过 Bb 平台发表自己对课程的感受。这些都给了余静极大的鼓舞。"我从在线平台的学情数据统计中注意到有的同学在课前就进行了大量的预习,他们这种投入和参与度在传统的线下教学模式中很难做到。真心为他们的这种学习状态点赞!"

谈到第一次在线教学的体会,余静说:"虽然这是我的线上教学初体验,但我深深感受到教学方式的转变给教学带来的新活力。只要做好课程设计和充分的准备,无论采用何种在线授课平台,网上授课都可以更好地实现以学生为中心的教学目标,能更好地促进学生由被动学习转变为主动学习。"

"我觉得这种授课方式特别好,在我看来,'海洋资源学'这门课直播和教学视频相结合的方式更有利于学习,可以根据自己的需要自行调整进度;这门课能够让大家有更多的互动,而且自己看视频学习之前,余老师已经先给大家介绍了要点,这有利于自己更好地看视频学习!"海洋科学专业 2017 级学生于姝萍兴奋地说道。她的同班同学韦幸君则认为,余静老师在视频中讲得清楚,PPT 也很明确,重点抓得很好,没有过多赘述,听课总体感觉很好。

"世间最大的两样奢侈品是时间和健康。希望同学们在家中不浪费时间,不透支健康。合理安排作息,劳逸结合,利用这段特殊的时期,培养自律能力、专注度和时间管理能力。"在特殊时期以线上教学的形式讲课听课,余静对她的学生有话嘱托,"尽量在家中营造一个正式的学习空间。上课时间,尽量穿着正式和整洁,以良好的精神风貌投入学习,有利于提升学习效果。上课一定要有仪式感!"

余静语重心长地叮嘱学生,学习不单单是为了获得通过"百度"就能得到的所谓的知识和会做考试题,而是培养形成一种独立思维和求知思维的方式。真正的教育不是一个人传授给另一个人知识,而是教育者和被教育者共同体会、思考以及反思的过程。

(学生记者 刘重阳)

(原载《中国海洋大学报》第 2088 期第二版,2020 年 4 月 9 日)

宋 梅：
在线教学,有挑战更有收获

春节刚过,海洋与大气学院的宋梅老师便开始在 Bb 平台上建设和完善自己负责的"理论力学"网络课程,上传课程资料,录制课程视频,忙得不亦乐乎。

"当学校通知 Bb 平台添加了 ClassIn 直播插件时,我对它还一无所知,但观看培训课程时就感觉这程序真是功能强大,于是就开始一点点摸索,跟着培训老师开始建课程,找学生试播。"备课期间,宋梅先后尝试了腾讯视频会议、雨课堂、Bb 教学平台、ClassIn 直播等多个线上教学软件,只为了亲身体验每种软件的优势劣势。"线上教学软件多到眼花缭乱,适合课程的才是最好的。"宋梅说,"理论力学"课程有很多公式推导,需要图例讲解。根据课程特点,经过反复比较,她觉得基于 Bb 平台的 ClassIn 是最佳选择。春季学期网上课堂开课第一次试用,学生就发现了其便利之处,比如做笔记、屏幕截图、举手提问等,还留存录播,可随时回放。通过投票,宋梅和学生决定将 ClassIn 作为"理论力学"网络授课的最优方案,其他皆作为备用方案。为了更好地与学生交流沟通,在开课前两周,宋梅就建立了课程 QQ 群,并将课程所需的一些材料上传至 Bb 平台,给学生留出了充足的时间来预习,并及时根据学生的反馈进行优化调整。

2020 年 3 月 2 日下午 1 点 30 分,春季学期第一节"理论力学"课程准时开课。宋梅坐在书桌前,体验了一把"网红"的感觉。"有挑战,更有收获! 首次直播授课,我和同学们在软件操作方面都还不够熟悉,导致授课节奏把握得不够理想。随着大家越来越熟悉这个平台,教学效果应该会更好。"第一节课后,她及时与学生进行了沟通,认真总结了上网课的经验。她认为,线上教学不仅需要做好充足的课前准备和预案,还需要注意加强与学生的互动,调动起他们参与课程教学的积极性,避免消极被动地"看课"。此外,每次课最好都配有内容对应、数量适宜的作业,通过提交和批改作业督促学生温故知新、跟上教学进度,也能帮助自己了解教学效果,以便及时调整和改进。

线上课程不仅对老师是挑战,对学生也同样是个不小的挑战。对大部分学生来说,家不是一个特别适合学习的地方。况且经过了这么长的假期,学生现在需要尽快调整状态,进入学生角色。"我要求他们在了解课程大纲、教学安排和课程介绍的基础上,思考该如何学好这门课程,给自己定一个课程学习目标,列一个课程学习计划,并找出自身可能存在的困难和解决办法。这是作为下节课的'课前作业'发布的,我的目的就是通过这个作业把他们带入学生角色,开启学习状态。"

　　"必须为宋老师赞一个!"宋梅第一次网上直播授课,就赢得学生的满堂喝彩。"宋梅老师讲题思路明确,看着课件,再根据老师的讲解思路,很容易便可将某个问题理解得十分透彻,为宋老师点赞!线上学习效果和线下相比虽然略显不足,但在这个特殊时期已经是最好的选择。线上学习更是对自制力的一次考验,相信我们一定能顺利学好这门课。"海洋科学专业 2016 级 1 班的许洛川同学表示。

　　"经过一节课的体验,我觉得线上学习的效果并不差。这样的线上课程给了我很多新的体验,等将来恢复正常教学秩序后,这些模式和手段仍然可以作为我们课堂教学的辅助和补充。"第一堂"理论力学"线上课结束后,海洋科学专业 2016 级 1 班的耿新同学在课程反馈中写下了上述语句。

（学生记者 刘重阳）

（原载《中国海洋大学报》第 2084 期第二版,2020 年 3 月 12 日）

傅根清：
让学生从"要我学"到"我要学"

应约叩开傅根清教授办公室之门，傅老师已经热情地沏好茶在等待我们。茶香氤氲，采访就这样徐徐展开。

讲到最初对教师职业的选择时，傅根清坦言从小生活在封闭落后的山区，与大学同学、研究生同学"卧谈"时，往往因自己的孤陋寡闻而自惭形秽。毕业后对进入新环境感到恐惧，于是选择了留在学校这个熟悉的环境中。同时傅根清也认为每个人的成长都与老师息息相关，成为老师是十分有意义的事情。回忆起首次讲课的情形，傅根清仍然记忆犹新。他在备课的时候将讲课内容一字一句都记录下来，生怕出错。傅根清的严谨认真可见一斑。

数十年的教学生涯，使傅根清讲课从最初的小心翼翼到现在游刃有余，增长的是教学经验，不变的是教学心态。谈到"初心"，傅根清认为教师是人类灵魂的工程师，站在三尺讲台就要对得起盯着自己的一双双求知的眼睛。负责任是教师的职业天性。引导学生在人生的路口做出选择，是每一名教师的职责。

对于"好教师"的评判标准，傅根清认为教师最重要的品质是责任与爱。教师所教导的，不仅仅是学生本人，更是祖国的未来、社会的栋梁，爱学生，使学生成为国家的栋梁之材，从而爱国爱社会。培养学生爱自己、爱家庭、爱社会、爱国家，关心人类社会的过去、现在与未来，这就是教育的目的。谈到何时最具有成就感，傅根清认为成绩只是一方面，得到周围人客观公正的评价也十分重要。傅根清强调："人是社会的人，是有血有肉有温度的存在。教师也一样，学术成就与名誉固然重要，学生对自己的评价同样重要。"

一杯茶饮尽又添新，茶杯滚热，新的话题展开。对于师生关系，傅根清有自己独特的看法：他并不趋从于当下盛行的"朋友型"师生关系，认为最理想的师生关系是亦师亦友。傅根清认为，在亦师亦友的关系中"师"为首，老师仍然是权威，要讲原则不退让，学生对老师也要保持尊重。现在有些学生往往称老师为"某哥""某姐"，甚至"某老板"，并不是一种值得提倡的风气。在傅根清看来，"严师出高徒"的古语如今仍然有理，大学生只有经历严格科学的训练才能形成良好的习惯，以后在工作中才能有良好的工作作风。教师这一身份就起到了扣好人生第一颗扣子的关键作用。傅根清认为学生对教师，一定要怀有敬畏之心，这是原则，也是底线。其次是"友"，傅根清认为是教师需要通过思考找到合适的方法对学生的学习困惑进行分析、调整、改善,从而实现良师、益友身份的双重性。

傅根清与学生之间感情深厚,这与他的真诚密切相关。2002 年 9 月,为山东大学首届广告学专业本科学生开第一堂"广告学"课的经历,傅根清至今难忘。刚开学时,因忙于新专业的各种事务,他的嗓子哑得说不出话。为了不让学生失望,傅根清没有请假,而是在电脑上安装了五笔字型输入法,通过打字的方式坚持完成了那堂课。这次"无声授课"感动了众多学生。

讲到如何对待学生,傅根清的眼神柔和了许多。他引用苏联教育学家马卡连柯的话说:"用放大镜看学生的优点。"傅根清认为要看到每个学生身上的优点,不挑剔,不歧视。当被问到作为教师最开心的时刻时,他谈到两点:第一,是被学生指出错误时。傅根清认为学生必须超过老师,道之所存,师之所存也。第二,是学生取得成就与进步时,老师也感到由衷的开心。

采访中,傅根清提到的最多的一个词就是"思考"。"学而不思则罔,思而不学则殆。"傅根清认为教师除了教授知识外,更重要的是引导学生探寻通往答案的方法与途径,正所谓"不愤不启,不悱不发",激发学生的思考欲望,一直在进行着。傅根清认为,照本宣科的老师不能算是合格的老师,这就是说老师的思考同样重要。思考便是傅根清认为的通往一切真理的必经之路,这样才能用犀利的眼光从司空见惯里看到不寻常,再经过科学研究产生新的创见、新的学说、新的思想。

余茶饮尽,茶杯皆空,采访接近尾声。问傅根清对于新生有什么寄语,傅根清真诚地说道:"刚开始大家都在同一起跑线上,只有略微差异,一年或者若干年后差距就会变大。原因在于个体差异,某些学生在步入大学之后懈怠了。进入大学之后,必须进行角色转换,变高中时的'要我学'为大学时的'我要学'。时间是定量,浪费不起,一万年太久,只争朝夕。"

在告别的时刻,我们一同感谢傅根清接受采访。傅根清说:"采访不重要,重要的是你们要明白这些道理。"视课堂为人生,不单单在教学中,生活中的任何时候都要保持着高度清醒,傅根清老师是这样说的,也是这样做的。

（学生记者　杜雨暄　陈　曦　潘诗雨　陈婉懿）

（原载《中国海洋大学报》第 2078 期第二版,2019 年 12 月 12 日）

林 洪:
做学生的启智护航人

在他者眼里,林洪是我国最早从事食品安全与质量控制研究的科学家之一。他的团队,承担完成了食品安全领域 20 余项国家、省部级课题,制定编写国家和农业农村部标准 20 余个,授权国家发明专利 10 余项,研究成果获得过教育部科学技术进步二等奖,国家科技进步二等奖,在过敏原检测芯片研究方面的成果已居国际先进水平。他曾任食品科学与工程学院院长、党委书记,多年把舵学院发展航向。

一、师者,当为燃灯人、护航人

1980 年,林洪考入山东海洋学院水产品加工专业。读书期间,林洪经常求教几乎天天泡在实验室里的管华诗老师。无论多忙,管老师都会放下手头工作给这个年轻的求知者传道解惑。过了知天命之年的林洪,曾写下一篇散文《老师是一首关于爱的诗》,深情地写下了管老师对他几十年来温暖的教导和帮助。回忆起学生时代看到的水产馆管老师办公室窗户透出的灯光,他这样写道:"老师就像一盏明灯,照亮着、指引着、激励着我们前进。"

林洪说:"我不是管老师最好的学生,但管老师是影响我一生的最好的老师。"一个老师对学生最好的爱就是启迪智慧,给予阳光,为远行的船扬帆护航。

1984 年林洪毕业留校任教,从那时,他就决心像管老师那样,做学生成长路上的燃灯人、护航人。

为人师者的第一个舞台是讲台。管老师提倡不死读书,经常组织读书报告会互相讨论学习,讲课时旁征博引、引人入胜、严谨治学的教学态度,将科学研究及时补充到讲义中的风格都给了林洪极大的启迪。在自己的课堂上,林洪非常注重不断创新教学方法,将知识生活化、趣味化,使学生能在轻松、活跃的氛围中收获知识,感受到食品科学的魅力,以致每年都会有几个来旁听的其他专业学生受到林洪课堂的感召,转入食品专业就读。他在课中不断提问,以培养学生的问题意识和思考能力,他常对学生说:"没有问题不见得是懂了,要学着提出高层次问题,只有这样才会主动学习,不断提高学习能力。"

林洪指导的博士生郑洪伟还记得大学入学的第一节"食品科学概论"课,林老师开篇就是几个设问:什么是食品?食品是如何生产出来的?为什么风味性食品各有地方特色？为什么青岛啤酒一厂、二厂的口感不一样？……对食品科学尚很懵懂的郑洪伟，一下就被吸引住了，对食品科学的热爱由此而产生，直到现在读了博士也未动摇过。

随着担任越来越重要的管理职务，林洪认识到，传道受业解惑，固然定格师者使命的崇高，却也只是以师者为主体，而现代教育要求以学生为主体。渐渐地，"培养什么人、怎样培养人"这个现代教育的根本问题，成为林洪不断深入思考的重心。

尊重学生个性与特点的因材施教，重视社会价值又重视人的价值的全人教育，是林洪对"培养什么人、怎样培养人"的初步回答。

做大学老师多年，林洪有个深刻的感受：以升学率为目标的中学教育，分数是对学生评价的唯一标准，抹杀了学生的个性。喜欢什么专业，将来想要从事什么职业，要成为一个什么样的人，这些在中学就应该形成的"自我认知"，学生到了大学尚是茫然，以至于常常有不少学生因不喜欢专业而苦恼、因不知道未来能做什么而迷茫。林洪说，大学的首要责任是为社会培养人才。帮助大学生"认识自我，成为最好的自己"这一课，大学时必须得补。补得好坏，决定着大学向社会输送的人才优秀与否。

林洪将全人教育的目标称为"四有人"，即有家国情怀、有道德修养、有优秀的学业、有生活的情趣。作为人才培养的关键节点和人才输出的起点站，大学应让学生得到德智体美劳的全面发展。他深信只有做到了这点，为之扬帆的行船才具有在大海风浪中航行的资格，作为师者也才算拿到护航人的资格。

二、因材施教，让每个人成为最好的自我

本科生"营养金字塔"、研究生"发酵工程"培养方案，是林洪在做学院院长和党委书记时，针对本科生、研究生不同阶段的特点，带领学院教职工酝酿出台的。

在人类膳食中，谷类、薯类、果蔬、蛋白质、奶豆制品为基础，适量的油、盐、糖为塔尖，构成了一个金字塔结构。受此启发，林洪带领学院教职工为本科生设计了四个层面的教育内容，即思想品德教育、专业技能与实践教育、综合素质能力提升、人生规划与个性发展，即四个层面依次叠合，构成了本科人才培养途径的金字塔。在塔尖的是人生规划与个性发展，学院以之为切入点进行了本科人才培养模式的改革。

2011年食品学院率先在全校开设了本科生专业选修课程"职业生涯规划"，由林洪主要负责，学院多位教师参与授课。学院还特聘食品行业的知名人士来做讲座，为学生介绍行业和企业对人才的需求情况；利用多个就业实习实训基地，让学生近距离接触食品行业和企业。这门课程的灵魂在于，提供平台让学生放眼去看行业、社会、国家需要什么样的人才，从而正确认识自己，对未来进行设计。林洪说，只有站位高了，格局大了，才能谈得上追求优秀的自我。如今在各级创新创业大赛的舞台上，食品学院学生频频斩获大奖已经是常态。

食品生产流程中，发酵产物需要内因素（菌种、营养素）和外因素（氧气、温度、压力）共同作用。立足研究生教育的重点在科研的现实，学院把研究生培养视为一个发酵过

程,并寻找到内因素——菌种(研究生)、营养素(思想政治教育、学术科研活动、心理健康教育、职业发展指导等)和外因素——氧气(各种信息)、压力(就业压力)、温度(社会环境),以学术科研为发酵物,添加人际情感引导和职业发展指导等营养物质,最终使"发酵"结束后学生学业有成,实现个人价值。

两个方案虽侧重点有所不同,但都是"以学生为本"的完整的教育过程体系,终极目标都是培养德智体美劳全面发展的人。

教学中,林洪重因材施教。2003级硕士研究生周翀说自己就是林老师因材施教的结果。"或许是看到我比较活跃,林老师对我的培养并没有局限在实验和写文章上,而是提供了很多机会让我锻炼沟通和组织能力,包括传授谈话和成事的经验,令我受益匪浅。"毕业后周翀任职于国家认证认可监督管理委员会,目前在中国驻美国大使馆工作。博士研究生郑洪伟体会到的又是另一种施教方式。林洪建议他选择研究方向要从行业、社会、国家的要求出发,着眼于解决被"卡脖子"问题,解决学科的前沿问题,告诫他做研究不要以发论文为唯一目标,要以做事为目标,沉下来一两年,在沉潜过程中形成一个有体系的思路,那时成果是一点也不会少的。郑洪伟在读博士前一年半的时间内都没有发表论文,一年半后,研究文章开始陆续发表。目前,郑洪伟已申请到瑞典隆德大学访学。郑洪伟的食品安全检测技术研究方向和隆德大学化学中心的主要方向并不一致,但他感受到的是自己的研究被国际认可,去那里学习意味着优势互补,双方必将能找出好的合作点。他的意愿得到了导师林洪的全力支持。至于博士学位论文的完成,郑洪伟说,只要在前沿方向做沉潜,一定会有好成绩的。

对每一名学生的培养方式各有侧重,这是林洪超远的眼界,也是一个师者经验和水平的体现,都是对学生成长的大爱。周翀在自己职业的航线上纵横驰骋,郑洪伟在学术之路上接过了老师相传的薪火。

三、食安实验室,研究生成长的沃土

教授实验室团队的关键词是什么?

紧张?严肃?活泼?日夜忙碌?

林洪的食品安全实验室团队里有一条实行了多年的制度,就是实验室内各位老师的研究生入学伊始必须挑选一个实验室岗位任职,每半年轮岗一次。换岗前,要把自己所负责岗位的经验和教训详细写出,需要改进的地方也详细列出以备接替人参考。研究生必须写周报,无论是生活还是学习以及实验的记录、计划、思考都可作为题材,周报要交给导师审阅,导师读后要根据周报中反映或者表现出来的问题及时和学生沟通。每个研究生要从组织、主持到总结,独立全权负责一次 Seminar。

这个制度在2001年林洪创建实验室时就开始实行,饱含了他因材施教和全人教育的理念,体现着他既要启智又要护航的爱心。

在周报里,学生分享生活、学习上的快乐,甚至有美食和旅行的分享,也坦陈困惑和

苦恼。常在旅途中的林洪，通过周报感受学生的快乐，但更多的是对他们的困惑给予及时指导，不错过学生的每一步成长。

对于学生尝试实验室不同岗位，林洪说，"研究生阶段是容许试错的，我希望他们除了获得不错的学术能力外，还可以拥有熟练的职业能力，在以后的工作岗位上迅速成长、成熟。"

的确，成长，是林洪实验室团队的关键词。那该实验室的制度对学生究竟效果如何？

对从食品安全实验室毕业的研究生，林洪有一个特殊要求：每年在实验室成立纪念日前，当年毕业的学生要写下自己几个月的生活、工作、学习经历和感受，与在校师弟、师妹分享。

2011 级的黄榕芳目前从事文职工作，在汇报里她这样写道："实验室岗位、主持会议、论文答辩让我受益匪浅。写文案、项目管理、客户培训等事务所需具备的素质，都是在研究生期间锻炼出来的。现在我可以从容应对老板，大方接见客户，给客户讲解公司简介、演示文稿都很顺畅。"

2015 级的牛梦宪在一家公司做产品开发，对林洪曾经说过的"研究生阶段更多的是学习到解决问题的能力和思考方式"有了深刻体会。"我特别感激在实验室进行的多次答辩（开题、中期、预答辩、毕业答辩等），锻炼了思维、展示能力，而且也锻炼了胆量，让我能够站在台上自信地展示自己的专业能力和业务能力。"

2015 级的吕晓倩非常感谢在实验室不同岗位的历练经历。"工作后你就会发现，像财务报账、借款、购买物品、筹备会议等类似工作会经常遇到，如果你在学校里已经预先做过这些工作，那么在工作中再做这些工作的时候很快就会上手，不至于太被动或不知该从何下手。"

2011 级的王秀丹对林洪曾经的教导倍加怀念，"我曾多次翻阅您给我们做新生教育和座谈会时的笔记，每次翻阅都会有新的感受和体会，同时也是对自己一段时间的一个检验和鞭策。还记得刚入学时，您对我们的要求是'责任、沟通、奉献、积极、感恩'。虽然只有短短 10 个字，但让我们受益终身。很多时候我都在想，像您这样的人生导师我恐怕不会再遇到"。

这些汇报皆如家书，事无巨细，所得、所失、所思娓娓道来，令人读来能真切地感受到写者温热的感情，如对家的眷恋、对父母的思念、对手足的爱护。

在记者读到的数十份"家书"中，学生无一例外地谈到了在实验室得到的锻炼对他们迅速开展工作的巨大帮助。因为实验室的经历，他们面对要进行的工作汇报、组织会务、写文案、办公室管理、项目管理、秘书工作、科研工作时，完全没有陌生无措感，展现出的工作能力都得到了所在单位的肯定和赏识。

实验室的各项制度，是老师用大爱为学生的成长护航。

四、师者如兰如友

"师者如兰如友",这是三年前硕士毕业应聘在学院做实验师的鞠磊对林洪的评价。六年前从合肥工业大学本科毕业考入食品学院跟随林洪攻读研究生的他,在开学一周后就感受到了林洪的人格魅力,至今回忆起来仍念念不忘。鞠磊刚入学时,林洪在给他第一次的周报回复邮件中对他用了"您"的称谓,作为学生,他有点惶恐。在以后的交流中他发现,林洪对待学生就像对待朋友一样,绝没有高高在上的姿态。

在鞠磊心里,林洪将传道受业解惑的师者精神发挥到了极致。"我生活中的困难、思想上的困惑,每次只要跟林老师谈,林老师都能给予启迪,让我茅塞顿开。他在论文的开题、中期汇报、最终答辩等环节不厌其烦地给我指导,为我把握大的研究方向。林老师就像黑夜中的一颗星星,为我指引正确的道路。他不仅是我的学业导师,更是我的人生导师。"

不仅研究生将林洪称作"人生导师",学院里的年轻教师也称林洪为"人生导师"。

对于这个"封号",林洪微笑着说:"每天占用我时间最多的就是'谈话',学生、老师、企业,每天有各种形式的'谈话',我好像是一个思想教育工作者。"即使如此,这位在中国食品安全领域有着盛名的学者,有着100多个学术和领域兼职的专家,在食品科学的教学和科研领域取得一系列优异成绩的二级教授,对各种谈话谈心多年来乐此不疲,用他的话说,"他们各自的事业和生活都好了,社会才会好"。

"灯塔""灯光",在林洪身上,非抽象名词,而是一位位学生和老师从内心对他的赞美。

"林老师当选为'齐鲁最美教师',实至名归。"当"齐鲁最美教师"入选名单公示后,还在外地出差的国家优秀青年基金获得者、食品学院年轻的博导毛相朝发给了记者这句浸润着深情的话。

2010年初,毛相朝刚调入海大时,如何将自己原有的生化工程专业背景与海大的学科特色相结合成为困扰他的最大难题。当他与时任院长林洪谈起自己的困惑时,林洪建议他在职开展博士后研究,并指导他确立了应用生化工程技术开发海洋生物资源的海洋生化工程研究方向,特别是针对应用导向的食品学科,建议他一定要深入企业一线,从产业中发现问题、分析问题并最终探索自己研究方向的用武之地。毛相朝的第一个水产加工领域的研究课题,就是在林洪的帮助下开展的。当毛相朝取得优秀的成绩后,林洪就鼓励他建立科研团队,告诉他"团队合作非常重要,你愿意与什么样的人合作,你就自己先做到,肯定会非常受合作者欢迎"。林洪始终能站在他人角度考虑问题的格局让毛相朝深为受益,他很快成功建立了一支由五名青年教师组成的朝气蓬勃、团结协作、勇于创新的科研团队。

如今毛相朝已入选为泰山学者青年专家,是国家虾蟹产业技术体系岗位科学家、霍英东青年教师奖获得者。对林洪,他内心充满了感谢之情。"多年来,林老师在科学研究、人才培养、成果转化等各方面都在我身上倾注了大量心血,而且老师对事业只增不减的热情与动力更深深地影响着我。"

学院年轻教师孔青,2006年从浙江大学博士毕业后来院工作,当时也面临着如何选择研究方向的问题。刚刚毕业,没有经验,压力巨大。他没有想到,时任院长林洪主动找他谈话,结合学院各位教授的研究方向,分析他的研究基础,介绍了食品学科几个热门的研究方向让他选择。"我受益非常大,最终结合兴趣,选择了食品安全这个方向。在研究过程中,林洪老师不仅帮助我理清实验思路、修改实验方案、申请科研项目,还用他自己的经费帮助我买实验用品、资助我参加学术会议。经过两年,我积累了一定的研究基础,有了主持的科研项目,慢慢走上了正轨。"回忆起林洪对他的帮助,孔青很是感慨,"林老师的指导和鼓励,对青年教师树立信心、不断成长非常重要"。

青年教师关系着学院人才培养、学科发展的未来。对这个群体,林洪也如对待学生那般倾注了关爱。学院在本科生"营养金字塔"、研究生"发酵工程"培养方案之外,还形成了一个帮助青年教师成长的"功能食品"方案,建立起了"老中青传帮带"机制,通过举办青年教师学术方向指导研讨会,成立教学课程组,来帮助青年教师进步。在林洪的倡导下,每位青年教师都找到了自我发展的空间,有力地促进了教学科研工作。他们已经成长为包括国家优青、泰山学者、青岛市青年科技奖获得者在内的优秀群体。

跟林洪攻读食品安全专业博士学位的巴基斯坦留学生 Marteen,硕士毕业于白沙瓦农业大学,经曾是林洪博士生的巴基斯坦学长介绍来到海大。当被问起做林老师的学生有什么感受时,他滔滔不绝地用英语讲了起来,"在我的学术生涯中遇到不少很好的老师,林教授就是其中一个。他非常热情、精力充沛、勤奋、友好,是一个甘于奉献的人。奉献对于每个人都很重要,林教授对学生的奉献不是每个人都能做到的"。

Marteen 并不是学术上最优秀的留学生,但林洪对留学生的要求往往比国内学生还要严格,Marteen 也很刻苦,为了测一个数据,做电泳实验坚持了半年才得到结果,凭这份毅力,他写了一篇论文发表在影响因子为6的刊物上。

Marteen 写下这样一段话:"平庸的老师打击学生,好的老师能解惑,优秀的老师可成为学生的示范,伟大的老师激励、启发学生思考。林教授不仅给我也给我们实验室的人以思考的启迪。教师在培养人才中扮演着非常重要的角色,他们常常也像父母、亲人。感谢林教授鼓励我去做真正伟大的事情。"

已经是食品学院博导的李振兴这样写道:"林老师就像黑暗中的一盏长明灯,为我们照亮了前行的道路,指明前行的方向,引导我们实现种种梦想。"

启智、护航,让生为国之栋梁,让师道传承不绝。在35年的教师生涯中,林洪用大爱诠释着新时代的中国师道。

(新闻中心记者　王淑芳)

(原载《中国海洋大学报》第2065期第一版,2019年9月5日)

汪东风:
一份承诺铸就一代名师

　　生活中,人们可能只会在意蒸馒头和煎馒头、煮花生和炒花生口感与外形上的不同,但是在中国海洋大学一位老师的课堂上,这些散发着香气的食品就是他打通学术小白"任督二脉"的"绝招":在讲到食品香气成分章节时,他并不平铺直叙讲专业术语,而是举例发问和学生探讨,为什么香气不同? 其成分差别在哪? 这些差别是怎么形成的? 启发引导学生深入思考、讨论、探究、归纳。一堂课下来,教学相长,其乐融融。

　　大学应该教什么? 教给学生什么? 即便四季耕耘三尺讲坛,培育桃李遍乎天下,这个问题还是时常萦绕心间,并时时警醒自己如何不负人类灵魂工程师的称号。这位潜心问道、倾心讲台的好老师就是中国海洋大学首位国家"万人计划"教学名师——食品科学与工程学院汪东风教授。铁打的学校流水的学生,一切都在变,不变的是汪东风从教的初心,敬重学问、关爱学生、严于律己、为人师表,在教研一线生动诠释了教书育人、言传身教的分量。

　　2001年6月汪东风作为学科带头人被引进青岛海洋大学,进入管华诗院士领衔的海洋药物与食品研究所工作。管华诗院士是时任校长,特别忙,说好听30分钟汇报,管校长竟在百忙中抽时间给他指导了90分钟。汪东风经常说:"管校长90分钟的指导,为我在海大的教学科研指明了方向,他的指点让我少走了很多弯路。"成长道路上,有名师指点多么幸运,有老师关心多么幸福!

　　说起老师对学生的影响,他还深深记得读博士期间,中国科学技术大学化学系赵贵文教授对自己的关怀和帮助。"我非常推崇我的老师,她没有直接教给我多少专业知识,但她给我指明了大方向,并教我做人的方法,让我养成了自主学习的习惯:一是要养成不懂就问的习惯。在一所综合性大学里到处都是良师益友,只要珍惜这些难得的机会,大胆发问,经常切磋,就能学到最有用的知识和方法,这是最快最好的学习途径。二是要学会利用图书馆,习惯于查找书籍和文献,以便接触更广泛的知识和研究成果,避免做一些重复的无用的研究。"生活中,赵老师对学生也如慈母般关爱。师恩深重,想起当年76岁高龄的老太太到实验室探望他们并带他们回家吃饺子的一幕,汪东风一度哽咽落泪。这种宝贵的师承,让他从教之后暗下决心,要以恩师为榜样,尽自己最大努力把学生培养成人、成才。

离上课还有一刻钟，汪东风准时走进教室，随身标配是手提包、茶叶筒和一个普通得不能再普通的大塑料提手水杯。了解他的人都知道，他虽爱茶但更爱学生。

生活上不讲究，工作上不将就，即便在遭遇车祸眼伤未愈的情况下，汪东风仍然带着青年教师远赴南京参加"卓越工程师教育培养与工科学生实践创新能力提升"研讨会并到兄弟高校调研，眼睛留下了永远的残疾也没有抱怨一声。2014年底再次遭遇车祸导致右脚骨折，他打着石膏拄着拐杖一节课都没落下，2012级本科生王泳超对大三时的这一幕印象异常深刻。

汪东风常年主讲专业主干课"食品化学"，这门守护舌尖安全的学问因为知识太过抽象、枯燥，往往让初学者望而生畏。"民以食为天。汪老师从'食品'这两个汉字讲起，指出'食'表示对人友好，'品'是由安全、营养、享受三'口'组成的，它是食品的三大属性，并强调无论居家过日子还是从事食品行业，食品无疑深深影响着国计民生……再将这些与化学成分之间的关系结合起来加以详细介绍，就很容易能吸引大家的注意力和兴趣。""让知识回归到它产生的情景中去，知识才会鲜活起来；把具体的事物与抽象的文字符号结合在一起，让学生真正理解知识的意义，这样的学习才是有意义的学习，学生也才会爱上学习。"汪东风说，结合行业发展和科研实践，才能有效培养学生的自学能力和创新思维。

任何一种教学方法改革实践无不折射着教师对新时代教育的深刻认知和追求卓越的教学文化自觉。汪东风是"互联网＋教材"教学方式的提倡者和推动者，早在2003年他就在学校网络教学平台建有"食品化学"网页，中国大学资源共享课、智慧树在线教育平台和大学MOOC网站都是他常用的平台，每年选课的学生多达5000人。"汪老师的'食品化学'是我们学院最早的慕课之一。他讲课非常生动，PPT上的文字很少，基本都是图片和动画帮助大家理解。"前不久刚刚获得国家公派资格留美攻读博士的2016级食品工程硕士研究生常柳依回想起大二时初见"食品化学"慕课，"对于我们自学太方便了"。汪东风常说，知识会过时，也会被遗忘，但追求先进的理念必须从细节开始。

念念不忘，必有回响。课讲得好、教材编得好、专业建设得好，让汪东风成为海大及业界远近闻名的"三好"老师。他先后主讲"食品化学"等9门课程，获评山东省教学名师；"食品化学"被评为国家级精品课程、精品教材、精品资源共享课和精品在线开放课程；主编2部"十一五""十二五"国家规划教材，《食品化学》教材累计印刷14次；主持国家级特色专业建设及综合改革试点等项目22项，构建实施的具有水产品特色的食品工程人才培养模式成为业内示范并获得国家级教学成果二等奖，带领团队入选首批"全国高校黄大年式教师团队"……实至名归的认可和沉甸甸的荣誉背后，有多少人知道他和团队付出了多少！面对这些，他一如既往地轻描淡写："能够从事自己喜欢的事是很幸福的，能够与志同道合、积极向上的同事共处是很难得的，我只是习惯于努力去花更多的时间做好教学本职。"

严慈并行，刚柔相济。在学生眼里，汪东风既是严师又是慈父。在他的课堂上，课堂纪律、考试方式、小论文甚至参考文献都是敲黑板划重点的内容。他常说，课堂是学习的圣殿,遵守课堂纪律就是尊重知识、尊敬老师和珍爱自己的体现,如果有人不遵守课堂纪律,如课上打瞌睡,他会毫不留情地指出不要浪费大好时光,直言不讳但点到即止;关于考试方式,他会反复强调引起足够重视,因为学习成果是证明专业能力最为有力和直接的证据;关于小论文,必须注明参考文献,因为这涉及知识产权和诚信品格问题……现在已经留校任教的刘炳杰对此深有体会,"他的严格一度让我们怕他,老远看见他要绕着走",工作以后他才体会到严师的良苦用心。学生成绩下滑时,汪东风也体察入微,及时帮扶;学生对前途迷茫,他必定抽出时间释疑解惑。得知2013级一名同学的母亲不幸去世,他思前想后安排她做了"食品化学"慕课建设助教,不着痕迹地帮助她尽快走出痛失至亲的阴霾,感受到善意的学生化悲痛为动力最终考取了加拿大麦吉尔大学……教育要符合规律、常理和人性,说易行难,但汪东风做到了。为人师表就要有仁爱之心和扎实学识,学生才能"亲其师,信其道;尊其师,奉其教;敬其师,效其行",这是他从教的执念。

汪东风非常看重教学:"培养出一名优秀的学生远比一篇 SCI 论文重要,培养出一班优秀的学生远比一项科研成果重要!"他也多次在公开场合提出,希望学校、政府能在政策上鼓励老师把精力更多地投入教书育人;他呼吁大教授们多为学生办讲座,多给年轻老师上课,多给学生传授人生经验,多近距离地接触了解学生、熏陶和影响学生……这是年青学子的期盼,也是大学教师的立身之本。

师承延续,教研相长。作为我国水产品贮藏与加工学科的诞生地,早在1946年学校就面向全国招收了第一届水产品贮藏与加工专业的本科生,培养出我国第一位水产品加工及贮藏工程博士和博士后,可谓名师荟萃,师承深远。汪东风来到海大后,也自觉将梯队建设的重任扛在肩上。他坚持随堂听课、讲评,对青年教师进行传帮带,先后指导了16名青年教师,他们或是出国深造、继续研究,或是成为教学骨干。

如果说在大学搞科研能够获得国家科技奖励的寥若晨星,那么搞教学获得国家级教学成果的更是屈指可数。一流大学的老师不可能仅仅从事教学,汪东风不是不知道这一点,也不是做不到。近10年来,他主持参加科研课题20多项,成果获得国家科技进步二等奖2项,获国家发明专利20多项,发表学术论文约200篇……只不过,他更看重的是教学。以教学带动科研、用科研反哺教学,这是他的路径。他投入大量时间精力把学科前沿和行业需求及时融入课堂、编进教材,使教学内容达到国际同类课程先进水平,《食品化学》教材受到国际同行欢迎,英文版已在美国出版;他主持建设的中国海大一泰祥集团工程实践教育中心作为学校三个国家级工程实践教育中心之一,吸引了全国相关专业的300名大学生实践和实习……

航程壮阔岁月遒,星斗磊落照海流。以良知、理性、仁爱为经,以知识、科技、创新为纬,造就面向未来的海洋人才,这是汪东风一辈子都在编织的教育梦。他乐此不疲,无怨无悔。

(新闻中心记者　呼双双)

(原载"观海听涛"新闻网《回澜阁》 2019-07-10)

王　萍：
关注成长从心开始

很多海大学生都认识王萍老师。这种"认识"不是"我认识她，她不认识我"的"认识"，而是"我认识她，她也认识我"，甚至"我们是朋友"的"认识"。

不少海大学生的大一是伴随着王萍老师的"思想道德修养与法律基础"课（称"思修课"）度过的。"思想道德修养与法律基础"是大学生的公共必修课。学期结束，文学与新闻传播学院汉语言文学专业2018级的张淞皓仍然对思修课上的讨论话题记忆犹新。"有一次课的讨论题目是'给自己的大学生活打分'，通过大家的发言我才知道原来大学有这么多种'活法'和'玩法'，这激励我要好好规划自己的大学生活，不荒废时光。"张淞皓说，王萍老师给出的讨论话题总是让学生有话可说，很接地气。

王萍自2016年开设的通识课"成长：来自心理文化的解读"（简称"成长课"）在学生中人气很高。在哪一刻，你突然意识到自己成长了？除了懒惰之外，你是否深度分析过自己拖延的其他原因？假如有一个神奇的按钮，按下去，原生家庭带给你的一切负面影响都可以立即解除，你会变成理想的状态，你要按这个按钮吗？为什么？王萍设计的讨论题目往往能激发学生的发言欲望。

讨论在当代大学课堂上并不新潮，但王萍的讨论课有特别之处。她通常提前一周公布讨论题目，学生需要提前查阅资料并结合个人生活写下不少于2000字的思考成果，然后把文字稿交给由学生担任的小助教。王萍会在课前与小助教充分交流学生在思考中反映出来的问题，以及在小组讨论中如何予以激发和引导。下一节课各小组所有学生都要与大家分享自己的观点。整个过程，王萍都会参与其中，并在最后做出点评和总结，将讨论引向深入。

对此，王萍认为，讨论课最忌"泡沫课堂"，精心准备讨论的每个环节是增强学生获得感的关键。看起来热火朝天的讨论，如果没有精心设计的论题、充分的发言准备、老师的点评与升华，学生就不会从讨论中获得一个完整的经验，也留不下深刻的印象。王萍打趣地说："一节成长课大概需要投入四节其他课程的精力。"

除了"走心"的讨论环节，成长课的另外一大特色是期末作业：我的心理成长史。学生通过电子邮件将作业发给王萍，她会阅读每一份作业，并给予回复，有感同身受的理解，还有鼓励与建议。这学期一共有82个学生上成长课，作业的篇幅普遍在1万字左右，有的多达 3 万字。

王萍说,对一个人的成长来讲,痛苦远远要比快乐给人的印象深刻,所以大多数学生写的都是创伤性事件。通过这项作业,有的学生一吐为快,但更多学生是通过重新评估和认识事件,从而获得一种心理建设。

"当它被尘封时,伤痛无法触碰,它在你的心理世界里永远都是一个暗影;当敢于面对它时,你把它从暗影处拉进了阳光,问题就已经解决了一半。我希望孩子们通过回顾心理成长发展的线索,拂开尘土,用 22 岁的眼光看待 12 岁发生的事情,让这个 22 岁的青年拥抱那个 12 岁的少年,告诉他(她),不用害怕,让我重新审视一下究竟发生了什么。"王萍说。

"睿智,和蔼。"海洋与大气学院物理海洋学专业 2016 级博士刘永正这样评价王萍。2010 年刚上大一的刘永正,被王老师的课堂所吸引,并由此开启了九年的"蹭课之旅"。王萍的公共课和通识课他都会旁听。"我很欣赏王老师讲课的思路和方式。她从来不会照本宣科,无论是公共课还是通识课,都让学生有比较强的参与感。课后王老师还会推荐很多优秀的课外读物,这些书大大充实了我的课余时光。"刘永正说。

"发言主动,思想自由,敢于坦陈自己的观点。"王萍这样评价上课的学生。她认为,不论什么课,需要的都是师生之间真诚的交流。

在王萍看来,思修课和成长课都关注学生思想层面的成长,但这两类课的侧重点和难点不同。前者重在教育学生抬眼看社会、看世界,将个人成长与家国命运相联系,难在引导学生突破阅历、年龄的局限,以理性、客观的态度看待问题。后者重在帮助学生塑造健康人格,不断发掘个人潜能。二者都是需要直抵学生心灵的课程,这样的课程不仅能够让他们感兴趣,更能够震撼灵魂。看着学生做人与做事的潜能在自己的耐心与坚持下一点一点地展现出来,就如同看着自己精心呵护的花儿一朵一朵地绽放出自己的美丽,真是一种美妙的感受。

又是一年毕业季,这是王萍从教的第 31 年。从思修课到成长课,王萍用春风化雨的教育走进了学生心里。面对即将走向社会的学生,她送上温暖的嘱托:健康人格是一个人可以依赖的最主要的内在资源!愿你建立强大的内心,容光焕发地走在实现美好理想的人生大道上!

(新闻中心记者　曾　洁)

(原载《中国海洋大学报》第 2060 期第二版,2019 年 6 月 27 日)

武　毅:
身体力行,格物致知

　　"武老师不拘泥于课本,会在讲授课本知识的基础上,告诉我们相关的工程实际应用。由于他接触过很多实际工程,对课本知识的把握会更加准确和深刻。"工程学院武毅老师指导毕业设计的一名学生这样评价他的导师。

　　工程管理与实际工程关系比较紧密,武毅主讲的两门课均与实践有较大联系。授课过程中,他用"身体力行"的理念和"格物致知"的精神感染着学生,引领着学生。

　　"授课也是对自己的打磨。"武毅在就业几年后,选择继续深造读研究生,后来做了大学老师。作为一名已经有多年经验的教师,如今他对于"教师"这个职业有了更深刻的认识。他说,在传道受业的过程中,自己对知识也会有更为系统和全面的把握,而且给学生专业解惑的过程是对自身专业素质提高的过程。

　　武毅坦言,授课中工程经验对自己帮助很大。当被问到工程经验对教学是否有帮助时,武毅说:"非常有用,因为我们这个专业本身就是个实践性非常强的专业。如果没有这种实践,授课可能只能浮在书上文字或条文里,理解并不深刻。但有了工程经验的辅助,给学生讲解就会更透彻,学生理解起来也更容易。"

　　罗曼·罗兰说:"你们的理想与热情,是你们航行的灵魂的舵和帆。"无论是对于生活,还是对于职业,人们往往有自己的理想。当被问到在教学中有没有理想的时候,武毅说:"我只希望我的课程能够让学生喜欢,兴趣是最好的老师,我的教学能够提高学生对专业的兴趣是我最大的理想。"

　　"知之愈明,则行之愈笃;行之愈笃,则知之益明。"或许这已经融入武毅的教学理念中。他说,给学生讲课,他会抓住以下几个"要点"。

　　——课程框架的构建。一是课程在课程体系中的位置和作用;二是该课程与其他课程的关系;三是课程的主要内容与能够解决的专业问题,使学生学习前对该门课程有一个整体的认识。

　　——要有不断更新知识的意识。武毅说,近几年建筑工程发展得很快。伴随着这种快速发展,建筑规范、建筑材料、建筑工艺一直在更新,有时候我们的教材是跟不上的。这个时候只有通过老师的讲授才能把最新的知识展现给学生。

　　——使学生理解规范变化的根源。"随着新材料、新工艺的发展,过去的规范已经不适应这种发展,而规范是工程实践的总结和升华,因此势必会发生变化。在讲课过程中让学生了解这种变化的根源是什么,使其能够更好地理解这些规范的条文,从而提升运用规范的能力。"

——注重思考。通过观察发现,我们的学生实际上缺乏的是综合运用专业知识的能力。学生学完的各门课程知识虽然不同,但其是整个专业知识体系的一部分,同时又是相互联系的。我们解决工程实际问题需要把各种知识综合运用以融会贯通,但是学生缺乏这种锻炼。鉴于此,武毅每次讲解完课程后都要留两个思考题。这两个思考题不光与该课程有关,而且与学生以前学过的相关专业课程有关系。这种专业性很强的综合思考题,能够锻炼学生综合运用专业知识发现和解决工程实际问题的能力。

当被问到平时课程讲授中如何处理师生关系时,武毅说他和学生"既是朋友,又是师生"。他认为,朋友的身份会减少学生问问题时的畏惧感,师生交流起来会更容易一些,让学生和老师更亲近,学生才会将自己的想法展露出来。

"我希望他们在这个专业领域能够走得更远更好,和这个专业融为一体。"毕业季,武毅寄语即将毕业的学生。

(学生记者　徐三妹)

(原载《中国海洋大学报》第 2059 期第二版,2019 年 6 月 20 日)

张春晓：
思政课的目标是立德树人

"我找到了一份既适合又喜欢的工作,在教学中获得了很多的幸福感。我处于非常好的工作状态。"采访中,张春晓多次笑着谈及自己对于教学的喜爱,享受与喜悦之情溢于言表。

张春晓担任"毛泽东思想和中国特色社会主义理论体系概论"主讲教师,一周八节课。面对着来自不同专业、年级的近200名学生,这门在旁人看来有些枯燥、深奥的概论课,张老师讲得生动活泼,妙趣横生。她说,虽然自己来到海大授课的时间不长,担任讲师以来教过五个班级,但对于概论课的教学方法和理念一直在不断探索与思考。"我一直认为概论课要更加生活化,要让这些理论适用于日常生活。我在教学中会把理论和生活做类比,还会上网学习一些'网红'思政课老师的授课方法。但概论课生活化要有度,毕竟理论是概论课的重要部分。重要的是把学生往积极的方向引导,思政课应该是有灵魂、有血有肉的。"

张春晓"概论课生活化"的教学方法独到科学,很适合学生的学习节奏,这跟她的学习、研究经历密不可分。大学期间,张春晓有从管理学转到法政专业学习的经历,又跟随导师做了关于生态文明建设、中国特色社会主义经济建设方向的研究。虽然是不同门类的专业,但在张春晓看来它们是相互关联的,"是一个从微观到宏观的转变"。专业转换的过程让她更好地挖掘自己的兴趣,选择自己的方向。从发表多篇论文到如今积极投身于教学事业,学术氛围浓郁的大学校园是张春晓的伊甸园。"我适合学校这样的环境,兴趣很重要。不喜欢的工作也许能做好,但始终是机械的。教学如果没有激情,就做不好,更不可能感染学生。"

从研究到教学的转换需要一个过程,张春晓深知不同学生对于概论课的接受程度和兴趣不同。"我不会进行强压式教学,毕竟喜爱并投身概论研究的只是少部分人。我希望教学能在满足学生学习需求的同时,对学生进行价值观的引导和建设。学生进入课堂学到了知识,达到了教学目的,这就是最平衡折中的教学。"

在上课过程中,张春晓还和学生发展出了亦师亦友的关系。除了专业的问题外,学生喜欢和张春晓交流生活中的小事和心得。此外,小组展示的教学模式也广泛应用于思政课课堂。小组展示过程中,她会适时地发表自己的评论和见解,解答学生的疑惑。她希望通过把课堂时间交给学生加深学生对于教学内容的理解,同时培养学生的团队合作能力。

采访中,张春晓经常提及一个词:立德树人。这是她所理解的概论课教学目标,也是她为自己立下的目标。现代社会中,也许有的人对于思政课的理解不深,把它作为考试必学的科目来对待。张春晓对此表示理解,但她更希望学生通过对思政课的学习,树立积极的价值观,对人的气质提升起到潜移默化的作用,让人的思维更具有逻辑性,更为理性。

采访的最后,谈及学习思政课的方法,张春晓提出了两点建议:一是要多关注时事新闻,通过时事与生活的联系加深理解;二是阅读一些经典原著,如《毛泽东选集》,这有助于了解理论的来源,从而加深对理论的理解。"腹有诗书气自华",不仅仅适用于文学学习,也适用于政治理论的学习。

(学生记者　王雨辰)

(原载《中国海洋大学报》第 2054 期第二版,2019 年 5 月 16 日)

刘珑龙：
教学是讲究"度"的艺术

数学科学学院刘珑龙老师的"计算机操作系统"课是计算机及相关学科的专业基础课,选课的有本院不同年级的本科生,还有材料科学与工程学院、海洋地球科学学院等院的学生,总共 100 多人。就是这么一门有不同专业背景学生上课,而且内容较为枯燥的大课,刘珑龙愣是上得妙趣横生,课堂上笑声不断,选课学生都说很喜欢这种课堂氛围。在 2018 年秋季学期课程教学评估中,"计算机操作系统"被评为优秀。

"教学是一门讲究'度'的艺术。"刘珑龙说,对于抽象难懂的内容可采用情景分析和联想类比等教学方法,帮助学生理解问题,但要注意不能过度解释,以免替代学生的自我思考。刘珑龙在多年授课中,不断累积各种对理解问题有帮助的例子,将大量带有浓厚生活气息的鲜活案例引入课堂。一次偶然的机会,她发现青岛 58 中门前利用信号灯帮助学生过马路的机制与课程中涉及的利用"记录型信号量"实现"读者—写者"的机制几乎是一样的,每次讲解这部分内容时,举这个例子都很受学生欢迎,对学生理解问题帮助很大。每次讲解死锁的概念时,她又会引出伊春路与南京路交界处十字路口堵车的例子,学生很感兴趣,接受效果很好,对死锁概念的理解也就迎刃而解了。"把抽象复杂的问题映射到日常生活中通俗的例子上,让学生从另一角度理解问题,往往会取得事半功倍的效果。"刘珑龙多年来收集了大量生活中常见的例子,起到了辅助教学的效果。她有时候在想,要不要把这些例子都放进去,写一本深入浅出、通俗易懂的教材?可转念一想,太通俗易懂会不会影响学生抽象思维水平的提高?"都说教学是一门艺术,确实如此。教师解释不到位,不能起到为学生'解惑'的作用,而过度解释又替代了学生的思考。"刘珑龙说,要上好课还真得拿捏好这个"度"。

刘珑龙在教学中坚持问题驱动的启发式教学模式,注重教学的短期效应和长期效应。她认为,相当一部分大学生其实并不太适应启发式教学,他们已经习惯了中小学的应试教学,在中学为了应付升学,连数学课和物理课的学习都是靠分析题型和不停地刷题,最喜欢的学习方式就是死记硬背,不喜欢动脑思考,喜欢动脑思考的学生只占小部分。实施启发式教学的主要方法就是在课堂上引导学生思考问题,即采用问题驱动,带着问题学习。这样一来,如何设置问题就成了关键:问题太简单,学生会认为太无聊,不值得一答,回答这种问题太没面子;问题太难,学生答不出来,会有挫败感,起不到促进思考的作用,也会影响学生的学习兴趣。"如何设置问题是门艺术。教师对教学内容的理解深入透彻、教学积累丰富才能设置出好问题。"刘珑龙坦言,让学生动脑思考,拐个弯儿能想出答案的问题才是好问题。她在这门课程中设置的问题基本分三个层次:第一个层次是"本章问题",即每一章要解决的问题;第二个层次是小节间过渡的引导性问题;第三个层次是每节中解决的具体问题。

课堂效率是刘珑龙在接受采访时多次提及的一个词。她说,尽量在课堂上解决问题,不要把问题留到课后。为了方便为学生答疑,她作为群主建立了一个 100 多人的QQ 群。上课前,她会将一版内容较多的 PPT 放在课程群里,供学生预习用;下课后,在群里发布作业和课堂测试答案,并随时为学生解答问题。学生可以在群里接收作业、提交作业,随时向老师提出问题,并得到解答。

学生的学习积极性是决定课堂效率的一个关键因素。刘珑龙也一直在思索如何调动学生的学习积极性。一次与学生的课间交流让她眼前一亮,为她解决这个问题提供了一把钥匙。一名曾去我国台湾地区某大学交流的本科生告诉她,台湾地区的学生平时学习很用功,但期末很轻松,因为他们每周都会有测试,很多课期末没有考试,最终的成绩就是将平时周测试的成绩做一个加权和。受此启发,刘珑龙的课每周都有一个 5～10分钟的小测试,这不仅能及时检查学生的学习情况,还能收集典型的错误,同时,测试成绩要计入综合成绩。"这一举措效果真的很好,103 人的班级,每节课出席人数基本为100 以上,上课纪律也很好。"刘珑龙兴奋地说,我们改变一下评价规则,学生学习积极性提高了,学习效率也提高了,课堂上没人看手机了。

刘珑龙认为,课堂上师生都应该遵循一种"契约精神"。教师应该负责提供高质量的课堂教学,不能把大学生当成中小学生来授课;学生应该履行好自己的本职,认真学习。教师对教学应充满热情,精心备课,认真钻研教学内容和教学方法;学生应在课前认真预习,在课上认真听讲、积极思考、积极回答问题、完成课堂测试,课后及时完成作业、及时提交作业。在课程的首次课时,刘珑龙会宣布课堂纪律,并认真执行。

"现如今知识更新越来越快,对教师的要求也越来越高。教师只有不断学习新的理念、提升创新意识,才能更好地传道受业解惑,不辱使命。"在谈及对教师这一职业的理解时,刘珑龙如是说。

(新闻中心记者　金　松)

(原载《中国海洋大学报》第 2046 期第二版,2019 年 3 月 14 日)

刘 佳：
以朋友身份与学生相处

"每人给佳姐写一封情书"，已经成了新闻2015级二班每年教师节的保留节目。大学四年来，这位亦师亦友、开朗亲切的美丽女教师已经成为2015级新闻二班真正意义上的灵魂人物。从教多年，刘佳以高度的责任心、独特的亲和力和对学生的爱意印证了"师者，传道受业解惑"这句话。

你也许想不到，"利用自己的人脉邀请学长学姐来给自己班的同学开宣讲会""与班里几乎每一位学生吃饭以增进交流""在班里举办生日相识会为学生庆生"，这些都是刘佳的生活常态，她从来不会吝啬在学生身上倾注自己的心血与时间。作为班主任，性格开朗大方的她总是尽自己的最大可能关注每一位学生，既是老师，又是姐姐，既如母亲，又像朋友。"大学里大家都行色匆匆赶自己的路，但是刘佳示范给大家另一种生活：相互关怀，予人关爱，给了这一班的人归属感。世间不缺好看的皮囊，也不乏有趣的灵魂，但是相交的心却历来稀有"，这是新闻系的一位学生写给刘佳的话，也是对她班主任身份最好的认可与肯定。

正如刘佳自己所谈道的："我觉得我与学生的关系还是很亲密的，这种亲密从来都不只是一种师生间的亲密，而主要是一种朋友间的情谊。我希望我和学生之间能建立一种平等的朋友关系，而不是一种单纯的教导关系，也不是一种单纯的学术交流关系，这是我一直以来所努力的。明年我班里的学生就毕业了，我相信对大多数学生来说我做到了这一点，这就是我期望的一个老师的形象。"作为一名班主任，一名和学生的联系非常密切的专业课教师，几年来，她在学生身上花费了大量时间和精力，不仅对学生的日常生活起到了非常大的帮助，也为学生发展规划提供了不少切实建议。

在教学方面，刘佳也不只是知识的传播者。她尝试了各种方式，包括各种视频的合理运用、社会热点的实时更新以及运用富有幽默感的语言来调动学生的积极性。"我需要不断根据最新的研究成果更新自己的理论。此外，新闻学和别的学科不一样，它是一个和实践结合非常紧密的学科，同时我也需要不断更新自己的案例库，紧跟社会发展的步伐。"因此她每节课都花费大量时间进行课前准备，以期达到最好的课堂呈现效果，尽可能地激发更多学生对课程的兴趣。她说："我希望在课堂上能够教会学生一种思考的方法、一种独立思考的精神和能力。我希望学生至少有这样一种意识：在碰到事情的时候能够独立自主地思考,能够进行自我反思,而不是人云亦云,这是我最希望学生学到的东西。"

在学术方面,刘佳从来不囿于闭门造车,而是一直保持着旺盛的好奇心与求知欲。"我在教学的时候发现自己对这些东西还挺感兴趣的,就想研究研究,另外,这也是教学、做研究的需要。你需要有很长时间的思考,以对理论深化认识。"刘佳还涉猎了许多领域,仅从她给本科生讲授的科目中就可以看得出来:"社会学""中国文化史""新闻学概论""大学生影视鉴赏"等,"其实我一开始完全是无意间接触这些看似相互联系不大的课程的,但随着对这些课程了解的不断深入,我发现其实这些课是有交叉部分的,像'新闻学概论'里的人文关怀,'社会学'中的社会结构、社会框架,所以我用一种统一的理念把它们都串起来了。"

何为为师之道?或许一千个人里有一千种认识,但是毫无疑问,刘佳所做的、所想的,为"教师"这个名称增添了很多美好的色彩,也为大学教师这个职业赋予了更深层次的意义。

(学生记者　王瑛琪)

(原载《中国海洋大学报》第 2038 期第二版,2018 年 11 月 29 日)

孟祥红:
以学生为中心的教学名师

鱼山的秋是恬淡的。一个宜人的中午,在食品科学与工程学院,有幸拜会了副院长孟祥红教授,感受了这位第四届青岛市高校教学名师的独特魅力和情怀。

从教以来,孟祥红一直秉持教书育人的本分,孜孜以求于前沿教育理念和教学方法的探究与实践,短短几年在课改的园地里收获了累累硕果——所讲授的"生物化学"课程在学校课程教学评估中获评最优,观摩课被《中国海洋大学报》专题报道,荣登"评师网"生物学专业最受欢迎十大教授榜。

2001年,孟祥红博士毕业入职海大时,学校正在大力推进多媒体和网络辅助教学工作。本科师范专业出身的他,很快借机建立了课程教学网站。网站的建立,实现了教学信息的网络化,便于多媒体的使用,增加了学生对学科前沿及热点问题的了解,激发了学习兴趣;通过"在线答疑""现场答疑"和"Email答疑"加强了教与学的互动性,教学效果显著提高。

孟祥红深知教无止境,因而注重学习教育教学新理论,细心研读前沿教育理念书刊。2013年前后,他开始钟情以学生为中心的教育理念,逐步尝试利用微课、慕课、雨课堂、微助教和Bb平台资源开展课堂教学的理论和实践探索。

2015年秋,他转变了传统的讲授模式,在课堂中推出了学生小组自主学习、讲述答辩的教学方式。这种教学方式一般在每门课程的中段进行,老师提前布置一个开放命题,让学生按照写论文的要求完成一次大作业,课堂上六人组成一个小组进行讨论交流,碰撞火花,形成答辩文本。根据每个人起到作用的大小,小组成员互相评分,推选一人面向全班答辩。全班答辩结束后,小组之间相互打分,计入课程成绩。这种方式推出三年来,深受学生欢迎。学生不再是知识的被动接受者,而是做了学习的主人,学习的主动性和创新意识大大提高了。

以学生为中心的教学设计看似学生的事多了,实则对教师提出了更高的要求——知识储备要更多,要花费更多的心血进行备课。孟祥红说:"老师要更好地发挥好主导作用,要精心设计课堂,并认真做好辅导、引导和评价工作,检查学习效果。"

2017年,他又对"生物化学"课程依据工程认证要求和OBE理念,开始试行以学生为中心的混合式教学方式。课前自学、智慧树平台、督促辅导、反馈难点、拓展内容、检查自学效果、课堂讨论、知识体系梳理、研究案例、制作 PPT 等都被涵盖采用,以此提升学生的探索式学习能力,加强学生学习效果的过程性量化评价。

2017 年,孟祥红获得第二届东升课程教学卓越奖一等奖,获评学校第五届教学名师,并荣获微助教"教学实力派"称号。

近年来,作为分管教学工作的副院长,孟祥红根据以学生为中心的理念,构建和实施了"1-2-6-2"产教融合育人模式。他介绍说,譬如"食品工厂设计"课,现在已经彻底走出书本,走出课堂,让学生到威海的食品厂现场调研,结合理论知识做出一份完整的食品工厂设计方案,切实培养具有实战能力的食品工程人才。一分耕耘,一分收获,这个产教融合育人模式获得山东省第八届教学成果一等奖,并在全国有关会议上做了推广交流。

多年来,孟祥红情系教育,爱生如子,在这片育人的百花园里辛勤劳作着。2018 年暑假,他一直在做《食品科学与工程专业毕业要求及能力分解和评估量规》的制定工作,付出了大量心血,前后修改了 10 余遍。毕博(Bb)中国教育研究院研究员张丹博士在微信交流中对此大加赞赏:"您很敬业,做得非常专业,做出了很多创新性的尝试!"

播种春天,收获秋实。几年下来,这种新的教学方式已经获得师生们的广泛认可和积极响应,海大唯一一个首批入选的全国高校黄大年式教师团队就出自该院;现在孟祥红经常收到学生发来的信息:"越来越能体会到您的良苦用心了""特别感谢您的谆谆教诲",这让他备感欣慰。

"授人以鱼,不如授人以渔。"孟祥红教授很喜欢这句古语。在未来的教育教学生涯中,他将秉承教书育人的初心,踏实前行。

（新闻中心记者　纪玉洪）

（原载《中国海洋大学报》第 2035 期第一版,2018 年 11 月 8 日）

吴　晓：
海大给予我两种挚爱的身份

　　一个静谧的秋日，我走进学校海洋地球科学学院，拜访了讲授通识课"环境地质学概论"的吴晓老师。他正伏案潜心研读一篇有关海洋地质的英文论文。

　　"海大给予我两种挚爱的身份。在海大的 11 年里，我先做学生，再做老师。"2016年盛夏，在取得海洋地质学博士学位后，吴晓留校成为一名师资博士后，开始讲授通识课"环境地质学概论"。2017 年秋，他开始担任地质学专业 2017 级的班主任。谈起自己从教的缘起，吴晓感慨："在海大上学期间，我有幸跟随杨作升教授、王厚杰教授、徐景平教授和其他踏实为学的老师们做研究。他们对科研的热情，让贪玩的我渐渐感受到学术的魅力，坚定了我攻读博士学位并留校从教的人生志愿。也正是他们的潜移默化，奠定了我从教后与学生相处的模式和状态。"

　　这已经是吴晓第五次讲授这门课，但他觉得，自己的知识储备仍然不足，环境地质学的新知和案例都在不断更新，所以每周他还需要 2 天左右的时间潜心备课，争取让学生度过充实而有意义的 32 学时。"在一线教学是一名大学老师的义务，也是我热爱并要一直坚持的工作。我时刻向优秀教师看齐，不断探索教育教学的新方法，成为学生喜爱的师长。"倾情教学，稳扎稳打，精彩的"环境地质学概论"选课人数不断增加，本学期已达到 122 人。为了使这 120 多名学生融入课堂，吴晓从授课流程、具体内容和创新技巧三方面着手，不断充盈着自己的教学体系。

　　吴晓习惯运用"课前—课中—课末—展示"四步教学法，引领学生俯瞰每一堂课、每一章节的知识建构框架。课堂伊始的三五分钟里，吴晓通过提问学生的方式回顾前课的重难点；接着，他有计划性地展开新课，每每引入新知识点时，常常先抛出一个联系生活的地质小问题，通过互动反馈，他迅速明晰了学生的知识储备，进而在讲课中不断调整授课框架；课程结束前，吴晓还会带领学生总结一套囊括了概念、实例的完整知识图谱，保证他们完全吸收所学；最后十分钟，会有两个小组带来"一周环境地质要闻"的课堂展示，吴晓希望在此过程中，讲解人和聆听者得以巩固并延伸所学知识，并能切实感受到：每时每刻、每个角落都正经历着与我们息息相关的环境地质变迁。

　　多媒体教学为课堂带来了诸多便利和挑战。为提高课堂效率，吴晓尝试将"雨课堂"程序运用到教学实践中。有了这个智能小助手在点名、计分、答疑等数据筛选和汇总方面的帮助,吴晓能及时、有针对性地了解学生动态。讲解过程中,囊括了清晰文图的课件将实时同步到学生手机上,学生若有任何疑问,可随时点击屏幕上的"我不懂",吴晓便能瞬时知道学生在哪方面理解不到位、自己在哪方面还需着重讲解。为了避免形式大于内容,也为了防止多媒体教学分散学生注意力,每节课前,吴晓都会在"雨课堂"上设置好题目弹窗,以便上课期间随时发送给学生。

吴晓认为,在课堂上师生间应双向尊重。那么如何促使学生尊重并专注于课堂呢?吴晓说:"面对这群孩子,我总会回想到学生时代的自己,那时的我喜欢聆听讲得有趣的课。换位思考,而今,我也力争在课堂教学中给予学生最大的尊重,把每个知识点讲得有意思,让学生开开心心地专心听课。"

吴晓的课充满了人文与生活气息,深受学生喜爱。讲到"战国时期蜀郡太守李冰带领百姓打 30 多丈深的自流井提取卤水,用以晒盐"时,为了使学生清楚"丈"这一不太常用的长度概念,深刻认识到祖先运用地下水的智慧和能力,吴晓援引了"丈八蛇矛"的历史典故:"张飞的丈八蛇矛的柄长一丈、尖长八寸,一丈约为 2.48 米,加上 20 多厘米的矛尖,整个武器约 2.6 米高,雄武的空间感油然而生。"此时,吴晓再带领学生回归课堂,他们已经深刻领悟:"古人以纯人工打井至地下七八十米,真的是我国环境地质史上了不起的事。"

在学生的眼中,吴晓是一位课堂上用心、生活里暖心的师长。"地质学 2017 级是我工作后管理的第一个班级,我是孩子们入学后结识的第一位专业老师。"两个"第一",让初为教师的吴晓愈发感到自己在学生中的重大责任和使命。他时常自问:"作为班主任,我应以何种方式帮助初入大学的学生消除茫然感呢?" 2017 年中秋节,与未归家的学生围坐于操场上分享月饼的欢快场景,吴晓历历在目,"增设班级活动,加强班级凝聚力,帮同学们欣然融入其中,感到集体的温暖,并以班级为圆心,不断向校园和社会拓展交际圈"。

"我能感受到孩子们的青春、活泼,也感动于他们对专业的渴求和对未来的憧憬。希望我的学生珍惜少年时光,利用好海大的平台,好好学习。而我也愿意尽我所能,让他们感受到海大的人文关怀、专业的广阔前景,为地质学领域培养有知识、有热情、愿扎根的新一代。我期待,在不久的将来,他们与我的关系,能够也一定会发生'从学生到同行甚至同事'的喜人转变!"谈起对自己学生的期许,吴晓如是说。

（学生记者 徐昌昊）

（原载《中国海洋大学报》第 2035 期第二版,2018 年 11 月 8 日）

梁 山：
最初是兴趣找到了我

"兴趣是学习专业的前提。我不太认同人们所说的'别把兴趣当成工作'的观点，仅把工作当作谋生工具做不出大成就，因为毕竟投入的精力是有限的。"谈及现代大学生在兴趣与专业选择之间的难题时，马克思主义学院梁山老师给出了坚定的回答。

初见梁山，他的温和与睿智打动了我们。或许是多年的历史学习与研究的浸润，他看待问题总是能提出令人耳目一新的观点。

梁山目前担任"中国近现代史纲要""中国特色社会主义"课程授课教师。梁山本科毕业于陕西师范大学日语专业，又在陕西师范大学历史学院获专门史硕士学位，博士就读于北京师范大学历史学院，曾赴日本东京大学进行博士联合培养。他讲述了自己从日语到历史专业转换过程中的亲身体会。求学期间，他非常认同一些外语专业的老师所说的"学习语言需要天赋"的观点，而他认为自己或许就是在这一方面天赋不突出的人，于是他选择了自己更为感兴趣的历史专业。他说，选择历史只是因为自己"对历史有掌握"，所以在备考历史系硕士时比较轻松。但从他的话语中，我们能感受到他对历史浓厚的兴趣和历史这一学科对他的深远影响。历史这一学科让梁山有了丰富的学识和深刻的思想，"学历史很有趣，看人可以很准"。他对历史学习的观点很是独到。

梁山对历史这一学科的教学也很有自己的看法。他认为，历史教学过程中，老师不应该只是进行知识的简单灌输，尽管"知识罗列很重要，历史常识是必备的"，但老师不应过多地讲解。老师更多的是引导学生总结一些结论性的内容，并培养学生正确的史学观念，分析问题时尽量客观，更要学会举一反三。"一切历史都是当代史"，梁山引用史学家克罗齐的观点说明了学习历史的现实意义。当看到当今社会上许多青年学生对"爱国"的理解出现了偏差，"不理智爱国"、对爱国的看法过于稚嫩草率时，他站在历史学科的角度上分析了这一问题。"成熟的历史者容易做到平和、不偏激，现代学生的一些历史观显得过于幼稚，需要正确的引导。"他热爱自己选择的历史专业，也热爱教师这一职业，他希望在这个"知识就是经济"的时代，国家、社会能更正确地引导越来越多的毕业生走上教育岗位，投身教育事业。只有更多的人学会用历史的眼光去看待理解问题，社会舆论才会更为客观、理性，人们面对新闻事件的心态才会更加平和，让那些言论的暴力逐渐淡出人们的视野。

　　师生关系是教学过程中必不可少的一部分,梁山对此也深有体会。他在平时的教学过程中也特别注重建立良好的师生关系,"学生应该尊重老师,毕竟尊师重教是优良传统"。他也不无玩笑地说,随着时代的发展、时代潮流的演进,老师其实也在努力跟上学生的步伐,比如追一些流行的电视剧,偶尔尝试一下风靡于学生之间的小游戏。因此,他和学生的关系非常和谐,课堂氛围轻松活泼,学生都非常喜爱梁山的课程,教学成果极佳。梁山求学经历十分丰富,他笑称,自己是从大学开始对人生有了方向规划,开始奋发努力的。而在读大学之前,自己则是度过了一段"迷茫期"。那时的梁山喜欢阅读,读书丰富了他的人文素养,为他的历史学习打下了坚实的基础。他诚恳地告诫大学生,既然付出努力走进了大学校门,进入大学后学习就切莫懈怠,许多学生虚度了光阴让人感到非常痛心。"经历过失败才懂得调整。没有人可以从开始到最后都顺风顺水。"梁山认为,度过真空期的关键在于给自己"准确的自我评价","有定位才会有基本框架"。梁山以自身在日本求学的经历为例,也向大学生提出了自己关于留学的看法。"留学对一个人世界观的转变有很大影响。在国外,一个人的国家意识是最强烈的。"他向我们讲述了自己的切身体会,外国人多是礼貌性的交往,而在国内人们都非常看重真挚的友谊。他认为在当今大学生的"留学热"中,许多学生出国留学或是缺少主见听从父母的安排,或是出于就业的目的,但大学生出国后不适应国外的学习生活的事例并不少见,花了很大的代价却无功而返。要避免这样的困境,就应该更全面地考量自己的实际情况。

　　采访终了,梁山对大学生活的许多方面给出了自己的建议。无论是学生兼职还是社团活动,他都认为,这些活动一来不能影响学业,二来要选择能够锻炼自己、与自己兴趣相关的事情。"毕竟,兴趣是最好的老师。"他认为自己出于兴趣选择的生活与职业带来了快乐和成就感,这也是给当今大学生的启示。

(学生记者　王雨辰　王慧媛)

(原载《中国海洋大学报》第 2034 期第二版,2018 年 11 月 1 日)

曹花花：
兴趣是最好的老师

　　"结矿奥妙又有趣,教学学生是主体,兴趣基础强能力,拓展思维探奥秘。"海洋地球科学学院曹花花老师自己总结的这几句顺口溜,是她承担"结晶学与矿物学"这门课程教学四年来最深的感触。

　　"结晶学与矿物学"是地质学专业学生学习的第一门专业性基础课。这门课作为地质科学最基础的课程之一,也是其他地学课程,如"岩石学""矿床学""地球化学""构造地质学""地层古生物学""地貌学"等的先行课程。"由于课程体系的变化,学时数由以前的 120 学时降低到现在的 64 学时,更加剧了该课程教学的严峻性和挑战性。"曹花花说。

　　兴趣是最好的老师。曹花花深知,引起学生对本门课乃至地质学的学习兴趣尤为重要。教学过程中,她坚持以学生为中心,以教师为主导,同时注重以"教师教了什么"和"学生学到了什么,学会了什么"为教学导向。她经常问学生:"大家听懂了没?大家理解得怎么样?"为了提高学生对课程学习的兴趣,曹花花非常重视课程的绪论部分。她认为,绪论对每一门课来说都非常重要,是学生对课程内容的第一印象,直接影响到学生的学习兴趣。在绪论章节,她常常花费大量时间准备多媒体课件,引用大量精美的矿物、晶体和非晶体的图片来引导学生对结晶学与矿物学有初步的认识,并辅以矿物在日常生活、工业以及珠宝饰品行业的应用来激起学生的兴趣。授课中,她也会适当扩充一些相关内容,激发学生的兴趣。讲解矿物学这一部分内容时,她扩充了宝石方面的知识,穿插了有关宝石、玉石的常识,并展示了一些图片。一看到这些"精美的石头",学生马上表现出浓厚的兴趣。曹花花此时会"趁热打铁",讲授该矿物的成分、结构、物理性质、成因产状及用途,学生也在不知不觉中接受了知识。

　　结合课程特点,曹花花利用多媒体手段,直观且动态地剖析课程重点和难点,分解知识的复杂度,从而化繁为简,变抽象为具体。在讲解晶体的对称这部分内容时,旋转反伸轴一直是讲解的难点,其对称操作比较复杂,单单利用简单的示意图很难让学生明白这个过程。于是,曹花花在课件中增加了三维动画视频,将抽象的问题简单化。讲解矿物学部分时,针对实验室矿物标本有限且完好的标本少见,尤其是能够达到宝石级的标本更是难见的现状,曹花花有意识地收集了国内外特点鲜明的矿物标本图片,并将其应用在多媒体教学中,使学生在欣赏多姿多彩的矿物世界的同时,也提高了学习兴趣,强化了矿物学知识。

多媒体技术的应用使得许多老师从粉笔和黑板中解放出来,但曹花花却对传统板书情有独钟,"当多媒体动画以及教学模型都不足以展示某一内容的核心要素时,我往往会结合板书详细讲解。"在讲晶体的生长过程与晶体外形对称性二者之间的耦合关系时,她就通过板书画图,让学生更容易理解晶体从内向外的理想状态生长和非理想状态生长导致的晶体形态不同及对称程度的不同。

"结晶学与矿物学"是一门实践性很强的课程,加强实践实习课教学,注重实验效果非常有必要。"牵牛要牵牛鼻子。"曹花花说,"结晶学与矿物学"内容多,课时少,选择授课内容是讲好这门课的关键。因此,她尤其关注课程的重点和难点内容。比如,矿物学部分的重点是鉴定矿物,难点是矿物种类繁多和相似矿物的区别。面对繁杂枯燥的实习,学生兴趣度不高。曹花花知道,爱"美"之心,人皆有之。每次实习课时,她就会利用多媒体下载一些与上课内容相关的精美矿物及宝石图片,结合实习标本讲解矿物的名称,晶体化学式的含义、鉴定特征等,收到良好效果。

实验课上,曹花花一般会用 10 ～ 15 分钟讲解实验目的、内容及要求,对每次实习课的重点和难点给予提示,并示范实习步骤及方法,其余大部分时间留给学生。学生会以小组为单位,观察和描述实习标本与模型,共同讨论,并在课堂上完成实习报告。课后,曹花花会对实习报告逐一批改,记录成绩和普遍存在的问题,在下次实习课进行统一讲评,做到及时发现和解决问题。除了课堂实习外,课余时间,曹花花还将"结晶学与矿物学"实验室对学生开放,学生可以在规定的时间段或预约使用实验室,如果学生有需求,她也可以随时参与讨论和指导。"这不仅能增加学生观察和实际操作的机会,更重要的是为有特长和个性需要的学生发展个人潜能创造有利条件,提供更好的个性发展平台和空间。"曹花花说。

(新闻中心记者　金　松)

(原载《中国海洋大学报》第 2033 期第二版,2018 年 10 月 25 日)

程晓艳：
要懂得尊重和欣赏学生

"健身健美"开课几年，受到越来越多的学生的关注和喜爱。选修这门课的许多学生最初很茫然，这是一门什么课程呢？"如何让选修的学生在一学期内了解和掌握健身运动和健美练习的基本技术与练习手段是这门课程教学的重点。"体育系程晓艳老师说，这门课就是要学生通过学习，对人体的骨骼、肌肉有基本了解，同时掌握体育健身的基本原理和基本方法，具备自我锻炼的能力，培养学生终生健身锻炼的习惯。

说起这门课的教学，程晓艳体会颇深。"做好教师首先要具备良好的师德。师德主要体现在教师对教育事业的无限热爱。这种爱包含两方面：一是对本职工作的爱，只有热爱本职工作的教师才会有任劳任怨、兢兢业业的工作态度；二是对学生的爱，只有热爱学生才会全面关心学生的成长。"她说，青年教师要热爱教学工作，充分认识到自己所从事的教学工作的特殊性。学生是教学的主体，是教学服务的对象。尊重和信任学生，和他们进行平等对话和沟通，才会产生爱的情感，成为学生最信赖的朋友和引路人。她特别指出，教师对学生的爱，与学生的相貌、个性、成绩等无关，是对每个学生个体的欣赏和尊重、理解和期待。

健身锻炼是一项长期、枯燥、具有挑战性的运动，对于平时不太接触杠铃、哑铃等练习器械的学生来说，对这些器械会有陌生感和恐惧感，尤其对女生而言这些器械简直就是"噩梦"，可能从小到大碰都没碰过。通过摸底，程晓艳发现这种心理状态不是一两个学生有，而是一个普遍现象。针对这种情况，程晓艳在教学过程中根据学生的心理状态从简入繁，从易到难，循序渐进地让学生接受和掌握练习方法。

随着学生年龄的增长，健康意识的建立越来越重要。在介绍健身健美运动的发展和演变时，程晓艳融入了田径、健美操、瑜伽等其他运动知识。每次课，程晓艳都要带领学生做准备活动。她发现，开始的时候，学生只是老师让怎么做就怎么做，动作涣散，精力集中不起来，他们并不知道为什么要这么做准备活动，准备活动有什么作用。为了让学生明白其中的奥秘，程晓艳通过做准备活动的机会，把一些平时书本上的理论知识结合现实生活，让学生在做练习的同时也把知识点轻松掌握了，而且还加深了印象。在做扩胸动作时，程晓艳会把扩胸动作所涉及的肌肉运动介绍给学生，让学生思考如何增长这部分的肌肉力量，继而把一些可以用来练习的手段传授给学生。再做这个练习时学生的印象就会很深刻。

"没有兴趣的学习，无异于一种苦役；没有兴趣的地方，就没有智慧和灵感。"程晓艳认为，单纯的体育知识，会让学生感到枯燥乏味，学习时没有兴趣和激情。在课堂上，她努力挖掘教材的趣味因素，经常会加入一些趣味小游戏，让学生沉浸于愉悦的氛围中，诱发学生学习的兴趣。例如，"登山"游戏就是利用学校田径场的看台台阶，通过游戏因素让学生发展腿部力量。

程晓艳发现有些学生性格内向，不善于表达和展示，就将班级学生分成六个团队小组，每个团队小组推选一名组长负责。在这个团队里，每一名组员要自我介绍，要熟悉自己团队的人员。教学中会穿插团队竞赛，每个人都想展现最好的自己不给团队拖后腿，这无形中增加了学生的团队合作意识和凝聚力，内向的学生也开朗了，敢于展示自我了。

智能手机、平板电脑和网络科技已经融入大学生生活的方方面面。程晓艳也将这些设备工具运用到体育教学中。她用手机和平板电脑对学生做的动作进行录像，学生做完练习后能够在第一时间看到自己的动作，能对自己的动作有直观的感受。由于学生对肌肉的本体反应不是很敏感，做出来的动作往往会和教师讲授的动作有所出入。利用视频对动作技术录像实时回看，可以从多个角度进行改进提高。针对学生身体素质普遍较差的情况，程晓艳还给学生量身定制了 Keep 软件。Keep 是一款专注健身的移动健身工具 App，不同层次、不同需求的用户都能找到符合自己需求的健身课程视频。课下，师生利用 Keep 的社交属性相互交流讨论，分享自己的健身成果，同时根据锻炼过程中遇到的问题进行探讨。程晓艳因势利导，指导学生安全、科学地进行课后锻炼。她还引进了足球练习中的障碍栏架、体能练习中的绳梯、形体中的呼啦圈等多项练习器械来丰富课程，提高学生学习效果。

在程晓艳的引导下，学生自己也建立了兴趣联盟，利用所学方法和手段进行自主有效的锻炼。有的学生还进行了创新，在没有杠铃、哑铃等器械的情况下，自己采用手边可利用的矿泉水、水壶、书包、凳子等材料进行健身，形成自主锻炼、终身体育的良好氛围。

"教学中，我最大的成果就是将我所带的每名学生从健身的'白纸'转变成健身的'绘画者'，从不爱动、不会练转变为我想动、我会练。"程晓艳说，"我曾经听过这样一句话'学习本无底，前进莫彷徨'。在教育的田园里，我将继续辛勤而快乐地耕耘着，争做研究型教师，努力成为学生的良师益友。"

（新闻中心记者　金　松）

（原载《中国海洋大学报》第 2032 期第二版，2018 年 10 月 18 日）

张　婷：
架起师生沟通的桥梁

"学生作为教学的主体，认真考虑学生的意见和建议，满足学生的需要是教学工作的第一要务。"说起来有些让人吃惊，化学化工学院张婷老师与学生最初的交流，竟然是从课堂点名开始的！不过张婷的点名不是例行公事，而是在课堂上看似不经意地走到某个学生身边，直接叫出他的名字，"这就让学生意识到老师认识他并且在关注他"。

张婷认为，要讲好课，与学生的交流是必不可少的。除了把课堂上和课前十几分钟的时间用来交流外，她还把实验报告的批改作为与学生交流的重要途径。张婷讲授的课程是"无机化学实验 I2"，实验过程和结果要通过实验报告来体现。最初，个别学生对实验报告有些敷衍，他们觉得"老师只是凭主观感觉给个成绩而已，其实怎么书写不是那么重要"。张婷没有当面反驳，因为学生很难接受这种苍白无力的解释，只会认为是在唱高调。行胜于言，她在批改实验报告时认真地在报告上指出哪些方面不符合要求，哪些是错误需要改正。她会对每个学生针对性地给出一两句鼓励性的话，比如"有进步，再接再厉""这次退步了，下不为例""你没有注意到某个问题"之类的，然后亲手将实验报告发到每个学生手上，附以一个微笑或者一个肯定的眼神。

慢慢地，老师的良苦用心逐渐被学生认可。有个学生说："看到老师用红笔写的字比我写的字还多的时候，我感觉很愧疚，觉得辜负老师的期许了。"学生对待报告越来越认真，书写越来越规范，问题也越来越少。"我始终相信，教师如何对待学生，学生就会如何'回报'教师。这种'回报'不是指学生会如何感激或者赞赏教师，而是如果教师重视，学生就重视，如果教师批改认真，学生就书写认真。老实说，这样的批改的确需要花费很多心力，甚至有时候还需要跟学生当面沟通，但是得到学生认可的时候也是很开心的。"张婷说，她始终相信任何进步都不是一蹴而就的，需要一点一滴地积累，需要平时不断地努力，学生的改变也需要一个过程，不能急于求成，需要给他们接受和改变的时间。

张婷与学生的交流主要针对课程和实验的内容，但是又不仅仅局限于这些。校园生活，包括女生感兴趣的衣着打扮，男生感兴趣的时政热点，都会成为师生课前课间的话题。在课下，张婷与学生的关系也是十分融洽的。今年儿童节当天恰好上课，学生一个个走进教室，时不时有学生顽皮地对着她说"老师节日快乐"，然后躲起来偷笑或者做鬼脸，她却对学生说："我可给你们准备了一份不太好的节日礼物哦。"原来是一份成绩较低的实验报告。借着轻松愉快的气氛，张婷顺利地开始了实验报告的讲评。"交流的重点当然是想了解学生对课程的意见,但是教师首先要走近学生,走进学生心里,与学生建立平等融洽的关系,他们才愿意敞开心扉和教师交流。与学生交流,尤其是与一些不善交流甚至不愿意交流的学生,关键是让他们感受到教师对他们的关注和在意。他们就会感受到温暖,愿意与教师敞开交流。"张婷说道。

入职之初,张婷第一次登上讲台时,曾经有一位教学督导老师来听课。课后,她满怀忐忑地请求督导老师做出评价并提出意见和建议。那位老教师认真仔细地对她的课程进行了评价,给予了肯定,也提出了意见和建议,让张婷印象最深的一句话就是,"授课不是照本宣科,要有拓展,要有深化,但是这对于青年教师是最难的,因为要给学生一碗水,自己先得有一桶水"。数年来,这句话一直是张婷心中的一个"梗儿",她一直觉得自己这个桶里的水装得还不够满,甚至有一种感觉"讲课时间越来越长,越来越觉得自己缺得越多",这让她一直对登上讲台充满敬畏,深感肩上的责任之重,尤其在面对学生们求知的眼神时,"自己有时候还是有点心虚"。这也让她一直以来对备课格外重视,总是怕自己做得不够而有所疏漏。

教学课件是教学活动的主要依托,也是学生对教学内容最直观的认识。寒假里,张婷对之前的课件进行了完善,力争将枯燥的知识完美融入课件中,力争在科学性、通俗性、生动性、直观性、深刻性和美观性上给学生很好的感受。"我始终相信,于细微处见真章。教学无小事,哪怕一个 PPT 背景、授课中的一句闲话,都应该认真对待。"课件准备好后,张婷又反复推敲每张片子,站在初学者的角度考虑如何用通俗生动的语言把每个重要知识点更好地呈现。为了做到精益求精,单单一个课件 PPT 的背景,张婷就改了三次:第一次选择的背景过于花哨;第二次改成了白色,本来在电脑上看还可以,但是课上放在大屏幕上发现屏幕不够白显得脏兮兮的;第三次经过请教专家,才选择了一种既美观又不会产生审美疲劳的背景。同时,张婷还把对应的讲稿一字一字地敲出来,以确保对授课过程能进行很好的把握,包括自己说的每一句话既不多余也不欠缺,力争恰到好处。

学期中,张婷在课上让学生写小总结,学生可以畅所欲言,谈对课程的感受、对老师的意见、对课程的期望。大多数学生谈了自己的真实感受和想法,让她印象最为深刻的是,一名学生在总结中写道:"张老师,我对您是又爱又'恨'呀。但是我知道您的严格要求会让我有更多进步和收获,所以我对您还是爱大于'恨'的。""这是我最想看到的,我认为这源于之前和学生之间良好关系的建立,尽管我对他们要求很严格,但是学生不怕我,所以我可以得到真实反馈。"张婷说,学生的一句肯定,甚至一个微笑,都会让她充满成就感。每当看到学生取得进步,她就会体会到为人师的幸福感和满足感。

"我要感谢在工作中给予我指导和鼓励的领导和专家,还要感谢支持我工作、不断给我建议和鼓励的可爱的学生,他们的一个微笑、一句玩笑,甚至一次点头认可,都让我无比幸福。我会带着这种美好和幸福继续在教学之路上不断成长。"看得出,对未来的教学工作,张婷充满期许,也充满信心。

(新闻中心记者　金　松)

(原载《中国海洋大学报》第 2030 期第二版,2018 年 9 月 27 日)

贾 婧：
学生有所收获是教师最大的快乐

"珍惜教师这一无上光荣的职业，热爱每一位学生，用心陪伴其求学之路。正如一份工程施工合同承诺地基基础的保修期为合理使用年限，我许诺学生课程服务期的设计使用年限是一辈子。"在工程学院贾婧老师看来，为学生上好课，做到"传道、受业、解惑"的本分，就是对学生的爱的一种极好诠释。她讲授的工程管理专业核心课程"工程招投标与合同管理"受到学生和学校评估专家的一致好评，曾在 2017 年春季学期的课程教学评估中获得优秀；该课程在 2018 年春季学期被定为学校集体教学观摩课程。

贾婧自 2008 年博士毕业后走上讲台，已有十年。"得益于工程学院前辈老师的帮助与信任，从教当年的秋季学期我就开始讲授这门课程了。"贾婧坦言，从当时的惶恐不安，到今日的笃定自如，源于十年间的不懈探究与积累。授课次数越多，她越强烈地感觉应该"将越讲越厚的书讲薄"。这需要对课程的深入剖析与整体把握，基于课程的知识体系特征与认知特征构建课程矩阵，通过专业软件、信息化工具等对教学内容体系、培养形式体系、授课模块体系等进行精细化设计，将宏观架设落脚于课堂的每一分钟。

教师对学生的热爱使得一切教学活动都是真诚的流露。课堂讲授主要针对课程本身以及学生的整体需求，是"面"；顾及学生的个体差异，则是"点"。为满足差异化需求，并兼顾学生使用的便捷性、避免形式大于内容，贾婧创建了腾讯课程群以及微信群。例如，通过课程群实现了课前预习材料、课件、课后参考学习材料等的上传分享，在线电子化批阅作业，专题研讨，课堂疑问解答等功能。其中仅推送的课后参考学习文件就多达257 项，为让学生不仅在课堂上更是为了在以后的工作中用好这些资料，她还特别编写了参考材料使用指导书。

针对班级中有强烈兴趣且有余力的学生，贾婧千方百计为他们提供课外机会施展才华。在 2017 年全国大学生斯维尔 BIM 大赛上，2014 级工程管理的五名学生在她带领下参加了在杭州举办的总决赛并获奖。赛后，学生们一改疲惫紧张，流下激动喜悦的泪水，让一切付出都成为美好回忆。要知道，早在课程选课名单确定时便要开始参赛意向征集；在开课前的寒假，意向参赛学生刚过完年就要返校备战，历经初选、网络预选、最终决赛等环节，时间长达半年。班级学生不论是否最终进入决赛，都表示在此课外实践环节都有了很大收获。参加决赛的学生则通过课堂展示将最终成果分享给全班同学。

此后,贾婧还继续指导该班级学生参加全国鲁班 BIM 毕设大赛和全国广联达 BIM 毕设大赛等,获得多个奖项。

"以学生为中心,教学的半径应超越课堂的界限",这是贾婧信奉的理念。在有限课堂之内形成信任的纽带,在无限课外时间与空间的交流,使得一切生根发芽于课堂,终将繁茂芬芳于更广阔的空间。在她指导下,该届授课班级同时有两个小组共计十名学生开展了 SRDP 项目,其中一个项目结题优秀。"学生收获时的喜悦是教师最大的快乐,学生的嫣然一笑是定格在教师脑海中最欣然的画面。"贾婧的体会颇深,她最希望的就是学生尽快成长起来。

作为工程管理专业的教研室主任,贾婧对课堂的把握更需具有全局性,明确课程在整个专业培养计划中的角色,与前置及后续课程的关系,划分课程群,探讨搭接知识模块的处理。为了打造特色课程实践环节,她专门请教教育部工程管理专业指导委员会委员,探讨将法规、文本以及规范等理论性的内容与工程技术结合,融入招投标与合同管理实施过程中的技术要点的实践方式,并面向行业内专家和国内外校友展开广泛调研,共同构建工程案例库,更好地支撑教学的知识目标、能力目标与执业目标,保障学生在课外学时中的自主学习。

"我的教学之路还很漫长,与优秀教师的差距还需要我继续努力。我将会守护好爱学生的心,继续夯实专业实力,在我热爱的教育事业中续写新的篇章。"谈起对未来工作的期许,贾婧如是说。

（新闻中心记者　金　松）

（原载《中国海洋大学报》第 2029 期第二版,2018 年 9 月 20 日）

李 扬：
民间文化的忠诚守护者

他是一位颇具人文情怀的学者，也是一位幽默风趣的智者，更是一位爱生如子的师者，学生们亲切地称呼他为"师父"。他就是中国海洋大学文学与新闻传播学院的李扬教授。20多年来，在风景如画的海大校园里，他作为民间文化的忠诚守护者，持续演绎着传承创新民间文化，示学生以美好，授学生以希望的感人故事。

一、为学子开启通往民俗世界的门

在实行"自主选课制"的中国海洋大学，李扬主讲的课程十分抢手，他的《民俗文化》通识课等课程经常出现学生选不上课或者去旁听的情况。有的学生毕业后，依然对他的课堂印象深刻："在我的母校——中国海洋大学，有这样一位老师。他的课堂从来不点名，但你怎么也不舍得翘他的课。他就是我们中文系的老师李扬。"

20多年来，他先后为本科生、研究生、留学生等开设了14门课程，其中"民俗学"被评为中国海洋大学首批校级精品课程、山东省首批高校百门精品课程。他积累了丰富的教学经验，注重因材施教，倡导启发式、讨论式教学，讲课深入浅出，生动幽默，注重知识点的融会贯通，努力营造轻松平等、积极互动的课堂氛围，"推窗见月，水落石出"，引导学生在交流过程中深入思考。为了让课堂"活起来"，使学生对中国民族风俗、乡土人情了解得更具体、更透彻，他的课堂经常上演载歌载舞、风情各异的"真人秀"。讲服饰，他请学生穿着各民族的服装现场展示；讲民歌，他会让不同民族的学生高歌一曲；讲饮食，他会给大家带来各种好吃的土特产食品；兴起时，他也会演一段口技，秀几句方言，于声情并茂间激发大家的学习兴趣。此外，他还设计安排了民间皮影表演进课堂、民间剪纸艺人进校园等丰富多彩的教学活动。

谈及李扬课堂的幽默风趣、生动活泼，有学生撰文指出："去上课就好像是去乘坐一艘时空飞船，你可以带着无尽的遐想恣意遨游，这本身就是一件很有意思的事。再加上一个很会制造轻松愉快气氛的'船长'，那情景，岂是'兴奋'二字了得？"

李扬平易近人，注重与学生的交流互动。每学期的第一堂课上，他都会把自己的手机号、邮箱、QQ号、微信号告诉学生，欢迎大家"打扰"。他发起成立的"民俗兴趣学习小组"，吸引了逾百人参加，成为文新学院最大的课外学习小组。他也十分重视实践教学,积极创建校外教学基地,带领学生深入民间考察调研,感受民俗文化的精髓与魅力。他先后指导了数十项本科生 SRDP、"三下乡"实践项目,多次被评为优秀指导教师。他培养了民俗文化方面的硕士研究生近 60 名,其中包括来自爱尔兰、保加利亚、泰国、孟加拉国、巴基斯坦等国的留学生,可谓桃李满天下。

作为一名传道受业解惑的"师者",李扬用自己渊博的学识和执着的精神滋养并引领着每一位学生,在潜移默化中为他们开启了一扇扇通往民俗世界的门。

二、是一种守护,更是一份责任

民间文化,从民众中来,到民众中去,数千年来,传承创新、生生不息。李扬认为,在今天更应做好民间文化的传承与守护,这既是一份责任,更是一种担当。

多年来,怀着这份责任与担当,李扬积极致力于民俗学和民间文学的研究工作。结合课程教学,他顺利完成了山东省教育厅项目"多媒体在中文系专业课程中的应用",在促进文科教学观念更新和手段现代化方面发挥了重要的引领示范作用。他主持完成的学院本科教学实践改革的研究被评为优秀项目。他翻译出版的国际经典大学教科书《新编美国民俗学概论》,受到学界同行的高度评价,成为民俗学教学和研究的重要参考书籍。

作为一名长期耕耘在民俗学和民间文学研究一线的资深学者,李扬已陆续出版专著、译著、编著等 10 余部(部分合著),在国内外知名杂志发表学术论文数十篇;2015 年底,由他筹划举办的"青岛首届高校民俗文化青年论坛"成为岛城高校青年学子在该领域切磋交流的重要平台……他的研究成果在学界产生了广泛影响,曾多次应邀赴美国、奥地利、澳大利亚等地参加 AFS、ISFNR 等国际学界最高层次学术会议并宣读论文,参与了 UNESCO(联合国教科文组织)的人类非物质文化遗产评审等重要活动,是 2011年美国国务院和中国教育部"富布赖特(Fulbright)学者计划"山东省唯一入选者。现任美国民俗学会(AFS)终身会员(中国唯一)、国际民间叙事研究会(ISFNR)会员,中国民俗学会理事,青岛市民间文艺家协会主席等。

"民俗不是人为、强制地延续,而是自发地传承,是每个人都身处其中的生活本身,是民族传统文化的重要构成部分。"李扬说。他始终怀一颗赤子之心,守护着民间的瑰宝,延续着文化的血脉。

三、师者如兰,香远益清

师者何以为师?示以美好,授以希望。

无论在教学中,还是在生活中,李扬都是一位善于给学生带去美好和希望的好老师,他对学生的关心与爱护之情就像对自己的孩子一样,学生都亲切地称他为"师父"。

为弥补学生在学习中专业书籍不足的缺憾,李扬把自己多年来收藏的数千册图书贡献出来。他在自己办公室设立了独具特色的"民俗图书馆",供学生自由借阅。此外,他还带领研究生创建了"网上电子图书馆",实现了民俗图书资料线上、线下的有效互通,既便于管理,也提高了学生的学习效率。

李扬既是学生的良师,亦是学生的益友。学生在思想上有困惑时喜欢向他诉说。当学生在生活上遇到困难时,李扬也会毫不犹豫地施以援手。他多次发起献爱心捐助活动,筹措善款资助重病或家庭遭遇困厄的学生。有的学生手机坏了,他就把自己的备用手机给学生用;路遇不认识的新生搬运教科书,他会主动开车帮他们运回宿舍……尽己所能为学生提供更多的支持和帮助,已经成为他的一种习惯。将心比心,源自他对学生这份无私的爱,学生也更加尊重他、爱戴他。李扬身患腰疾,行走太快或坐久了会感觉不适,上下楼或外出参加学术活动,学生都会搀扶着他、照顾他,"挽着他的胳膊,就像搀扶着自己的父亲一样",他的毕业生如是说。

教学之余,李扬还心系学校事业发展,主动贡献智慧和力量。身为教代会代表,他积极建言献策,荣获学校"提案优秀个人"荣誉称号。在同事和学生眼中,李扬是一个热爱生活、兴趣广泛的人,文学创作、摄影、绘画、电脑、摩托、射击等皆在行,文新学院的各项集体活动他踊跃参加,多年来学院教师元旦晚会的总导演皆由他担任。他在施展个人才华的同时,也赢得了师生的认可,获得了学院"工会之星"等多项荣誉称号。

近20年来,李扬先后荣获山东省高校优秀共产党员、省民间文艺家协会"德艺双馨工作者"、国家首届"山花奖"优秀学术著作三等奖、省文联首届民间文艺奖一等奖、校科技进步一等奖、校教学优秀奖、校优秀硕士论文指导奖、校教学名师、青岛市高校教学名师等各类奖励近40项。

师者如兰,香远益清。

(新闻中心记者　冯文波)

(原载"观海听涛"新闻网《回澜阁》 2018-09-10)

赵德玉：
在中西文化对比中感悟语言学的魅力

在中国海洋大学有这样一位老师：他留着具有"艺术家"气质的个性化胡子；他拥有"流浪诗人"一样的发型；他热爱中国传统文化，喜欢边走路边听京剧；他为人随和爽朗，路遇师生总是热情地打招呼；他关心学生，学生把他的叮嘱称为"爸爸式唠叨"……他就是外国语学院的赵德玉教授。

一、先学好中文，再学外语

"赵老师让我们背诵《劝学》《资治通鉴》中的片段和一些古诗，每次去他办公室的第一件事就是背古文。"在 2017 级英语笔译专业研究生杨宁的记忆中，赵德玉指导学生的方式很特别，"我们明明是学英语的，偏偏让背文言文"，杨宁说，这让她和很多同学不理解。

作为一名拥有 30 余年教龄的老教师，赵德玉主张"本族语言文化修养是外语学习的基础"。多年来，他积极呼吁，号召外语各专业学生加强汉语基本功练习。为此，他要求自己门下的研究生都要熟读或背诵一些经典古文名篇，并为他们讲解《文心雕龙》《资治通鉴》等中华传统名著中的某些片段。"希望学生尽可能加强中文功底，只有中文学好了，再学英文、做翻译才更加得心应手和精确。"赵德玉说。

在崂山校区 3302 教室，赵德玉正在为学生讲授"中国语言文化"。课堂上，学生时不时被他风趣幽默的话语逗笑，其中不乏中西文化对比、优秀中华传统文化的传承等内容，他博学多才、引经据典的知识体系和浑厚低沉富有磁性的声音令学生折服。赵德玉说，作为一名教师，他希望教会学生两点：一是做学问的基本功，二是为人处世的道理。前者侧重思维方式、研究技能的训练和知识体系的完善，后者侧重情商的提升。

作为深受学生喜爱的老师，多年来，赵德玉主讲过近 20 门课程，既有"英语精读""英语泛读""欧洲文化概况""英语口译""法律英语""社会语言学""中国文化概论"等本科课程，也有"实用文体学""语义学""文学翻译""基础笔译"等研究生课程。他认同"语言学习即文化学习"，支持"文化有差别但不该论优劣"，倡导复兴中华传统文化，在教学中进行渗透式中西文化对比，想方设法激发学生对中华文化和中华经典的兴趣，不断呼吁学生关注、学习中华文化。在他的呼吁与熏陶下，上过他的课的许多学生都喜欢上了古典文学,课下主动找他探讨学习中的疑惑,并请他推荐相关书籍。他总是来者不拒,有求必应。

在学生眼中,赵德玉是一位和蔼可亲、乐于助人的老师。在他担任外国语学院副院长期间,面对部分学业困难的少数民族学生,他耐心引导,积极鼓励,使他们树立信心,最终通过自己的努力完成了学业。

截至目前,赵德玉已培养了近100名研究生。在他眼中,这些学生与他的孩子一样,与他们相处的时候,赵德玉会遵循"不希望自己的孩子遇到什么,就不要对自己的学生做什么"的原则培养他们、呵护他们,使他们健康快乐地成长。

二、大学英语课堂上的兼职律师

在外国语学院网站的简介里,赵德玉有一个不同于其他教师的头衔——兼职律师。

20世纪90年代中期,高校教师的工资并不高,为多挣点钱补贴家用,赵德玉自学法律,考取了律师资格证书,干起了兼职律师。"说来惭愧,干了20多年的兼职律师,仅代理了两起案件。"谈起自己的律师生涯,赵德玉有些不好意思。他代理的两起案件,一起是一位朋友的离婚案,一起是贸易纠纷调解案。如此一来,他原本想通过干兼职律师赚钱补贴家用的计划也就泡汤了。"代理案子时,法庭开庭时间不固定,但这有可能与我的上课时间冲突,而我的主业是教学不是打官司,所以我就不接案子了。"赵德玉说。虽然钱没赚着,但培养了他对法律的兴趣。日久天长,他把这份爱好和英语专业结合起来,形成了自己的研究方向:法律英语和法律翻译。

多年来,赵德玉先后在《中国翻译》《中国海洋大学学报(社会科学版)》等期刊发表翻译研究、外语教学研究领域论文10余篇,翻译并出版了《啤酒》《啤酒百科全书》《牛津英语搭配词典》等多部译著,主编和参编了大学英语、英语专业教材及辅助教材10余部,主持国家社科基金项目之子项目一项,主持山东省科技厅项目和山东省教育厅项目各一项。

肯尼迪的就职演讲被认为是美国总统就职演讲中最为精彩的篇章之一,其语言简明、结构巧妙,内容也反映了当时的政治、文化和社会背景。赵德玉将其奉为英语教学和研究的经典之作,他不仅自己孜孜以求地探究其中的语言特点和行文风格,还要求学生认真背诵其中的段落,以此加强英语的基本功。他说,做好英文翻译工作别无他途,唯有"认真"二字,世上无难事,只怕有心人。

多年来,他凭着自己在英语教学和科研领域的不懈努力,先后获得了山东省高校优秀青年教师、山东省新长征突击手、全国优秀教师、中国海洋大学优秀教学科研奖等荣誉和奖励,35岁时便晋升为教授。

当记者问起他对国家法律条文的熟悉程度时,他笑着说:"伴随着时代发展,法律法规的修订完善很多,我早已跟不上节奏了。不过,即便如此,有时学生或者其家人遇到法律难题时,还是会向我咨询,我也乐意效劳。"

三、具有"艺术家"气质的老师

在海大师生的印象中,说起外国语学院的赵德玉教授可能个别人会一时对不上号。但提起那位留着胡子、头发卷曲的教授,大家会恍然大悟:"哦,他啊!""我知道!就是那位具有'艺术家'气质的老师。"

谈起他的"胡子",赵德玉说,当年,在兰州大学读书时,兰州当地许多男性居民留胡子,所以,校园里男生中也有较高比例的人留胡子,他也跟潮流留起了胡子。20世纪90年代中期,因为干兼职律师,他曾一度把胡子刮了。为此,有学生多次找到他说:"赵老师,你还是把胡子留起来吧,不然同学们不习惯。"那段时间,家人见了他也总是笑,觉得他好像少了点什么似的。于是,他就又重新蓄起了胡子。"我这胡子已形成了'品牌效应',走在校园里,很多人都认识我。"赵德玉说。

大家之所以称呼他为"艺术家",还因为他有一个特别的爱好——听戏曲。在外国语学院二楼的办公室里,赵德玉时常一边工作,一边抽烟,一边听戏曲。"京剧是我们的国粹,对人有教化作用",赵德玉说。鉴于此,他也会在课堂上给学生讲一点戏曲方面的知识。他甚至把手机铃声都设置成京剧选段。吃过午饭,他经常把手机放在上衣兜里,一边听戏,一边在校园里散步。时间久了,同胡子一样,这也成了他的"品牌"。

赵德玉热情好客、平易近人,看见有同事或学生从他门前走过,他会热情邀约一起喝茶;有学生要读博士或硕士研究生,请他写封推荐信,他也积极举荐。"特别感谢您上学期对我的支持和帮助,帮我写了推荐信,还给了我很多真诚的建议。这次想和老师说一声,我拿到中国人民大学法学院夏令营的优秀营员资格了,谢谢老师的鼓励与栽培!"每当收到学生发来的类似信息,他在为学生高兴的同时,还不忘叮嘱他们戒骄戒躁、继续努力。日久天长,这位具有"艺术家"气质的老师,也成了学生心目中最具人格魅力的老师之一。

（新闻中心记者　冯文波）
（原载"观海听涛"新闻网《回澜阁》　2018-09-10）

林　敏：
教学当以学生为中心

　　"看到上课前干净的黑板，QQ 群里的鼓励和赞美，我觉得一切辛苦都值得。听到他们说'老师真可爱'，我感到自己更年轻，更有活力了！"每每说起自己的学生，数学科学学院林敏老师总有说不完的话。她认为，课堂上应该让学生主动参与教学，这样他们的注意力就会更加集中，听课效率就会更好。她的这种以学生为中心的教学方式，产生了很好的教学效果。在 2018 年春季学期课程教学评估中，林敏讲授的"高等数学 I"获得优秀。

　　"高等数学 I"是公共基础课，主要面向非数学专业的一年级本科生。该课程具有高度抽象性、严密逻辑性和广泛应用性，在所有高等教育科目中，它的及格率是偏低的。通过率不高，让不少学生对这门课程信心不足，存在畏难心理。为了帮助选课学生尽快熟悉高等数学思维方式、掌握高等数学的基本理论和方法，林敏不断尝试，在课前准备、课上教学、课外辅导等各个方面做了有益探索。

　　林敏深知，打铁必须自身硬。教师要讲好课，首先得提高自己的业务水平和教学能力。她不轻易放过任何一次能使自己业务和能力得以提高的机会：作为"高等数学 I"的课题组成员，她主持或参加了若干教学项目和多期教学研讨会：主持完成了校级教学改革与研究项目"'高等数学 I'的配套练习册的编写"；参加了校级教学改革与研究项目"基于课题组的高等数学教学团队建设模式探索"和"'高等数学 I'教学过程的设计与研究"……今年参与了校级重点教学项目"互联网＋时代背景下高等数学开放课程建设研究与实践"。她还与课题组同事合作编写完成了"高等数学 I"的练习册、电子讲义，录制了每节课重难点及典型例题、习题课视频，并将部分精选资料存放在学校 BlackBoard 网络教学平台上，供全校师生参考。通过参与教学项目的建设和教学研讨，再加上自己 10 多年教学经验的积累，林敏形成了对"高等数学 I"的基本教学理念，构建了对各个教学环节的清晰框架。

　　"这门课我已经讲了十多年了。但每次迎来新的一批学生，我都要重新认真做准备，就当是第一次讲授这门课。"备课中，林敏对每章节的教学内容和知识点进行精心设计，细化到每一节课的课堂教学中。为使学生既能掌握数学理论知识和思维方法，又能应用这种方法分析并解决实际问题，她在选课阶段就开始了解学生所在的专业，从他们专业的学科特点和需求出发,设计教学过程、方法和实例,将生活问题和学科专业问题融于高等数学的教学过程中,极大地激发了学生学习高等数学的热情,培养了学生的主动探索精神和创新意识。

林敏常常以学生的视角审视所讲内容。对于复杂的计算或容易混淆的概念,她通过形象的例子或直观的图像进行展示,尽可能让每一个学生都能听得懂、理解并掌握。在撰写教案时,除了本节课教学的详细进程,她还增加了"总结"和"错解分析"部分,将学生在课前、课上和课后作业与测试中容易出错的问题都记录下来,不断反思、总结和探索。"这些过程提高了我对重难点内容的理解和对课堂教学的掌控,也为这门课程的教学积累了宝贵的经验。"林敏说。

在课前 10 分钟,林敏已经进入教学状态,提前将上节课的主要内容和本节课的提纲写在黑板上。"明确具体的复习内容,有利于提前诱发学生的针对性思考,能让他们在回答问题时更加清晰、有条理;即将讲授内容的提纲,会帮助学生把握课堂节奏,了解上课进程。"林敏说,高等数学内容枯燥、理论性强,对于学生来说接受困难,还容易开小差。在课堂上,她随时关注学生的听课状态。当发现学生状态不佳时,便及时转换教学方式,展开一些课堂讨论,以提高学生学习的主动性;或者在课堂讲授过程中提出一些问题,重新聚集学生的注意力。

学生不应该只是被动接受者,也应该是课堂的主人。林敏鼓励学生积极参加翻转课堂环节:提前布置问题,学生在群里报名;学生将讲解内容整理后发给她,她指导后安排学生课堂讲解。这种角色转换的教学方式,极大地活跃了课堂气氛。

上课前,林敏会将自己的讲义和教学设计提前发到 QQ 群、公共邮箱或者教学平台上,学生可以采取自己喜欢的方式下载,提前预习或者课后复习。林敏通常会提前半小时到教室,下课后也会在教室里再待上一段时间,解答学生在课堂上没有听懂的内容或者作业中遇到的难题。有时好几个学生问不同的问题,她就会让一名学生给另外的学生讲解,然后再点评讲解内容,直到学生彻底消除疑问;有时学生会告诉她一些对学习内容的理解,好的想法林敏在下一次课堂上会讲给学生听,鼓励学生积极思考,有疑问及时沟通交流。林敏说,通过这一环节,一方面学生的问题得到及时解决,另一方面自己也更好地了解了学生的接受能力和学习情况,以便对后续教学进行及时调整。

2009 年,林敏获得全国大学生数学建模国家二等奖指导教师,2011 年荣获中国海洋大学第六届爱华奖教金,2017 年被评为优秀班主任和优秀教师,2018 年获得中国海洋大学第三届李小勇奖教金……"这些荣誉是对我工作的肯定与鼓励。13 年的教学经历让我更加热爱自己的工作,今后,我会再接再厉,一如既往地在岗位上努力工作,做一个让学生喜爱的老师。"林敏如是说。

(新闻中心记者　金　松)

(原载《中国海洋大学报》第 2027 期第二版,2018 年 9 月 6 日)

刘永祥:
高校思政课原来可以这样上

　　"琦善:道光皇帝与史学传统的替罪羊!""一词之争:《日本投降诏书》的九次修改"……这是微信公众号"祥说近代史"新近更新的文章。该公众号里不乏古今中外名人轶事,融知识性、趣味性于一体的史海钩沉类文章。这个微信公众号的创始人就是马克思主义学院的刘永祥老师。

　　"这个微信公众号实际上是我开辟的'第二课堂',定期推送与课程相关的内容,进行知识拓展。"刘永祥说,"祥说近代史"是 2016 年底创办的,起因是有不少学生提出,能否将课堂上的内容再做适当延伸。受此启发,刘永祥将自己原创的不少文章"搬"到了微信上。截至目前,该公众号已经推送数百篇文章,大部分为原创,"本号在社会上也产生一定影响,在八个平台累计点击量近 7000 万。每周上课前,我都会推送与课程相关的内容,并提醒学生点击查看、发表评论,有很多学生也会在微信上与我展开讨论。通过查看评论,我对学生关心的问题大致有了了解,在课堂上讲授和回应时,就更有针对性。"

　　刘永祥执教的"中国近现代史纲要"在 2018 年春季学期课程教学评估中被评为优秀。"第二课堂"只是其中的一种教学手段,那么,他究竟是如何让学生在短短的 100 分钟内有更多的获得感,喜欢上这门思政课的?

　　讲授思政课,最困难的地方有二:一是课程的重复性;二是课程的政治性。"长年累月的重复,会一点点消磨掉教师的激情。要克服这一点,办法有两个:教学改革和自我激励。"刘永祥说,只有不断地更新教学内容和教学方法,才不至于陷入僵化,才不会让这门课变成一门"死课",这需要科研做支撑;只有不断自我激励,在大脑中形成第一次讲授的潜意识,才能让自己踏入教室的那一刻,面对第一次听讲的学生,始终抱有无限的激情,才能真正享受这一过程。

　　因此,无论何时,只要踏进教室,刘永祥就会调动起全身每一个细胞,以饱满的热情和精神状态,全神贯注地授课,"教师的情绪一定会传导给学生,而'面对面'对于人文学科来说尤为重要"。课堂上,他会让学生分为若干小组进行展示,目的在于"逼"学生真正参与教学过程,而不是一味被动地等着老师"喂"。展示形式十分多样,包括辩论赛、历史话剧、校园采访、动漫制作等,而学生对于亲手查资料得出的结论,印象相当深刻。同时,为了避免展示小组与课堂其他学生的分离,他专门增加了小组展示后的点评、提问、讨论和打分环节,形成传导效应,构成一个整体。

思政课之所以会让学生觉得枯燥,是因为教材的结论性(理论性)太强。20岁左右的青年学生很难在人文学科方面进行过于艰涩的理论辨析,相反,他们对富有鲜活感的事物更感兴趣。历史的最大魅力,恰恰来自细节化的叙事。人们读的既是历史,又不是历史,而是隐藏在背后的人生。但是,受篇幅所限,教材只能搭建一个理论框架,删掉丰富多彩的历史人物和事件,就好像一副缺少了血肉的骨架。教材的任务,在于告诉学生"是什么"(结论),而"为什么"(过程)的任务,就落在了教师身上。基于此,刘永祥尝试恢复运转千年的"叙事史"传统,让原本高高在上的理论,穿梭于一个个具体的人和一件件具体的事之间,克服教材"大而空"的弊端。通过"移情",学生能够更轻松、更自然地理解近代国人的选择。

课堂上,刘永祥还特别强调"历史现场",通过引用大量生动史料激发学生的情感共鸣。"史料,能够让今人跨越时空与古人对话,这也是所谓历史感的真正来源。干巴巴的结论,只能把学生和历史推得越来越远。唯有细节,才会形成画面感,才能激发学生的情感共鸣,让其进入历史、触摸历史、观察历史、思考历史。"在讲到五四运动学生被捕情形时,他引用了这样一则史料:"我们三十二人被囚禁在步军统领衙门的一间监房里,极其拥挤肮脏,只有一个大炕,东西两边各摆着一个大尿桶,臭气满屋。每半小时还要听他们的命令抬一下头,翻一个身,以证明'犯人'还活着。"短短不足百字,却胜过千言万语。没有史料的展示,学生就无法切身体会到历史的真实性。缺少了真实感的历史,说服力近乎为零。

针对网络时代不实信息的传播,刘永祥在每个专题中都有意识地增加驳斥历史虚无主义的内容,比如"侵略有理""殖民无罪""抬袁贬孙""长征放水""游而不击",并介绍学界最新成果,借此让学生在方法论层面也有收获,养成理性分析问题的习惯,认清历史解释多元化和历史虚无主义之间的界限,"因为,人文学科的学习应该是'知识+方法+视野'三位一体的,不能单纯停留在知识层面"。

思政课上低头族学生很多,"强行没收手机显然不是好方法,反而容易激化矛盾"。刘永祥会在全场走动着讲,并时不时采取"拍肩膀"提问的方式,给学生形成压力。"在课堂上,教师是主导者,有天然的威严优势,只要从学生身边走过,他一定会有所收敛。"对此,刘永祥体会颇深。

由于课讲得棒,接地气,刘永祥在学生中圈粉无数,人称"祥哥"。"年龄越增长,对于时间就越敏感。发明'时光飞逝'这个词的人,一定是懂生活、爱生活的人。"刘永祥笑称,每学期第一节课他都会对学生说:"眼睛一闭一睁,一学期过去了;眼睛一闭再睁,大学生活结束了。"这既是为了提醒学生珍惜时间,也是他的切身感受。

这不,2018年的春季学期接近尾声了!

(新闻中心记者 金 松)

(原载《中国海洋大学报》第2024期第二版,2018年7月10日)

卞秀瑜：
教育的本质是促进人的终身学习和全面发展

　　骄阳炎炎，空气中弥漫着紧张的气息。我站于崂山校区五区教室外，等下课铃响。隔着厚实的墙壁与紧闭的门窗，一阵慷慨激昂、声情并茂的讲课声从教室里传出来。那是卞秀瑜老师的"军事概论"课。未进其课堂，而先感其魅力。那一刻，我手握《军事概论》课本，心中充满了对这门课程以及授课老师的期待。

　　采访伊始，卞老师先是问我们他在课堂上的声音是否响亮，吐字是否清晰。他说，他感谢所有选他课的学生，这是一种缘分。他还允许选他课的学生先试听三次，再决定要不要继续上他的课。这种做法浸透着他对学生选择的尊重，同时也洋溢着满满的自信。"我要让所有新生在课上沉下心来，真正喜欢上这门课。"我看到，卞老师眼眸中闪烁着对国防教育的执着与热爱。

　　"课程内容有意思""人风趣幽默"……对于卞秀瑜本人和他所教授的课程，学生在网上称赞不已。"金杯银杯，不如学生的口碑。能得到学生的好评，我心里非常高兴。当初选择当教师，就是出于对教学事业的热爱。"教学之路上，卞秀瑜一直努力前行。"一个低水平的教师只是向学生奉献真理，而一个优秀的教师是让学生自己去发现真理。"对于德国著名教育家第斯多惠的这句话他推崇备至，他认为，教育的本质和终极目的应是促进人的终身学习和全面发展。一名教师应该做的就是让学生走出校门后仍具有这种终身学习和可持续全面发展的能力。他也尽力使自己在这方面能帮到莘莘学子。

　　卞秀瑜认为，作为一名教师，首先要把教书育人的事业干好，切实做到"学高为师，身正为范"。让他至今仍记忆犹新的是，最初走上讲台时以李凤岐、张永玲等老师为代表的学校教学督导们对年轻教师亲情般的关怀和谆谆教导，让其感到海大这个大家庭的温暖，感到身为一名教师的幸福感。当然，他也从中深深体会到一名教师应该具有的责任感和使命感。

　　放眼国防，卞秀瑜说，军事理论教育是当前和未来长时期内维护我国国家安全形势的需要。总体上，我国安全形势尤其是周边安全形势不容乐观。近年来，海洋安全在国家安全中的地位日益凸显。加强对当代大学生的军事理论教育尤其是海洋特色的军事理论教育非常必要。对此，海大责无旁贷。

　　除了课堂教学外，卞秀瑜其他时间几乎都花在有关军事理论的科研上。教学科研再繁忙,他仍坚持阅读。他说读书使人明智,促进社会发展。

当一个人从事自己乐于奉献毕生精力的事业时,他就会变得不知疲倦、激情洋溢。卞秀瑜说,自己立志从事教师这个"传道受业解惑"的职业,无怨无悔。每当别人一提起课堂和教学,自己就好像上足了弦的发条,有着用不完的劲儿。"这有如当年一般,胸怀教育之业,负任于斯之肩,岁月盗不走这一份初衷与挚爱,不改初心,砥砺前行!"卞秀瑜深情地说。

（学生记者　黎盛艳）

（原载《中国海洋大学报》第 2017 期第二版,2018 年 5 月 24 日）

高大治：
引导学生独立思考

从 2003 年第一次踏上讲台，转眼已是在海大执教的第 16 个年头。"在这个讲台上站得久了，才愈发感觉到对这个岗位的热爱。"谈起这十几年来的教学体会，信息科学与工程学院副教授高大治说道。

高大治目前教授"数字信号处理"和"水声测量"两门本科课程，还承担部分研究生课程的教学任务。上述两门课程均为海洋技术系专业课程，具有一定难度，部分学生在学习的过程中存在一些困难。"每个学生的数理基础不同，对课程的把握也不尽相同。"为了让绝大多数学生能跟得上进度，在"数字信号处理"这门课程最初的几堂课上，高大治有意识地放慢授课速度，一方面将重要概念讲透、讲细，另一方面非常注重与先修课程"信号与系统"的衔接教学，让学生能够尽快适应这门课的学习。同时，高大治还不时地利用课间与学生交流，既能为学生答疑解惑，也能更好地了解学生对课堂内容的掌握情况，以便适时地调整教学进度，他把这称之为"反馈"。

针对所教课程难度较大的情况，高大治也在不断摸索教学方式。"'数字信号处理'这类课程在授课过程中，数学公式的推导是不可或缺的，但仅仅给学生讲公式是远远不够的。"高大治谈道。为了让学生对知识点理解得更加深刻，在给出数学公式的同时，高大治非常注重物理概念的讲解，引导学生真正把知识学透、学懂。"物理概念和数学公式实际上是一一对应的，没有数学公式支撑的物理概念会含糊不清，而单纯的数学推导又会找不到正确方向，这两者是缺一不可的。"高大治正在自己的课堂上寻找那个微妙的平衡点。为了提高教学效果，高大治还经常尝试一些新鲜的教学思路。比如在讲授"声级计权网络"这个知识点的时候，高大治在课前播放了几段不同频率的声音信号，让学生判断声音大小是否一致。当得知这几段听起来大小并不一致的声音其实完全一样时，学生充满疑惑，高大治再适时地引出"声级计权网络"的概念，接下来的讲解便水到渠成了。

理论课程的学习，还需要实验的配合，高大治深谙此道。在他教授的"数字信号处理"课上，每隔一段时间，高大治会布置几个与所学知识紧密结合的编程实验。他有意将实验过程模糊化，以达到让学生独立思考、探究创新的目的。"很多同学在刚刚接触编程实验的时候会觉得很困难，但是经过查阅资料，并且和其他同学讨论之后能够解决编程的困难。"高大治鼓励学生在讲台上讲解自己的编程思路和解决问题的方法,并尽力让绝大多数学生能有展示自己的机会。"在展示的过程中,学生会自发交流。讨论的意义在于加深对知识点的把握和理解,也能调动全班学生思考的积极性。"学生对这样的课堂效果非常满意。

海洋声学是高大治的主要研究领域,他的研究方向是水下声传播和水下噪声。谈及科研工作和教学的关系,高大治认为二者是相互提高、相辅相成的,"从某种程度上来说,科研对教学的影响更大一些"。在高大治看来,长期从事科研工作,会提高教师的思维深度,对某一方面的知识理解也会更加全面和深刻。声波的干涉是一种常见的物理现象,也是很重要的一个物理概念,高大治用干涉来举了一个例子:"同样是给同学们讲解干涉的知识,有没有相关科研经历来支撑,在教学效果上是有很大区别的。因为在相关科研工作要进行深入的数学推导、数值仿真,更重要的是进行了大量的实验及数据处理工作。有了这些科研经历的支撑,对于干涉这种现象的理解会更加深刻。这种对知识的内化理解,使我在课堂上教授的时候会更加游刃有余。"高大治认为,一个老师仅仅做照本宣科是远远不够的,只有从复杂的知识内容中提炼出关键点并用简单的语言来引导学生理解,才能达到更好的教学效果。"对我来说,科研的过程恰恰是一个加深知识学习的过程,我也可以更好地将这种来源于实践的理解传递给学生。"高大治如是说。

2012 年,在他从教第 10 个年头,高大治开始思考,除了传授知识之外,怎样做才能对学生更有帮助。"一开始是给自己担任班主任所带的班级做一些有针对性的讲座,后来就发展成为现在的'课前一讲'。"所谓"课前一讲",就是不定期地在课前的 5 ～ 10 分钟给学生做一些简短的讲解。"课前一讲"的内容非常丰富,有些是学科前沿发展动向,有些是科研过程中的深刻体会,有时也涉及社会热点问题,抑或是传统文化知识。"我和学生探讨的这些内容超出了教学大纲,很多问题或内容也没有标准答案,比如我曾经让大一的学生来谈'为什么要学习'等。但是通过这种方式,确实在一定程度上让学生增加了知识面,开阔了眼界,更重要的是让他们开始去思考一些问题,形成自己的观点和看法,对于身边的事情可以做出更对的选择。"高大治也曾担心"课前一讲"会影响正常教学的效果,但他惊喜地发现,有了"课前一讲"之后,学生的上课效率提高了,学习效果反而更好了。这让他倍感欣慰。"针对一些事件的探讨,我从来不强求学生接受我的观点,我更希望的是他们会有自己的态度和想法,这是非常重要的。""哪怕是对学生有一点点积极的影响,我也觉得非常有意义。有时候,他们可能会用一种更对的方式去做事。"

"最有成就感的事情,应该就是看到自己的学生变得越来越优秀吧。"在采访的最后,高大治这样对记者说。

(学生记者　翟肇锴)

(原载《中国海洋大学报》第 2016 期第二版,2018 年 5 月 17 日)

黄 翔:
一缕书香伴我行

　　一个人无论以何谋生,生活从未剥夺他感受文字愉悦与力量的权利。在书的面前,他是它们的君王。这也是黄翔老师的生活写照。黄翔,材料科学与工程学院副教授,既是一位埋头于实验室搞科研的老师,亦是一位博览群书、穿越时空去探索人性的老师。

　　与黄翔的采访约定在图书馆大厅。人间三月的晨光微暖,如海底的星河般灿烂美好,那一束暖意薄薄地洒在他的面庞上。走过去打招呼,只见他手拿着《菜根谭》正看得入迷。这本糅合了儒家的中庸思想、道家的无为思想和释家的出世思想的人生处世哲学经典倒也是应景,应了这般静好岁月的光景。年少时,因着出身寒门和自我的否定,心脏变得敏感而纤细,单薄的骄傲躲藏在身后的阴影中,他只得从书中苦苦寻找答案。《人性的弱点》是黄翔的推荐书目,他也得以从中收获与人交往沟通的方法,得以总结出"真诚待人"的不二法门。

　　记得戴尔·卡耐基在《人性的弱点》一书中曾寄语:如果你想从本书中获益就必须具备一项不可或缺的条件,否则再多的方法也帮不了你的忙。这个神奇的条件就是,迫切改变自己和学习的意愿,一旦你具备此条件,不需要其他建议,就能从本书中获最大利益,并享受快乐的人生。那份对于寻求答案的迫切与急欲有所改变的渴切使得黄翔将这份"秘籍"的价值最大化,就像在山洞寻得武功秘籍的侠客,经过潜心修炼不断比试升级最终成为天下第一的存在。于那时的他而言,亦是如此。我想,这是否能给你我一点启迪呢?在人生迷茫、彷徨甚至是抑郁的日子里,逃避或放纵并不是治愈的良药,那只会让你我暂时沉溺在镜花水月里,但我们终究还是属于现实世界。或许,静坐读书,从书中去寻得解救自我的答案,我们将会重整旗鼓,生活也换成了曾经梦寐的模样。行于红尘,他一路弃掷拾捡,而那始终安放于行囊中的,便是书籍。

　　植根于骨骼血液中的浪漫情结,促使他选择地质学专业,心中充溢着饱览祖国大好河山的热切,连生活也变得轻盈而温柔。本科期间,他有幸探访了浙江江山、南京的明代化石,更曾到新疆野外初淘矿石。生活远不只最初的画意诗情,当我们拨开生活的层层伪装,剩下的是一种琐碎与平庸,甚至是一种切肤之痛。地质学亦是如此。他还记得在野外爬越群山的艰辛,记得风餐露宿的艰苦,记得那年的新年,万家灯火之时,他身在千里之外的异乡。那时,他将初淘的沙石带回实验室,伏案钻研,一行行沙粒于他而言,"那么大的工作量,我都快要看哭了"。沉默中,软泥上的青荇油油地在水底招摇,那天上虹被揉碎,沉淀着彩虹似的梦,而他,耐心与毅力在静默中滋生,埋头于科研事业的学者的模样已经初具。后来考博士时,他做出决定,淡出地质宝石行业,将之前积累的学科优势弃掷转而跨考上海硅酸盐所的材料专业。黄翔从来都是坚定的人,亦有超强的执行力。考博复习期间恰逢世界杯,同实验室的人聚在一起加油呐喊,而他在一边满心焦灼地复习。那时所有的声色光影都不容分说地镌刻进他的生命里,与考博成功的回忆在他的人生中交相辉映,永不褪色。考博结束回北京的火车上,车窗外的油菜花正开得热烈,明黄色格外扎眼,而那句"春风得意马蹄疾,一日看尽长安花"便带着诗人孟郊神采飞扬的得意之情,穿越千年的风云变幻,与这位即将迈入博士阶段的年轻人产生深刻的共鸣,在历史的回廊处伴着几道长风,发出严肃而庄重的回响。细细想来,着实让人感动不已。或许,是拉开了新生活的序幕吧,跨考转行的黄翔开始了他的材料人的生活。一切从头学起需要的不仅是最初的勇气与果敢,更需要那份最为朴实真挚的脚踏实地,亦需要献祭出日日夜夜的坚韧与坚持。毕业之时累计发表的文章数与申请的专利数无不宣告着他迈入材料行业的成功。耐心、坚韧、勇敢,这些他都拥有。

来到海大,材料科学与工程学院处于初建之时,各种仪器设备、科研力量都缺得很。黄翔谈及当时的生活条件,工薪很低,他和夫人面对家徒四壁的情景,唯一可以慰藉的仅是他从上海带来的四箱资料。没有时间去嫌弃抱怨,材料院仅有的几位老师转眼就进入了实验室埋头搞科研,及此,让人蓦地想起抗战时期成立的西南联大,师生们高唱"西山苍苍,滇水茫茫",在战乱之时潜心钻研学术,一群衣衫褴褛的知识分子,气宇轩昂地屹立于天地间。我想,不仅是文人学者拥有那种浩然正气,理工科科研人也将"为天地立心,为生民立命,为往圣继绝学,为万世开太平"镌刻进自己的信念中。

黄翔在课堂上也是严谨与和善兼具的。黄翔的"海洋工程材料"课堂是活跃的,他鼓励每位学生回答问题,循循善诱使得学生逐渐深入问题的核心,学生在搜索总结出答案的同时亦提高了概括表达能力。他亦是严谨的,对于得到的每个答案他都给予专业且针对性的修改,执着认真的样子像极了行在路上苦吟的贾岛。我曾在他的课堂上偷看文学考研资料,他得知后就减少了对我的提问次数,后来他悄悄对我说:"很支持你的选择,看到你争分夺秒地复习,我也不舍得打断你的思路了。但我还是会提问问题的,终日处于文科思维中,你也需要思考一下我的问题来锻炼一下自己的理科逻辑思维,知道吗?"老师真诚真挚的话便从此被镌刻进我的脑海,念念不忘,我也终于体会到被人理解与支持的幸运感。那之后,老师便会经常分享给我关于文学的音频。我始终在想,究竟是怎样博大的胸怀才会使老师关注到每位学生,毫无保留地分享与贡献。我想起那天早上黄老师在采访前先去了自己研究生的实验室,考虑到院楼装修的刺鼻气味,他为自己的学生带去了口罩,爱徒如子,便也是这般了。

(学生记者　赵　冰)

(原载《中国海洋大学报》第 2015 期第二版,2018 年 5 月 10 日)

庄　妍：
音乐教师也应具有科学精神

　　常人眼里，音乐就是文字加旋律。实则不然，音乐不是简单的组合，而是艺术与科学的碰撞。艺术系庄妍老师对音乐、教学和如何提升自己有独到的见解。

　　"兴趣是最好的老师。"一个人若要从事音乐相关工作，首先要对其感兴趣，否则他的路一定不会走得太远。庄妍与低音提琴的邂逅格外有趣。被低音提琴的声音深深吸引的她，瞒着家人偷偷拜师，到了交学费时家人才知道她去学了琴。这样的开始也一直影响她至今，以至于她在收学生时，会反复问："你对这个乐器感兴趣吗？你对音乐感兴趣吗？"音乐不会永远使人快乐，也会时常枯燥，只有秉持初心，从好的起点出发，才能让人坚持到最后。当处于瓶颈期、迷茫期时，由于兴趣，由于热爱，你才会有源源不断的向前的动力！庄妍认为，只有一个人有了兴趣，才会有想把梦想付诸行动、付诸实践的动力。

　　很多时候，学生在拉琴时总会感到迷茫，升学、就业、出国这样的节点会给人带来强烈的不知所措感。具体到课堂，学生在演奏时，往往找不到突破点，不知道怎么去提升自己的演奏能力。针对学生这样的状态，庄妍提出，学生一定要学会归于平静，使自己沉淀下来：第一，我们要有大的目标方向，明确要做什么、为什么。从现实考虑，我们也需要有美好的志向。第二，演奏人的心态以及对事物的感知能力决定了一场演出的好与坏。归于平静，学会沉淀自己，演奏人才会对音乐有完美的诠释。

　　对于现今的演奏状态和教学，庄妍认为，一方面要重视演奏，另一方面应该侧重于演奏与科研相结合。教学也好，演奏也好，如果没有科研的支撑，没有逻辑性的演奏理念，那么一定会是杂乱无序的。"在科研里面，你可以注重演奏或教学，但你也必须有科学钻研的精神。学生从老师身上不仅仅要学习音乐技巧，更要学习老师的逻辑思维能力以及对音乐的钻研精神。"

　　不少人认为学习音乐的人都是文化成绩不太好的人，庄妍在此也希望能矫正这种偏见。学音乐也是很辛苦的，得从小踏实练习，毕竟演奏骗不了人。实际上，艺术系的学生也有很多文化成绩十分好的，还有从其他专业转到艺术系的学生。音乐不仅要培养音乐人才，也要让更多非专业的人融入进来。

　　针对教学方法，庄妍指出，每个学生有不同的习性，有些人喜动，有些人喜静，在这种情况下演奏同一个作品,要么显得柔情优美,要么显得欢快热情。老师必须了解把握学生的特点,因材施教。在教学中,她一方面根据学生的特点进行量身定制,选择适合的音乐风格作为教学的侧重点;另一方面,她对学生并没有纯粹地量身定制,希望学生尝试挑战各种不同的音乐风格,以拓宽学生的音乐演奏之路。

除此之外,庄妍也很注重培养学生的课余兴趣。为了让学生更好地运用低音提琴演奏,她每周一晚上带队和学生一起参加交响乐团的排练及演出,让学生进行"实战练习",解决排演中出现的问题,克服困难片段的演奏,增强即兴演奏、识谱的专业技能,为就业打下基础。课后,为了更好地让学生理解课堂内容及作品背景等知识,在课后的作业中她加入"思考题"及"课外延伸阅读"等内容,并在下次课上以提问的方式加深学生对问题的理解,培养学生对音乐作品的分析解读能力,关注学术前沿的发展,激发学生学习的兴趣,取得了良好的效果。

庄妍多次参加大型国内外音乐会,令她印象最深的是 2016 年 5 月在西安举办的个人低音提琴专场音乐会,其中有不少学生的加入。庄妍在展示自己改编的、具有挑战性的作品的同时,也借着这次机会回馈海大的教育教学。"实际上,低音提琴很少会有独奏专场,当时开音乐会也很轰动,很多同行老师都表示鼓励支持。"她认为这只是一个开始,她希望低音提琴教育不仅在学校里,也要扩大到青岛市、山东省,甚至全国家。

庄妍说以后也会在学校里增加一些巡演的次数,使高雅艺术进校园变得更加现实。她希望学生热切关注,积极参与,感受音乐与科学结合的魅力。

(学生记者　黄　玲　石　珍)

(原载《中国海洋大学报》第 2014 期第二版,2018 年 5 月 3 日)

王 遥:
兴趣让坚持变成一种习惯

王遥是外国语学院的青年教师,虽然来到海大还不足一年,可他却是一位有着13年教学经验的"老"教师了。轻松活泼的课堂氛围、独具特色的教学方式,让他赢得了学生的广泛好评。

2017年秋季学期,王遥承担了"实用英语写作"与"学术英语读写"两门英语拓展类课程的教学任务。在"听、说、读、写"四项基本技能中,写作应用性最强、涵盖知识面最宽、训练难度最大,而传统的写作教学方式相对单一,部分学生由于对英语写作缺乏兴趣,学习的积极性往往不是很高,写作水平也很难得到明显提高。王遥的教学则从培养学生对写作课的兴趣、增强学生在课堂上的学习积极性入手,让学生真正爱上写作课。在一篇议论文的学习过程中,王遥将作文中的一个句子挑选出来,让学生尝试用五种方式来表达,这引起了学生的极大兴趣。而经过全班学生的积极思考,最终想出的表达方式居然有八种之多。王遥适时告诉学生,一个句子的表达方式有很多种,在实际的写作过程中,大多数学生的第一想法都是类似的,如果表达得与别人一样,就很难在考试中脱颖而出。"在平时的练习中,要多尝试变换表达方式,这样在考试过程中才会有更加出彩的第二、第三选择。"王遥这样讲道。他把这称为"别成家数",通过这样的方式,学生更容易写出让人眼前一亮的作文。

运用大量的比喻使教学更加生动通俗,这也是王遥一个独特的教学方法。在英语写作中,合理地运用关联词语能起到承启句意、疏通思路的作用,使文章的表达更加清晰明了,这也是教学过程中的一个重点内容。王遥将写作的过程比作爬崂山,而这些转承词语就像是沿途一个一个路标,提示景点名称和方向。有了这些路标,旅行才会更轻松、更省力。这样生动的比喻,既让学生认识到在写作中运用关联词语的重要作用,还增加了课堂的趣味性,提高了学生的学习兴趣。

王遥认为,写作的难点不在于词汇量大小、句式结构是否出彩,而在于思辨能力的培养。"写作的模板在网上很容易找到,但是一篇好的文章仅仅依靠模板是远远不够的。一篇文章是否出色,很大程度上取决于作者是否具有批判性思维,而这恰恰也是目前很多学生所欠缺的。"王遥认为,模板虽然在一定程度上能帮助学生更好地完成一篇作文,但由于话题的多样性,实际使用效果往往要打折扣,而培养学生的思辨能力,才能真正让作文提升一个档次。王遥也坦言,思辨能力的提高是一个长期的过程,这也是他在授课过程中特别关注的地方。比如在一篇有关"外卖是否应该进入大学校园"的议论文写作过程中,王遥一开始并没有给学生讲授写作技巧,而是鼓励学生"头脑风暴",从正、反两个方面寻找合适的论据,并尝试用英语将其完整地表达出来。在这个过程中,学生的写作思路越来越清晰,写作需要的逻辑思辨能力也得到了培养。王遥的另一个方法是让学生通过阅读来间接提升思辨意识。"很多人往往把阅读和写作割裂开来,这是不合适的。阅读的过程是学习别人写作思路和技巧的过程,而写作的最终目的也是让文本成为别人的阅读对象,读和写是紧密联系在一起的。"

除承担教学任务之外,王遥还积极从事科研工作,他的主要研究方向是语言类型学。语言类型学是一门研究各种语言的特征并进行分类的学科,通过大规模的语言调查、对比和分析,从跨语言的视角找出语言的共性与个性。"跨语言对比范围的扩大化,使得语言研究出现了很多新的突破口。"王遥举了一个很简单的例子,"汉语是属于汉藏语系的一个孤立的语族,具有很多独特性。长期以来,基于小范围的跨语言对比,学界一直认为汉语中的'把'字句与其他语言相比是具有唯一性的;然而,在将跨语言对比的范围扩大之后,类似'把'字句的句法结构在一些作格语言中也有发现,这无疑对汉语句法研究有重要意义。"目前,王遥目前正主持一项教育部人文社会科学的青年基金项目,专门从事跨语言对比方面的研究。

谈及教学和科研的关系,王遥认为二者是密不可分的。"人文学科与理工学科的研究有所不同,后者在一定程度上更倾向于'学以致用',而人文学科更加注重'学以致知'。"王遥如是说。长期在语言学领域从事科研工作,让王遥对语言的认知更加全面和深入。"科研工作为教学提供了坚实的理论支撑,让我在教学过程中有丰富的知识储备来传授给学生,并更好地为他们提供指导和帮助。另一方面,教学工作也可以反哺科研,因为语言教学本身恰恰也是语言学研究的一部分。二者是相辅相成,不可割裂的。"在王遥现在所从事的语言学研究中,一个至关重要的分支——文体学,就与他目前所讲授的英语写作类课程紧密相关,并在一定程度上为他的教学工作提供了支持。

"在我看来,英语学习最重要的有两点:一是兴趣,二是坚持,而前者又更重要些。"王遥认为,科研工作与学习过程是存在共性的,兴趣和坚持都不可或缺。他做了一个很形象的比喻:"学习或科研就好比是在一片未经开发的原始丛林中开辟一条道路,这个过程困难重重,如果你缺乏兴趣和坚持下去的毅力,你就会永远迷失在这里。"王遥觉得,如果对一门学科或者一项科研工作充满兴趣,那坚持下去就是顺其自然的事情了。"兴趣会让坚持变成一种习惯,学习的过程就会相对轻松许多。"王遥说道。

谈及对十几年来教学工作的感悟,王遥坦言,最盼望的就是学生有一天能够做出一番成绩,甚至超越自己。

"我希望有一天可以自豪地跟女儿说,这是爸爸教过的学生。"王遥如是说。

（学生记者　翟肇锴）

（原载《中国海洋大学报》第 2012 期第二版,2018 年 4 月 19 日）

金玉丽：
教学要以学生为中心

"教书育人是教师的天职，要想教好课，教师必须热爱教学工作，认真对待每一节课。"在工程学院金玉丽老师看来，教师要想上好每一堂课，不仅必须吃透教材内容，做到胸有成竹，还要博采众长，取其精华，确保知识准确度的同时又具有相当的知识高度和宽度。在2017年春季学期的教学评估中，她的"工程制图"课被评为优秀。

图样是每一个工程技术人员必须掌握的"工程界的语言"，"工程制图"作为所有工科专业必修的一门技术基础课，承担着培养学生空间思维能力和空间想象能力，熟悉并遵循国家有关标准，掌握基本的制图、识图技能的任务。如何在有限的学时内圆满完成教学任务？如何在课堂教学中为学生建立起空间思维框架，启发学生去发现和总结投影规律？如何改善工程制图传统的单调枯燥的课程教学？如何让学生意识到工程制图的重要性，建立起学习工程制图的兴趣和信心？更重要的是如何让学生找到适合自己的大学课程学习方法？针对教学过程中存在的以上问题，金玉丽从接过工程制图课程时，便着手在课堂上精心策划和设计教学活动的每一个环节。

"工程制图"课的主要授课对象是大一学生，而且学生来自不同专业，各专业学生对"工程制图"课的重要性认知不同。另外，新入学的大学生自主学习能力参差不齐，已习惯于中学阶段的填鸭式教学方式，此时的学生对大学课程的学习方法尚处于摸索阶段。因此，如何"授之以鱼"——使学生既能掌握课程知识，又可"授之以渔"——使学生建立起适于自己的大学课程学习方法，是金玉丽首先要解决的问题。为此，她首先对教学内容进行了优化。在章节的安排上不拘泥于教材体系，适当重复，前后呼应，注意循序渐进、由浅入深，给了学生自主学习的空间，提高了学习的积极性，同时还节省了教学时间。而她也摸索出了一套行之有效的"读心术"：教课过程中保持与学生语言和眼神的交流，从学生的表情变化中判断他们对讲授内容的理解和掌握程度，以及上课时的身体与心理变化。"比如大部分学生眉头紧锁或茫然时，意味着对该内容没有理解，这时可适当放慢进度，及时调整内容，使学生加深对知识的理解和掌握。"金玉丽笑着说道。

怎样才能将课堂教学精讲精练？"兴趣是最好的老师。"金玉丽说，如何激发学生的学习兴趣，是上好一门课程的关键。针对"工程制图"课程形象思维很强的特点，她将生活和工程中的实例，运用到三维到二维、二维到三维的绘图与读图中，使学生知道生产生活都与工程图样密切相关,让学生带着解决问题的热情和欲望听课,收到了良好的效果。金玉丽将许多鲜活的案例引入课堂。在讲绪论时,她通过球阀装配图样,使学生了解了"工程制图"课程的学习内容、学习方法以及重要性,激发了学生的学习兴趣;在零件图章节中通过球阀的拆装动画,结合球阀的阀芯和阀盖零件图使学生对零件图的作用和内容有清晰的理解,对零件图中的技术要求有明确的认识;在装配图章节中,通过球阀的工作原理动画及装配图样使学生了解装配图的作用和内容,同一个案例贯穿始末,使学生从开始的怀疑"我能画出和读懂这么复杂的图样吗?"到最后发现自己竟然能读懂图样,有强烈的成就感和满足感。

金玉丽还将启发式教学、对比式教学和互动式教学引入课堂。这些方法的应用,摒弃了"一言堂、满堂灌"的古板、僵化、陈旧、沉闷的教学方法,注重师生互动、师生情感的交流,坚持以教师为主导、学生为主体,注重增强学生的创造意识,尊重学生个性的发挥,使学生与教师在平等的氛围中交流探讨,实现不同观点的碰撞。

授课中,传统的板书教学模式,优势在于通过教师的肢体语言能够很好地吸引学生的注意力,使学生跟上教师的教学思路,教师可以根据学生掌握的情况灵活把握课程的节奏、调整授课的内容。在吸引学生的注意力上,教师的人格魅力、语言表达技巧和肢体语言技巧起到了主要作用。但由于在黑板上作图效率低,讲授的内容有限,再加上教学模型的限制,很多知识点只能通过口述和板书让学生想象立体空间,增加了教学难度,使学生对于二维图形和三维立体之间相互转变的空间思维的能力培养变得困难。鉴于传统板书教学和多媒体教学的优缺点,金玉丽在教学过程中把板书、多媒体有机结合起来,优势互补,只把屏幕放下三分之一,投影仪在屏幕上投映立体的图片或动画,结合实物模型展示使学生容易想象空间立体,降低空间分析和投影分析的难度,同时把图例投映到黑板上,节省了手工板书绘制图例的工作量和时间,在这个基础上来进行板书启发式图解作图。金玉丽在教学实践中发现,课堂上板书、多媒体和板书结合的多种教学模式极大缓解了学生的疲劳,吸引了学生的注意力,可以灵活调整讲授的节奏和内容,降低理解难度,获得较好的教学效果。而且,相比单纯的多媒体教学,学生课后作业完成度和正确率都有较大的提升。

有人说,教学永远是一门缺憾的艺术。课后,金玉丽经常回顾自己的"教学后记"和批改作业记录,吸取经验教训,进行自我调整,以促进教学能力的提高。她说,教学要以学生为中心。要想真正搞好教学,就要从教学问题研究入手,通过自我反思,寻找解决问题的方法,提高课堂教学效果,这才尽到了一名教师的本分。

(新闻中心记者　金　松)

(原载《中国海洋大学报》第 2007 期第二版,2018 年 3 月 15 日)

李效敏：
为师路漫漫

"师者，所以传道受业解惑也。"为师之道，古人一言以蔽之。选择成为一位老师，便是选择承担起一份责任。于中国海洋大学数学科学学院的李效敏教授而言，为师之路漫漫，教书育人视为己任。

一、种偶然之缘，结必然之果

1987 年，20 岁的李效敏考入泰安师范专科学校（泰安学院前身）数学系，从此与教育结缘。但当时的他，并非抱有宏大理想的热血青年，进入师范专业也仅仅是巧合。"成绩刚好够了。"换句话说，他最开始选择当老师只是单纯地为自己谋出路。在那个物资匮乏的年代，拥有一份稳定的工作是很多年轻人的理想，李效敏自然也不例外。但渐渐地，进入大学的他发现这种最起码的理想是远远不够的。"只是为了工作而读书是非常平庸的想法，我们在将来走向社会的时候能够发挥出自己的特长，人生才有意义。"他开始思考自己的选择和人生。人年轻的时候难免会感到迷茫无措，但幸运的是，他找到了自己未来应该走的方向。"在大学里，我发现自己很喜欢数学，教书也很适合我，算是歪打正着。"对某种事物感兴趣，需要经过一段过程。在泰安师专的两年，一粒偶然播种的种子，渐渐萌发。

有了人生目标，便有了奋斗动力。1989 年春夏之交，李效敏通过专升本考试进入曲阜师范大学学习，毕业后到莱芜一所中学执教。青年时的理想已经实现，他本应就此安定下来，却发现自己并没有放下自己的专业。一番思虑之后，他决定重新考研，并在三年之后进入华东师范大学攻读硕士学位。无疑，李效敏热爱数学，然而仅仅成为一个数学老师多少让他有些沮丧。现实没有给他太多的选择，因为当初签订的定向就业协议，硕士毕业后他要重新回莱芜任教。1999 年，他再次深造，考入山东大学数学系从事复分析理论研究，毕业后应聘到海大，教学与科研工作并行。兜兜转转，他终于还是没有离开讲台。"海大是一块沃土，从过去在中学工作，到现在在大学工作，自己感觉到机会的来之不易，所以平时在教学或科研方面很努力、很勤奋。"偶然结缘站上讲台，却因一步一步的牵绊，爱上这教书匠的工作。

"效敏老师是一位非常认真负责的老师。"他的学生这样评价他。每堂课从习题回顾开始,复习上节课所学的知识;然后教授新课内容,引入问题,逐步推导。效敏老师的课堂总是一步一步,耐心而细致,写满了一黑板的字,扑簌簌落下的粉末在晨光里清晰可见。"老师很关心我们的听课效果。"一名学生笑着说,"'刚才这道题听懂了吗?''你懂了吗?''同学们一定要重视课堂教学'都是他常挂在嘴边的几句话。"

李效敏专注用心的工作态度是在中学教学时养成的。"基层工作条件差一点,但锤炼出了我认真的工作态度,来到高校也不自觉地这样做。"在中学的执教经历,送给了他一笔宝贵的人生财富,而后多年,他亦不曾丢弃。

"我很喜欢效敏老师,觉得他是一个很有趣的老师。"谈起效敏老师,2016级生物科学专业的蒋朴莹同学丝毫不掩饰自己对他的喜爱,"要说不喜欢的地方,就是作业布置得有点多。"她打趣道。关于作业的问题,效敏老师立场很坚定,"作业是必须要做的,数学就得多做题才能会。"效敏老师一脸严肃地说着,但过后却开玩笑道,"我知道同学们都喜欢做题。"

效敏老师最开心的事就是解答学生的问题,他享受做老师的那种快乐。"你想知道吗?想知道我就告诉你。"带着点小得意的语气,神情可爱。不仅在平常有课的日子对课下询问的学生来者不拒,他每个星期还会特地抽出一个晚上为学生答疑。这是他的自发行为,从浮山的家赶到鱼山校区,没有报酬他也从不喊累。他来答疑有两重目的:一是排查学生不会的题,下次上课重点讲解;二是确实有一些同学有疑惑需要他来解答。"这其实也是一种责任心,来或不来,学校也没有硬性要求,但是我觉得自己必须来,毕竟有一些学生在等着我。学生有问题我来解答,这是我的义务。"

老师为学生解惑,并不局限于学习方面。"同学们有什么事都可以和我说,也欢迎大家来和我谈人生、谈理想。"除了关注学生在学习上的疑问,李效敏也同样重视学生的思想状态,"在课堂上要传递正能量,说话做事都要坚持四项基本原则,清楚什么该说什么不该说。"

上课也好,答疑也罢,李效敏所有行为的出发点都是出于对"师德"二字的尊重。他对此的解读很简单,只四个字:教书育人。"一方面要尽自己所能上好每一堂课,这是老师的本分。每上完一堂课,要反思自己的课堂效果。"此之谓教书。"另一方面,老师的言行举止应该做表率,把学生往正路上引。"此之谓育人。

"你是老师,你站在讲台上认不认真学生都能看得出来。"师是人予之敬,既已承之,怎可辜负。

二、师者之心,比之父母

常言道:"医者父母心。"师者之心,亦是如此。

因为自己青年时期的经历,李效敏始终认为学习在大学是十分重要的事。"青年人要学会珍惜时间,趁着年轻努力,50岁之后再想做一些事就晚了。"在老师心里,这一代年轻人智力、技能各方面都很不错,但缺少勤奋学习的精神。"在我们那个时代,学生没有周末,每天就是三点一线,学习看书。你们中学时也很努力,但现在有少部分同学丧失了当时的斗志,这是很不好的一种现象。"责任感的驱使,他对学生谆谆教导。

"老师总是拿一个考研的学长的例子告诉我们课堂学习的重要性,还告诉我们不听课期末是要挂的,特别是强调成绩好的同学往往都是那些上课认真听、作业认真做的同学。"听了很多遍,很多人都可以把老师的原话复述下来。"同学们上课一定要认真听",不厌其烦的话语中寄托着老师最单纯的心愿。

身为人父,李效敏非常理解学生父母的想法,他对学生的关怀将心比心,真诚自然。"人处在社会中,时时处处都会遇到挫折,有时间就多出去走走,磨炼自己的意志。经历过大风大浪的考验,才能自强不息。"

执教多年,李效敏未敢有一刻懈怠、遗忘师德,是以往无愧而心安然。为师路漫漫,效敏老师于此间天地行走,传道受业解惑,听心顺意,不亦乐乎?

（学生记者　高亚楠）

（原载"观海听涛"新闻网《人物》 2017-05-30）

刘 蕊：
学高为师，谦和待人

　　刘蕊，中国女子跆拳道队原主力队员。她奖项累累，曾获 2003 年第五届全国城市运动会跆拳道女子 +67 公斤级金牌、2004 年世界跆拳道青年锦标赛 +67 公斤级金牌、2005 年世界大学生运动会跆拳道女子 67 公斤级金牌、2009 年世界锦标赛亚军、2010 年第十六届广州亚运会跆拳道冠军，2004 年被共青团山东省委授予"新长征青年突击手"称号。而今，作为中国海洋大学的一名跆拳道老师，虽身份发生转变，但她对于跆拳道的热情不曾消减。

　　初见刘蕊老师是在一间简朴的教职工休息室里。她身着红色运动服，身材高挑，面容清秀，言语间流露出一种优雅的气质。看着她很难让人联想到她是跆拳道教练，更令人无法想象那段曾经摘金夺银的运动员生涯。

一、赛场上，因坚强而收获

　　从八岁开始接触跆拳道，到后来正式走上职业运动员道路，刘蕊接受了一般女孩难以想象的艰苦训练。跆拳道是相对激烈的对抗运动，磕磕碰碰不可避免。每次对抗练习后，身上青一块紫一块的情况都变成了家常便饭。为了练习好脚下步法，无数次重复、快速移动，脚底的血泡变成了泡中泡。也许正是刻苦训练带来的实力提升，她小小年纪就成绩不俗。2003 年，年仅 15 岁的刘蕊获得全国城市运动会金牌并入选国家队，成为国家队最年轻的主力队员。第二年，她又摘得世界跆拳道青年锦标赛金牌。逐渐成长的过程中，她在赛场上的高水平竞技和在赛场下谦和开朗的性格都给人们留下深刻的印象。

　　子曰："岁寒，然后知松柏之后凋也。"诚然，越是在艰苦的环境中越容易看出一个人的意志品质。2006 年，正在参加中韩对抗赛的刘蕊意外受伤，腿部韧带断裂。对于一名跆拳道运动员而言，这种程度的腿伤无疑是严重的，但当时刘蕊表现得格外坚强。她展现给周围人的不是消极的悲伤情绪，而是积极主动的治疗和恢复训练。为了不让家人担心，她并没有将自己的伤情告知亲友，就连最亲近的母亲都是在数月之后才从别人口中得知女儿的腿伤。

　　"礼义廉耻、忍耐克己、百折不屈"，这 12 个字是跆拳道精神的高度浓缩。跆拳道是十分注重礼节的运动，在这个基础上，要做到坚忍。在训练当中，受跆拳道精神的影响，她逐渐培养了性格中坚强的一面。

人生不是一帆风顺的,成功也不是某人的专利,我们每个人都是追梦人。在跆拳道的修炼之路上,刘蕊不仅收获了一枚枚沉甸甸的奖牌,也完善了自身的人格,为后来的教育生涯积累了宝贵的经验。

二、课堂中,以热情传学识

当被问及教学思想时,刘蕊先是凝视前方,短暂思考,而后端正身姿,神情略带严肃地说:"今天的教育强调师生平等,强调老师与学生是平等的伙伴,但仅仅这样还是不够。老师一定要在某个方面达到一定的高度。以这种高度来影响学生、引领学生,给学生以激励,给学生以示范,给学生以榜样。"

"高度"并不是指地位或者气势,对此,她有深入的理解:"这个高度不能是空的,不能是抽象的,空对空的说教效果不会好。只有从身边看得见、摸得着的,很亲近的,和他们天天在一起的老师身上看到高度,学生才会敬佩老师,才会追随老师,才会真正去模仿老师,这个时候,老师的高度才有可能成为学生的高度,教育自身也就有了高度。"作为跆拳道技术和思想的传授者,刘蕊除了有绝对实力、丰富经验以外,其热情的教学态度也是关键。

自 2014 年进入中国海洋大学任教以来,刘蕊因其饱含的热情和青春活力的授课方式被许多同学喜爱、关注。跆拳道是一门需要吃苦的课,初学者要做压腿、踢腿等基本练习,很多人被这道坎挡在门外。面对这种情况,她总是以自身的活力带动课堂气氛,以热情的态度鼓励学生突破自我。在教学态度上保持"平等",在教学方法上保持"高度",刘蕊不仅收获了好评,也收获了浓浓的师生情。"学期末,会有学生写信给我,表达感谢,倾诉内心。"她欣慰地说。

三、生活里,因感恩而快乐

刘蕊是赛场上的悍将、课堂上学生的良师益友,在生活里她却是温婉的淑女。如今已经升级做妈妈的她,体会了照顾子女的不易,更加理解感恩的重要意义。

2010 年广州亚运会,刘蕊在决赛中击败韩国名将吴贞娥,赢得冠军。赛后面对记者的采访,她说:"我首先感谢国家对跆拳道的支持;感谢有关领导坚定不移地发展跆拳道这个项目;感谢我的母校北京体育大学,把一个黄毛小丫头,培养成了亚运会冠军。另外,我还要感谢山东省体育局对我的培养和帮助。"有感恩之心的人,往往也能看到别人的付出。

作为学校教师队伍中的新生力量,刘蕊得到了很多老教师的帮助和指点。"非常感谢那些有经验的老前辈,教给我哪些事不能做,哪些事能做、怎样做。"她介绍,有的体育老师虽然上了年纪,但对待工作兢兢业业,课上尽量把每一个动作做到位,是值得她学习的榜样。

谦和待人,心存感恩,这种优秀的人格是跆拳道精神"礼义廉耻、忍耐克己、百折不屈"中"礼义廉耻"的具体呈现,也是刘蕊在生活中奉行的处世准则。

生活中的她是忙碌的。身为军属,丈夫长期不在身边,又有孩子需要照顾,有时候即使孩子生病,刘蕊也会准时来到操场为学生上课。"原本身体是疲惫的,但是每当看到学生朝气蓬勃的样子,就会感觉自己也充满了朝气。"

在感谢学生带给自己工作动力的同时,她也表达了对学生的期望。她希望当代大学生能够相信自我,突破自我,将运动培养成一种习惯,让跆拳道成为一种修身养性的运动或一种防身的手段。

因坚强而收获,因感恩而快乐,以热情赢尊重,以高度传学识。在发展跆拳道运动的道路上,属于刘蕊的路还很长。

（学生记者　丁　一）

（原载"观海听涛"新闻网《人物》　2017-05-14）

谷宝玉：
学百家法，走自己路——花鸟画里绘人生

在中国海洋大学崂山校区教学楼里经常有一位年逾古稀的老者给学生讲解绘画，从构图，到调色，再到下笔……老人不厌其烦地演示，学生围拢在他的周围，看得仔细、学得认真，甚至有学生掏出手机把老人绘画的全过程记录下来，用作课下揣摩研习的教程。这位老人就是"中国花鸟画绘画技法"课的主讲教师谷宝玉。

在海大学子眼中，谷宝玉是传授绘画技法的教授，是和蔼可亲的长者；在中国画界，谷宝玉是令人敬仰的大师。早年他曾跟随我国著名画家李苦禅、王雪涛学习绘画，是齐白石的第三代传人，目前担任青岛中国画研究院院长。2014年7月初，谷宝玉正式受聘中国海洋大学，与谷鹏、王军、左华昌、耿俊萍等教师一起讲授"中国花鸟画绘画技法"通识教育课程。

"画院招收的入室弟子都有一定的绘画基础，他们以提高为主；海大的学生大部分是零基础，则以普及为主。"谈及海大学生和绘画工作室徒弟的不同，他如此概括。"希望通过我们的努力，让青年学生了解中国画这一民族瑰宝，也希望他们在学习专业知识的同时，初步掌握花鸟画的绘画技法。"

作为齐白石的第三代传人，在课堂教学中，谷宝玉秉承老一辈"学我者生，似我者死"的祖训，用中国传统绘画的"六法原则"（气韵生动、骨法用笔、应物象形、随类赋彩、经营位置、传移模写）来教导学生，既有所传承，又创新突破。他把这归结为"学百家法，走自己路"，并将这八个字装裱起来张贴在海大的中国画教研室内。在与学生的相处中，谷宝玉奉行"交朋友"的原则，"课堂上我教你学，课下彼此是朋友"。他说，感情上融洽了，学生学起来也就轻松了。作为一名画家，谷宝玉社会活动较多，但即使再忙，他也会按时上课。据和他一起上课的王军老师回忆，2015年9月，受四川画院邀请谷宝玉出席了一场文化交流活动，对方希望他多住一晚，再多画几幅作品，谷宝玉谢绝挽留，于当晚11点赶回青岛。"尽管有我们4位老师在这里给学生上课，但他依然放心不下，必须亲自到教室。"王军说，"看见谷老师这样认真，我们更不敢有一丝懈怠。"

"这真是零基础的学生画的吗？我不敢相信。"2016年4月13日，学校党委书记鞠传进在参观学生优秀作品展时，对学生历经一学期学习所掌握的绘画技艺给予赞叹。自2015年以来，这样的画展已经举办了四届。"一是想给学生一个展示自我的机会，给他

们一点鼓励和信心；二是对我们的教学工作做一个总结，给学校一个交代。"谈及举办画展的初衷，谷宝玉这样说。历经两年多的积累，这一开在海大园里的画展已小有名气，不仅受到广大师生的关注，还吸引了青岛、潍坊等地的绘画爱好者前来观看，甚至有美术画廊愿意以每张一两百元的价格收购学生的作品。看见学生绘画技艺不断提升，高兴的不仅是老师和学校领导，还有家长。参加该课程学习的高洁同学在母亲生日时画了一幅寿桃以示祝福，"看见我的礼物，妈妈很开心，夸我画得好。"

除了传授给学生绘画的技巧以外，谷宝玉和他的团队还关心学生的生活，于点滴中传递着为师者的关怀与温暖。这一点，汉语言文学专业2012级的张璐同学深有感触。"学生上课总是伏在桌子上，感觉很吃力。有一次，在微信聊天中我得知孩子患有腰椎间盘突出，严重时都疼得下不了床。"左华昌说，"我就把这一情况向谷老师做了汇报，王军老师帮着联系了部队疗养院的专家免费给学生做复位治疗。""左老师开车带我去治疗真的令我很感动，那是一种他人救我于水火之中的感觉，一下子让我看到了希望。"张璐说，经过三次治疗她又可以和往常一样上课学习了。2016年大学毕业时，张璐被保送到武汉大学继续深造。武汉大学与美国匹兹堡大学建有孔子学院，国家汉办在武汉大学选拔中文教师时，张璐报了名，当面试人员问她会什么传统才艺时，她拿出了自己的绘画作品，"面试人员也没让我现场演示，只是问我学习了多久，跟谁学的，就顺利通过了面试"。她也赶紧把这一喜讯告诉了远在青岛的老师们。"听到这一消息，为学生感到高兴，也证明了我们的课对学生的成长成才是有帮助的。"谷宝玉说。

在这种亦师亦友的关系中，学生不仅更加喜欢这门课，而且也喜欢和教这门课的老师聊天，甚至会三五成群地跑到谷宝玉的中国画研究院拜访。尽管毫无准备，但每当有学生来，谷宝玉都会放下手头的工作，给予热情接待。"谷老师，您顺利回去了吧？今天非常荣幸，非常开心，您陪我们聊天，送给我们画册，请我们吃饭，还亲自开车送我们回来，老师您真好！谢谢老师！"谷宝玉说，他的手机里类似的信息还有很多，出于安全考虑，他把学生送回来，学生反过来又关心他的安危，"我们的学生太懂事了，也很可爱"。

从2014年秋季学期时的两个班不到60人，发展到现在的8个班200余人，这门课越来越受到学生的欢迎，有的学生选不上课就来旁听，甚至已经结课或者毕业的学生也会继续跟着学习。郑瑶琦是2012级的学生，自2014年秋季学期便在谷宝玉的课堂上学习绘画，时至今天已经两年半了。"我以前很少和人交流，见了老师就紧张。花鸟画的课堂气氛活跃，老师一对一地给我指导，鼓励我，使我变得自信，性格也开朗起来，并善于和周围的同学、老师交流了。"郑瑶琦说。2016年毕业时，郑瑶琦凭借优异的成绩获得了保送研究生的资格，在选择去外校还是在本校时，她毫不犹豫地选择了本校，"在海大可以继续学习绘画，我也决定将来找一份与此有关的工作"，这是她对这所校园恋恋不舍的理由之一。

在"中国花鸟画绘画技法"的课堂上，学习绘画的不仅有学生，部分教师以及在青岛大学执教的外籍友人也慕名前来学习。谈起两年多来，这门课程的建设与发展，谷宝玉说，首先感谢学校对美术教育的重视，把这一门课引入海大；也感谢与他共同执教的整个团队,这份口碑和荣誉是集体努力的结果;还要感谢学生对他们的信任。

谈及课程的未来发展,谷宝玉的脑海中有一幅清晰的蓝图,"要尽快把教材编写出版出来。花鸟画的教学已经完善成熟,今后要考虑增加山水画、人物画的内容,让学生更加全面详细地掌握中国画的绘画技巧。"

（新闻中心记者　冯文波）

（原载"观海听涛"新闻网《回澜阁》 2016-12-22）

刘 霞：
精力善用，自他共荣

　　"老师是个'大牛'，得过金牌，脾气很好。""这是我上过的最难的一门体育课，但这门课很充实。""上课学动作，就是有点累，老师人超级好。"……在网上搜索"中国海洋大学柔道"这一关键词，会看到许多诸如此类的评语。而发帖者评论的焦点都与自 2014 年春季学期始学校开设的一门公共基础课——"柔道"有关。多年来，令无数海大学子好奇和向往的除了"柔道"这一运动项目外，还有这门课的任课教师。

　　2004 年夏天，在雅典奥运会的赛场上，25 岁的青岛姑娘刘霞获得了柔道 -78 公斤级银牌，从此被更多的人所熟识和关注。2007 年、2008 年，她不负众望，又分别获得了世界柔道团体赛冠军和德国柔道世界杯冠军。2009 年，在获得第十一届全国运动会无差级别冠军后，她选择了退役，离开了相伴 15 年的国家队。从竞技赛场上退下来的刘霞，并没有离开自己的专业，"对这个项目还是热爱、喜欢，有感情。"刘霞说。在教练徐殿平的指导下她选择继续从事柔道运动的普及与推广工作，而"柔道进校园"便是这一工作的重要内容之一。

　　2014 年，在中国女子柔道队教练徐殿平和中国海洋大学领导的积极协商与共同努力下，"柔道"这一特色体育项目引入中国海洋大学，设为体育课，并在基金会的支持下建立了柔道馆，以任课教师刘霞的名字命名。"中国海洋大学刘霞柔道馆不对外招生，只为海大的教学服务，致力于在青年大学生中推广这一运动"，刘霞表示，柔道这一运动项目，在青岛的小学、中学推广得还不错，但在大学开设柔道课，海大走在了全国高校的前列。

　　从教学场地的选择，到房间的设计与布置，再到服装的购买和垫子的铺设……各个环节刘霞都亲力亲为。2014 年春季学期伊始，学生迎来了海大园的第一堂柔道课。根据学校以往的体育课开课惯例，新学期第一节课学生会在运动场集合，就在刘霞把学生领去柔道馆上课的路上，港航专业的杨洋同学拦住了她。"我早就听说学校新来了一个世界冠军教柔道。那天我刚好下课，看见刘老师带着一队学生走过。"杨洋说，他向刘霞表达了想和她一起学柔道的愿望，但是他没选上这门课，"刘老师热情地欢迎我来上课。"毕业后，杨洋去了重庆工作，但依然没有忘记海大的柔道课。有时，他利用回青探亲的机会，专程到海大看望刘霞老师，并跟着老师再上一次柔道课。随着时间的推移，刘霞的柔道课越来越受学生喜爱,但名额有限,选不上课的学生就想方设法找到她的手机号、QQ 号或者微信号,希望去旁听这门课。"这些学生是发自内心的喜欢,我欢迎他们来上课。"

"精力善用,自他共荣"是柔道运动倡导的精神理念。刘霞希望学生通过一学期的学习,真正理解这一理念,"这比让他们学会几个技巧、几个动作重要得多,这也是柔道进校园的目标之一"。柔道是非常重视礼仪的,讲求"以礼始,以礼终",即使面对对手也要心怀敬意。教学中,刘霞也十分侧重对学生进行这方面的训练和培养。上课前,鞋子都要摆得整整齐齐,进入场馆要行礼,见老师要行礼,与搭档配合要行礼,课程结束后要行礼……学生做得不到位,刘霞就会让他们重新做。"后来,不用我监督,他们也会自觉地把鞋子摆成一条线。许多同学在选修这门课后,变得更加懂礼貌、感恩,也更加自信和勇敢。"刘霞说。

在海大教授柔道课的这些年里,刘霞的感受是,学校层面重视这门课的发展建设,学生的悟性也很高,对柔道的动作要领掌握较快,只是由于身体素质的差异,个别学生在灵活性、协调性方面稍微有些不足。对此,她及时进行总结,并修改教学方案,着重加强学生这方面的训练。"这是一个教学相长的过程,学生也在帮助我进步。"有时,刘霞也会发现一些适合练习柔道的"好苗子",忍不住夸赞:"你这身体太适合练柔道了,你如果年龄小的话,我一定推荐你去练柔道。"这样的学生,她会引导他们在大众柔道的道路上不断发展。基于对这门课程的喜爱,2015 年学生自发成立了海大柔道社,刘霞也乐意对他们进行指导,在完成每周一、二、三、五的教学任务后,在周四下午陪社团的学生练习。"没有什么特殊的事,我会来指导。学生那么喜欢,我发自内心地想去指导他们。"为了培养学生对柔道的兴趣和爱好,刘霞也积极地建议和协助学生参加各种柔道赛事。2015 年 8 月,第二届青岛沙滩柔道赛举行期间,虽然正值暑假,刘霞还是把这一消息告诉了海大的学生。最终,中国海洋大学有 4 名学生参赛,并收获了一银、一铜两块奖牌。"成绩倒是次要的,重在参与,关键是学生爱好这项运动",刘霞坦然地说道。

对于学生在网络上对这门课的评价,刘霞说:"要说难,我承认这门课确实比较复杂,既要求有速度和力量,还要做到灵活和协调。"至于有学生反映的"累",刘霞笑笑说:"如果上一堂体育课身体一点反应也没有,那就不叫体育课了。"

"我很喜欢海大的氛围,也很享受和学生在一起的过程。学生对新鲜事物的好奇、渴望与探索,也使我特别希望把自己所知道的教给他们。""我希望有一天创建一支中国海洋大学柔道队,为学校争光,让更多的人了解海大,了解柔道运动。"刘霞说,这还只是她的一个初步设想,真正付诸实施,还需各方的协调与共同努力。

（新闻中心记者　冯文波）

（原载"观海听涛"新闻网《回澜阁》　2016-12-22）

万升标：
爱是坚守的理由

"刚入大学那会儿，觉得万老师对我们管得太多了。在家有父母管着，高中有教导主任管着，没想到大学又遇见了这么一位事无巨细的班主任。"现在学校医药学院做博士后的荣小至谈起自己大学时代的班主任万升标对学生的关爱之情依然深有感触。

2005年，万升标在药物化学家郭宗儒研究员的引荐下进入医药学院工作。"20世纪90年代，我的导师郭宗儒受管华诗校长的邀约经常来海大交流讲学。导师对我说，这边发展势头很好，建议我过来看看。管华诗校长、耿美玉教授盛情相邀，希望我来，江涛教授的科研团队也欣然接纳我。"万升标说，按照海大的惯例，新入职的教师都需要经历一次担任班主任的过程。"虽然当时我已经39岁了，但当班主任我也义不容辞。初到海大，科研任务不是很重，我就把工作重点放在班级管理和教学上。"

面对这些比自己小了20多岁的大学生，万升标依靠过来人的经验，第一学期就在班级管理、学风建设上不断夯实基础、筑牢根基。"有一次学院开会时，管华诗院士说，学业困难的学生多是因为英语成绩不好。"万升标说，凭着自己多年求学、工作以及在我国香港地区大学做研究的经历，他也深深知道英语学习的重要性。"我们每周开一次班会，单周讨论班级事务，双周分小组学习英语，万老师负责给我们打印材料。当时我们觉得万老师管得严，而且很累，但后来很多同学考研究生、出国读书因此受益。"荣小至说。"一开始是我带着他们学，主要是培养他们学习英语的兴趣，养成习惯，后来就是学生自己学了。"万升标一再强调第一学期打牢基础的重要性。在班级管理上，他还主动与学生家长保持沟通，走"家校育人"之路。关于这一点，他有一个生动的比喻："家长供孩子来上学，家长就好比是股东，对于孩子学习的好与坏，股东有权知道。"为此，他不仅与各位学生的家长保持密切联系，还在第一学期结束的时候，给每一位家长写信，请学生带回家。

为了让学生养成良好的学习习惯，万升标可谓用尽了心思。为了督促大家上自习，晚饭后他就去学生宿舍转一圈，一旦发现学生在做和学习无关的事情，他会动之以情、晓之以理，劝导大家以学业为重。鱼山校区5号楼曾经是2005级药学班的女生宿舍，万升标第一次去查宿舍的时候，学生社区的阿姨对他很是警惕，步步紧跟。"后来我们班主任也就不来女生宿舍了，经常去查男生宿舍。"荣小至说。除了指导学生抓好英语的学习外,万升标还要求学生对数学、有机化学的学习也不能放松。他甚至找了实验室的研究生陪着 2005 级药学专业的学生上自习,学生有不懂的地方可以向师兄、师姐询问。经过一两个学期的努力,成效开始显现。"每天早晨走进校园,在校医院旁的小花园里有一批我的学生,在图书馆前也有一批,还有一批男生在八关山上。他们还是很用功的,班上的学习氛围很好。"万升标笑着说。

除了关心学生的学习外,在生活中万升标对他们也是爱护有加。学生生病了,他跑前跑后,联系医生,找床位,垫付医药费,陪床照顾。有的学生生活费、学费捉襟见肘时,他也会慷慨解囊予以资助。"有一次我们女生搬宿舍,东西太多,楼层又高,班上的男生累得够呛。万老师心疼他们,自己出钱雇了一个搬家公司给我们搬过去。"荣小至言语间满是感激。

万升标对学生的关爱之情在感动 2005 级药学专业学生的同时,也赢得了其他年级学生的赞誉。万升标负责给医药学院的本科生讲授"药物合成反应"课程,为了认识大家,他把上课学生的照片提前收集起来,认真记下每一位学生的名字和相貌。"有一次我没去上课,被他发现了,找去谈话,以后再也不敢了。"2010 级药学专业学生杨柳说。为了夯实学生的专业基础,他向分管本科教学工作的李筠副院长建议,促成了"药学有机沙龙"的创建。

时间久了,有调皮的学生称呼万升标为"标哥",他笑笑,欣然接受。2005 级药学专业的学生毕业时,制作了一本纪念册送给万升标,以图片和文字的形式记录下了他们四年的点点滴滴,万升标格外珍惜。"万老师还经常拿给下一级的师弟师妹们看,自豪地'显摆'一下我们班级的荣耀。"荣小至说。

科研上,万升标曾经成功仿制了广谱抗菌四环素类抗生素——"米诺环素",目前正在加紧超级耐药细菌抑制剂的研究。尽管很忙,他仍然密切关注着每一位学生的成长与发展,借助网络、电话在他们前行的人生路上给予指导和鼓励。学生重返青岛,喜欢找他聚聚,再一次当面聆听班主任的教诲与唠叨。

(新闻中心记者 冯文波)

(原载"观海听涛"新闻网《回澜阁》 2016-04-01)

徐宾铎：
用爱和责任守望学生成长

在中国海洋大学水产学院，凡是上过"海洋环境生态学"这门课的学生，都会被任课老师徐宾铎温文尔雅、深入浅出、娓娓道来的讲课风格所吸引，特别是他自创的把海洋生态系统比作皮球的理论，更是令人耳目一新、通俗易懂。不仅在课堂上，在生活中、科研上和班级管理方面，徐宾铎也深受同事和学生的喜爱，他笑容亲切、平易近人、勤勉尽责，被渔业学科的学生称作心中的"偶像"与"男神"，这份肯定背后折射出的是他在中国海洋大学工作的岁月里，用爱和责任守望学生成长的故事。

自 2004 年参加工作以来，徐宾铎先后担任过 2005 级、2014 级的海洋资源与环境专业两个班的班主任。为了拉近与学生的距离，了解学生的基本情况，徐宾铎会提前搜集每一位学生的信息。如为了尽快熟悉 2014 级学生情况，他把学生刚入学时参加英语摸底考试的准考证照片翻拍下来，留存在电脑上，反复浏览，印在脑海中。"刚入学军训那会儿，徐老师就知道我们班谁是谁，来自什么地方。我们就觉得他还挺神的。"2014 级海洋资源与环境专业学生龚艳玲说。

学生初入大学，面对新的环境，有时会迷茫，找不准未来发展的方向和目标。徐宾铎从稳定学生的"专业思想"入手，与学生谈心，鼓励他们放平心态，不要急躁，一步一个脚印地走，先搞好当下的学习，等第一学期适应大学生活以后，再开始确定目标、规划未来的长远发展。有学生沉迷于网络游戏，以至于影响了学业，徐宾铎说，十八九岁的年龄，贪玩是普遍现象，教育在于疏导而不是强令制止，"我会逐步引导他们树立自己的梦想和目标，游戏不是不可以玩，但是要适可而止，当他们玩游戏的时候会自己想一想该不该无节制地玩"。为了掌握学生学习、实践等方面的情况，他请班委把每一名学生参加社团和社会实践的情况列出来，再结合他们的学习成绩逐一分析。"如果是社团活动影响了学习，徐老师会建议同学把社团活动先放一放，把学习搞上去；有的同学没有参加社团，学习成绩也不是很理想，徐老师会积极地帮他查找原因，争取尽快赶上。"2014 级海洋资源与环境专业学生李琪说。

"徐老师经常用浅显易懂的例子讲解专业课中枯燥难懂的理论，再无聊的知识都能让学生听得津津有味。"曾经上过他的"海洋环境生态学"课程的王晶同学说，比较经典的当属徐宾铎的"皮球理论"了。徐宾铎把海洋生态系统比作一个皮球，人一脚踩下去皮球瘪了,就好比海洋生态系统遭到了人类的破坏,并产生了不良后果。如果人类还想用这个皮球,就得维修,这就牵涉海洋生态系统受损后修复的知识。为了避免类似的事情发生,人类要采取积极有效的措施,管理好自己的行为,尽力避免踩扁那只皮球。"这门课就包括这三大块内容:一是人类活动的影响,二是修复,三是管理。"徐宾铎说,不要求学生会背多少理论和概念,但是作为中国海洋大学的学生要具备海洋生态保护的意识,如果我们自己的学生都做不到,就更无法要求其他人来保护海洋、热爱海洋了。

学业上,徐宾铎是学生的良师;生活中,他还是学生的益友,让学生时时刻刻感受到老师的关爱之情。他的手机 24 小时开机,学生有困难、有问题随时可以找他,他基本都可以"秒回"。这一点,2014 级海洋资源与环境专业的刘帅同学深有感触:"刚入学时,对海大环境不熟,中午我发信息问徐老师哪有照相馆,徐老师马上打电话过来,告诉我去照相馆怎么走,真的很贴心。"同样的感动,龚艳玲也经历过一次,"有一次上实验课之前,一名同学突然身体不适,就想调课,但是没有任课老师的联系方式,学院网站查不到,问同学也不知道,我就给徐老师发了一条信息,他一开始给我回了'不知道',但一会儿,他又把任课老师的电话发给了我,说临时帮我问的"。关爱学生,从一点一滴做起,徐宾铎在工作中持续彰显着为师者的魅力。

徐宾铎在读研究生期间,我国渔业资源领域的著名专家陈大刚教授告诫他们,海洋渔业事关国家粮食安全,你们要敢于担当,坚守住这块阵地,不要让这一领域后继无人。"受老一辈的教导与启发,在科研上,我的主要研究领域为渔业资源与生态学。"徐宾铎说,在坚守阵地的同时,他也不断拓展新的研究方向,最近几年他又从事了渔业资源调查采样设计及优化方面的研究,"目前国内这方面的研究还不是很多,通过前期我们在海州湾做的科研项目来看,效果还不错"。生活中的徐宾铎,爱好运动,尤其爱好乒乓球,但工作以后也很少打了。现在流行跑步,他也买了一个手环,平均每天跑一万步。他还喜欢在办公室养点花草,"增添一份生机和活力,减轻压力,愉悦身心。"他笑着说。

(新闻中心记者　冯文波)

(原载"观海听涛"新闻网《回澜阁》 2016-04-01)

徐德荣:
怀一颗赤子之心,为孩子而译

作为一名教师,他不仅课讲得好,而且充满童趣,喜欢写诗,还深得全院教职工的喜爱,被教师、学生亲切地称为"暖男",他就是外国语学院英语系的徐德荣老师。

有一年,在中国海洋大学举行的课程教学评估总结表彰会上,全校共有五门课程获得了优秀,徐德荣主讲的"中级英语"成为文科领域唯一入选的课程。在这令人欣喜的时刻,他首先想到的是应该感谢自己的学生,正是有了他们的支持和倾听以及在教学上的探讨与交流,他才能把这门课讲好,这是集体智慧的结晶。

此前,在给学生的信中他这样写道:"我很珍惜班上的每一位同学,喜欢读大家的每一双眼睛,那每一双眼睛都是一首诗、一股泉、一幅画,比如黄美珊的眼睛里的快乐与顽皮,黄婧眼里的温和与从容,刘梦然眼里的灵动和活跃,申美玲眼里的理解和执着……这些眼睛如星光,会永远挂在我心里蓝色的夜空。"

课堂上的徐德荣总是热情似火、激情澎湃,一门单调的语言课在他的讲述下变得生动、活泼,引人入胜,他对英语的如痴如醉、娓娓道来也深深地影响着台下的学生。"徐老师的微笑我印象深刻,惧怕英语 20 多年,现在开始喜欢英语了。""喜欢他的课,正如喜欢他的诗,令人沉迷其中,忘记了时间。"又是一年教师节,学生纷纷通过微信回忆着那份美好的过往。

"当课程结束的时候,学生涌上讲台与我合影留念,并把贴有他们照片的赠言送给我。"任时光流逝,徐德荣依然记得那动人的一幕。他特意选择了一个安静的夜晚,去细心品读学生的赠言。"读着读着,眼睛开始湿润,内心如洗。"

徐德荣从事的是儿童文学翻译研究,1978 年出生的他,始终怀有一颗童心,对待学生像对待自己的孩子一样,给他们宽容和自由发展的空间。"对学生,我只建议、不批评。"有一次课上,徐德荣批评了一位学生,发现效果也不是很好,为此他一直心里不踏实,感到内疚。从那时起,他觉得批评不见得效果会好,尊重人、理解人永远是好的。

徐德荣不仅是学生最喜爱的老师、优秀班主任,也是我国儿童文学翻译界一名优秀的青年学者。他申报的教育部人文社科项目"谁为孩子而译?"和国家社科项目"儿童文学翻译的文体学研究"在国内都属首个,当前,在国内这个制高点属于他。他翻译的《红狐》《跛脚迪吉》《绿野仙踪》等儿童文学作品深受小读者的喜爱;他主译的《黄金时代的中国儿童文学》成为"中国文学走出去"重大项目，为西方国家了解中国儿童文学发展、促进中西方文化交流开启了一扇窗。

2014年10月，在为庆祝中国海洋大学建校90周年而召开的全球海洋峰会上担任同声传译的正是徐德荣和他的同事梁红。作为一名优秀的口译人才，徐德荣曾多次担任山东省、青岛市、中国海洋大学的会议翻译工作，国际海水淡化大会、国际纳米科技年会、青岛国际商标节、国际兽医大会以及学校一些重要外事活动的现场都曾回荡着他那低沉浑厚、富有磁性的声音。

徐德荣喜欢写诗，他的诗率性而为，富有生活气息，开车等信号灯、在海边散步、朋友的聚散离别都成为他写诗的灵感激发点。《向海而生》《送别》《今夜，只关心月亮》《致毕业生》《蚊子司晨》……一首首富含哲理的小诗，通过他的微信传播出去，竟然粉丝无数、点赞率很高。有读者留言："非常喜欢徐老师写的诗，幽默洒脱，又时而充满童趣，富有想象力。""徐老师的诗充满童真，因为他有一颗赤子之心。他的诗不失睿智，因为他热爱生活。怀着这样热爱生活、时刻能够从生活中发现美的心，他怎能不全心对待学生，使发现美的眼睛、感受美的心灵在年轻的学子身上也生发出来呢？"

"孩子、学生都是我的老师，他们给予我的比我给他们的多"，徐德荣说，刚翻译出来的作品，他会首先拿给儿子读，也会与自己的学生分享。"怀一颗赤子之心，为孩子而译"是徐德荣进取的方向。

（新闻中心记者　冯文波）

（原载"观海听涛"新闻网《回澜阁》　2015-09-10）

张　婧：
正能量的传播者

2014 年夏天，对于学校化学化工学院 32 岁的青年教师张婧来说有点纠结，秋季学期开学，学院决定让她担任新生班的班主任。"当时有点犯怵，自己没有这方面的经验，而且要跟他们相处四年，总担心做不好。"回忆起刚接到通知时的感受，张婧依然记忆犹新。后来，在学院领导的鼓励下，她放下压力，决定挑战自我，试一试。一年下来，她不仅毫无压力，而且爱上了这份工作，还和 2014 级化学 2 班的 35 个"孩子"结下了深厚的感情。

"30 多个鲜活的青春交到自己的手上，作为班主任我能带给他们什么？把他们引导成什么样的人？"初为人师的她曾经冥思苦想，也曾到处取经问计。在岁月的流逝中，在实践的摸索中，她慢慢体会到这是一个斑斓的舞台，白纸、颜料都在，需要她和学生一起动手描绘四年的美好画卷。

每年的秋季学期是张婧最忙的时候，她在鱼山、崂山两校区都有课，在鱼山校区给海洋生命学院的学生讲"无机及分析化学"，在崂山校区给化学化工学院大三的学生开专业课。"记得张老师给我们讲'薛定谔方程'时，先讲了'薛定谔的猫'，又讲了'薛定谔的滚'，那些通俗易懂、生动有趣的讲解，现在想起来，依然很开心，印象特别深刻。"张天琦同学说，"在课堂上，张老师还会和我们分享一些典故以及她的所见所闻，引导我们去思考、去领悟其中的道理。"

访谈中，张婧说得最多的词是"偏心"和"亏欠"。她觉得自己每周两天在鱼山校区上课，还有一天在崂山校区讲专业课，平时又有科研任务，偶尔还要出差，这样就有些亏欠 2014 级化学 2 班的学生。为了弥补这种缺憾，增强班级的凝聚力、向心力，使学生养成良好的习惯，她可谓费尽了心思。

为磨炼学生的意志、培养毅力、强健体魄，张婧和班委一起组织策划了"10 公里徒步行"活动，她和学生一起从崂山校区西门走到了石老人海水浴场。在随后的聚餐活动中，她让每一位学生介绍自己徒步行的感悟和收获。"同学们很珍惜在一起交流的机会，那些认为自己不能走完全程的学生，从中学到了坚持和毅力。"张婧说，他们约定大二的时候走 20 公里，大三的时候走 30 公里，大四的时候继续维持 30 公里还是挑战 40 公里视情况而定。

一个国家、一个民族需要自己的英雄,学生也需要有自己的"学霸""学神"。为了引导学生更好地读书,张婧组织了读书会活动,同学们围坐在一起,把自己读过的好书彼此分享,交流阅读的乐趣和收获。读书会的气氛竟然出奇的好,这超出张婧的预料,大家踊跃发言,积极讨论。"特别是男生,在这里我要表扬一下我们班的男生,他们读书的范围广、视野宽,为同学们提供了许多阅读的好建议。"言谈间,张婧流露出小小的成就感。张婧说,她想把自己的资源与学生一起分享,计划请一些各行各业的成功人士参加读书会,通过他们的闪光点来激发学生潜在的正能量,慢慢蓄积,四年后肯定有意想不到的收获。

在课堂上张婧是学生的好老师,在生活中她又成了学生的知心姐姐。2014级化学2班入学的第一天,张婧去东区宿舍看望学生,东区距离校园较远,她很是为女生的安全担心,不但千叮咛万嘱咐——要结伴同行、不要熬夜到很晚,还专门去找了学院领导,请求把女生调回校内居住,但学院也有困难,一时解决不了。2014年圣诞节,2014级化学2班的12名女生很开心,她们收到了班主任老师送给她们的礼物——"防狼警报器"。"这只是一个预案,希望给学生提个醒,加强自我防范的意识。这次,我有点偏心,没给男生准备礼物。"张婧说。此外,为了帮助家庭困难学生,张婧还积极争取引进社会资源。在她的努力下,爱心企业在化学化工学院设立了每年5万元的德育助学金,用于帮助家庭困难、品学兼优的学生。解决经济困难的同时,他也激励学生,让他们学习企业的担当,懂得承担社会责任,将来有能力了,也要帮助他人。

张婧的科研方向是海洋有色溶解有机物(CDOM),隶属杨桂朋教授科研团队。考大学报志愿时,受家庭熏陶,她一度想学陶瓷专业,后来在父亲的建议下,学了环境工程。后来张婧又进入中国海洋大学师从孙英兰教授,继续深造,博士毕业时她从环境科学与工程学院搬进了一条马路之隔的化学化工学院。从原来的物理海洋学转向化学,面对陌生的专业,很多知识要从头学起,刷瓶子、出海采样、测样,在同事的帮助下,每一步她都走得扎实而稳固,从学科交叉的角度出发,她把物质输运的数值模型运用到化学研究里,收到了许多意外之喜。

张婧性格开朗外向,有许多业余爱好,如弹钢琴、读书。"现在孩子太小,工作也比较忙,钢琴已经很久不弹了,但读书的习惯还保持着。"她笑着说。初为人师,张婧觉得自己除了受业解惑外,还要带领学生成为有底线、懂感恩、拥有正能量和传播正能量的人,并陪伴他们养成正向思维、正向解决问题的习惯,而这正是她作为一名青年教师领悟到的"传道"的真谛。

(新闻中心记者　冯文波)

(原载"观海听涛"新闻网《回澜阁》　2015-09-10)

教坛
心语

深耕课程，潜心育人，做学生成长的引路人

工程学院　周丽芹

25 年前，怀揣着对教师职业的敬仰和对教育事业的向往，我如愿以偿地进入海大校园，成为一名光荣的高校教师。时光如梭，我热爱的讲台从鱼山校区搬到浮山校区，再从浮山校区搬到崂山校区，现在又搬迁到西海岸校区。岁月改变了当年青春的面孔，依然不变的是心中那份执着，做一名学生喜爱的好老师是我孜孜不倦追求的目标。

一、知识传授：打造生动高效课堂

课堂教学是学生学习知识最重要的途径，如何让学生在一堂课中始终保持精力集中、跟随老师的讲课节奏与老师积极互动，是营造良好课堂氛围和打造高效课堂的关键。

在给大一学生讲授"数字电子技术基础"课程中，我采取两个措施提高学生课堂学习热情：一是穿插生动案例，例如，讲到"计数器"时，会指着挂在教室墙上的电子时钟，边讲解任意进制计数器改接的方法，边引导学生思考电子时钟的设计实现。再如，讲到"单稳态电路"时，学生不容易理解电路在稳态和暂态的情况，我列举了走廊里的声控灯这个例子，声控灯平时是不亮的，处于稳态，有外界声音触发它时灯变亮了，进入暂态，而经过一段时间后，灯自动熄灭了，又回到了稳态。这些日常生活中的例子很直观，易理解，学生会有一种恍然大悟且很自豪的感觉，原以为是高科技的东西其实自己也是可以设计的，增强了专业学习的信心和热情。二是融合信息技术，利用雨课堂软件平台随机点名回答问题和测试课中知识点，这种边学边测的方式，一方面能够督促学生始终紧跟老师的节奏，另一方面可以随时了解学生对知识点的掌握情况，对答错较多的题目再重点进行讲解。课后我会把雨课堂当堂测试情况在班级群里分享，学生能够看到答题的情况，及时了解自己的学习状况。

有时为了活跃课堂氛围，我还会通过雨课堂为答题快速、正确率高的学生发奖励红包，金额不多，更多的是一种鼓励，学生非常喜欢，觉得这是一种荣誉和认可，听课热情更高了。而且雨课堂需要用到手机，学生可以大大方方地把手机放在桌子上，跟随课堂节奏查看课件和题目，反而没有时间浏览与课堂无关的信息，既满足了学生课堂使用手机的欲望，又提高了学习效率，学生非常喜爱这种学习模式。

二、能力提升：搭建创新实践舞台

"数字电子技术基础"是大一自动化专业首门入门课程，需要强化学生理论联系实际的意识和能力，能够让学生把学到的电路分析和设计方法用于解决实际问题。在实践教学中我采用了 Multisim 仿真软件。这个软件能够把设计思路变成可运行的电路图，而且界面直观，学生非常喜欢。

有时候我让学生带着笔记本电脑到课堂，讲完设计方法后让他们立即进行仿真实践，并请做得又快又好的学生上台演示。在课程中我布置了液位监控电路、彩灯显示电路、交通信号灯、四人抢答器、电子时钟五个综合性设计题目，每道题目限定一周时间，而且把它们作为技能测试题目。由于这些题目与日常生活贴近，学生非常感兴趣，积极性高涨，在调试过程中遇到问题不放弃，反复查找原因，改进方案，忘记了时间，有的学生兴致来了甚至搞个通宵，很多次接近半夜还会收到学生的 QQ 信息。学生普遍反映特别喜欢这种挑战，当经过无数次调试最终看到电路成功跑起来时，特别有成就感。为了让学生相互学习和借鉴，开拓思维，我从众多方案中挑选出不同的解决方案，让设计者上台讲解演示并解答台下学生的疑惑，大家取长补短，开阔了视野。让我印象深刻的是，有位学生利用课外自学的其他仿真软件进行设计，更让同学们刮目相看，进一步激发了大家的学习热情。仿真实验不需要实验室和硬件设备，不受时间和空间限制，一台电脑就可以完成，大大增加了实验灵活度，提高了调试效率，降低了实验成本。

当然，仅仅进行仿真实验是不够的，对于有硬件要求的实验，学生做完仿真后还要到实验室进行硬件电路搭建和调试，在这个过程中还会出现大大小小的实际问题。这种情况下，我不是直接告诉学生原因，而是引导他们进行思考，通过故障现象，分析问题所在，一步步找到出错的原因并最终解决问题。这个过程有利于培养学生分析问题、解决问题的能力，养成理论联系实际和探求真理的科学精神。

三、价值塑造：激发心灵情感共鸣

课程思政在激发学生学习热情和专业志向方面非常重要。我根据课程内容特点在爱国情怀、专业素养、哲学思维等方面挖掘思政案例，在授课过程中有机融入。

例如，以中国的成语"屈指可数""掐指一算""半斤八两"作为例子来讲述古代数制，在计数器环节介绍古代"计程车"——"记里鼓车"和古代计时工具——"铜壶滴漏"的结构、工作原理，使学生了解古代人的智慧，传承中华优秀传统文化，增强民族自信；介绍 5G 时代新模式的开启、智能手机的发展、"蛟龙"号载人潜水器等用到的数字技术，激发学生的民族自豪感和学习数字电子技术的热情；介绍我国半导体技术和芯片制造情况，使学生了解我国与发达国家之间还存在着技术方面的差距，明白"自主创新，核心科技"是强国重器，增强科技报国的使命感；举例"汉芯"造假事件，引导学生学术诚信，追求严谨的科研作风和工匠精神；通过逻辑函数的五种描述方法理解辩证法中事物的多样性,透过现象看本质,使学生学会运用辩证思维对待客观事物;通过同步时序逻辑电路和异步时序逻辑电路的分析和设计以及任意计数器的改接,引导学生了解事物的发展规律,并利用规律进行改造和创新,使学生意识到认识规律、把握规律、遵循和运用规律的重要性。

通过这些例子的引入,课堂变得更有温度了,学生在知识学习、能力提升的同时在爱国情怀、法治意识、社会责任、工程伦理、文化自信、辩证思维等方面有了更深刻的感受,对社会主义核心价值观有了更深刻的理解。

没有爱就没有教育。在教书育人过程中,我坚持以学生发展为中心的理念,以爱心、信心、耐心对待身边每一位学生。"数字电子技术基础"是下午三节课连上,学校课程教学督导专家冯丽娟老师听了我的课评价说:"第三节课还是这么有激情。"课下,我耐心解答学生提出的每一个问题,只要在线,哪怕已经深夜,我都会第一时间回复。看到学生在QQ中回复:"我懂了,谢谢老师""我明白了,谢谢老师"……心中甚是欣慰。曾经有学生在教师节送给我的贺卡上写道:"老师,您就像妈妈一样关心和关爱我成长……"瞬间我觉得特别感动。

教师是一份职业,更是一项事业,学生给予的那份信任让我们在充满幸福自豪感的同时更觉得责任重大。因为热爱,所以选择;因为热爱,所以付出。我将朝着"做学生喜爱的好老师""做学生成长的引路人"的目标继续努力。

(原载《中国海洋大学报》第2191期第三版,2022年11月10日)

真正的大道：让学生眼里有光，心里有爱

工程学院　綦声波

作为一名从教20多年的老教师，当看到自己所教的学生逐步成长，走出校门，奔向更广阔的天地，那种感觉是非常幸福的。对学生来说，虽然学校的教师有几千名，但能给自己上课或指导的教师不过几十人，这几十人往往就是学生所感受到的大学。学生能遇到好老师是幸运的，所以每个老师都应该是一面旗帜，带给学生温暖和希望，不但要"受业""解惑"，更要"传道"。

一、初上讲台，忐忑不安

万事开头难。课堂教学是与学生接触的重要渠道，如何讲好课是一个教师必须过的第一关。还记得自己第一次站上讲台的时候，面对着自动化专业的几十双眼睛，发现我精心准备的两个多小时的课结果不到一个小时就全讲完了，接下来怎么办？真是大写的尴尬。还好自己的产品开发经验比较丰富，于是现场发挥，大谈特谈产品开发过程中遇到的种种问题以及自己解决问题过程中的一些趣事，好容易挨到下课铃响起，我长舒一口气，发现自己满头是汗。

第一次的讲课经历，虽然有些尴尬，但经过后来的调查，我意外地发现学生竟然对我的第一堂课有好评，原因是我讲了一些实际科研项目中的真实体验，这正是他们希望听到的。从那时起，我决定将课本知识和自己的实践经验相结合，尝试将所讲的知识点具体化。每当我理论联系实际时学生的兴趣是最高的，看到那一双双明亮的充满求知欲的眼睛，我感受到了学生们的认可。偶尔想起第一次上课时的尴尬，我总对我的学生充满感激。他们促使我不断提高教学水平，每次都把讲课材料准备充足，并做好课堂应急预案。

二、课堂课下，一体两面

"学而不思则罔，思而不学则殆。"对于一门课程来说，要创造让学生"思"的条件，也要鼓舞学生"学"的动力。我常常对学生说，大学不是让你们记住很多东西，而是要掌握活学活用的钥匙，当遇到问题时，知道用哪把钥匙去开对应的箱子。只有在实践中遇

到问题,知道如何用所学知识去解决问题时,这些知识才能物化为自己的技能,才是自己已经掌握了的知识。

鼓励学生参加专业比赛,往往会激励学生更积极主动地学习。我自 2007 年开始负责我校的全国大学生智能车竞赛的组织和指导工作。在指导过程中我发现了一个很有趣的问题:学生参加竞赛是要在课下付出很多精力和时间的,但学生的课堂成绩不但没有下降,反而逆势上升,这是一个普遍现象。譬如一名本专业的学生在大一时多门挂科,几乎到了学籍警告的边缘,但他在大二时参加了智能车竞赛的培训,从此发现了自动化专业的有趣有益,不但专业成绩稳步上升,实现了从"学渣"到"学霸"的逆袭,而且在竞赛中获得了山东赛区一等奖,最后本科就业时成功入职深圳华为,成为学弟学妹们膜拜的"大神"。

课堂讲授往往偏于理论,课下竞赛大多偏于实践。课下竞赛是对课堂知识的巩固,若课堂知识不够用了,会促使学生利用各种工具去查阅补充知识。在解决问题的过程中,课堂知识和课下知识就成了一体两面的关系,会促使学生思考,更加积极主动地去学习。通过这种方式培养出来的工科人才,在知识的广度和深度上往往更胜一筹,更加符合社会的需求。

三、课堂气氛,及时掌控

在教课的过程中,我发现一个很有趣的现象:开学第一课,往往上课人数是最多的,点名时个个踊跃;过一段时间课堂人数会逐渐变少,翘课、迟到、早退现象逐渐增多。好多教师对此头痛不已,采用了诸多方法,如课堂随机点名、将当堂测验作为平时成绩,若个别学生仍然我行我素,则往往会进入挂科的候选名单。

我对此采取的方法是:首先要讲好课,让自己的课堂变得生动有趣,做好过程管理,从第一堂课就抓住学生的心,靠课程内容和讲课技巧把学生吸引到课堂上,让学生产生"听君一席话,胜读十年书"的感觉,这是最重要的。其次要根据不同情况采取一些必要措施,规范学生的行为,把学生留在课堂上。因为课堂内容往往是连贯的,少听一节课,往往下一节课就不容易听懂,若连续几次课听不懂,学生就会打退堂鼓,久而久之就成为翘课大户,所以要想办法把学生留在课堂上。

我有一个被学生们称为"点名神器"的小软件,其核心就是随机点名。每年我会将 Excel 格式的选课名单下载,每次上课都会随机点名。为了增加点名的趣味性,我要求教室第一排的中间座位留出来,被我点到名的六名同学依次在第一排就座,被称为"幸运观众",并自动根据日期形成名单存储,等到期末的时候我会整理名单,被点名最多的学生可以领到一件我赠送的小礼物。为了增加趣味性,学生名字出现都是随机的,第一名学生是我点出的,而第二名学生是第一名学生点出的,然后依次类推。因为只有六名,所以不会占用太多课堂时间;因为随机,所以具有足够的"威慑力"。同时小软件可选择被点名的性别,并配备了诙谐的前奏音乐和选定音乐,所以上课开始前的点名过程气氛活跃,这种气氛会提高随后的课堂教学效果,也有利于我认识更多的学生,增进师生之间的感情。

关于上课迟到现象,我也有自己的对策。学生迟到会影响教师的讲课情绪,人员进出也会影响学生的听课效果。所以,我在第一堂课时就规定:迟到是允许的,但迟到需要准备一个小节目,到讲台上唱歌、背诗都可以。这样的规定一出台,迟到现象大大减少,几乎绝迹。如果发现我的课堂上偶尔出现背着乐器的学生,那大概率就是因迟到表演节目的。

四、保持年轻,与尔同行

当你有一天发现自己很难跟学生沟通,感觉鸡同鸭讲时,也许是因为自己变老了。物理学讲究同频共振,不在同一个频道上很难共振。岁月的痕迹也许无法去除,但保持一颗年轻的心却可以做到。

教书育人的过程就是和学生一起成长的过程。每当有学生同我交谈时,除了回答学生的疑问外,我也会和学生聊聊他们的习惯及爱好,譬如读过哪些小说,听过哪些歌曲,最喜欢的明星有哪些,使用过哪些软件。我经常让学生给我推荐小说和流行歌曲,试着让自己与时代的发展同步,避免成为钱锺书笔下那种思想守旧的"老科学家"。

只有学会与学生同行,才能成为他们的知心朋友。当与越来越多的学生成为朋友后,你会发现彼此的进步空间都是很大的,你的言行更容易唤起学生的共鸣。教书是形式,育人才是目的。教好一两门课,带领学生参加比赛,提升学生的技能水平,这只是教育的一部分;术以载道,通过课堂及课下的教学走进学生的心里,提升他们的综合素质,教会他们做人做事的基本道理,让他们眼里有光,心里有爱,才是真正的大道!

(原载《中国海洋大学报》第 2183 期第三版,2022 年 9 月 15 日)

激发学生实现自我价值的自信心

外国语学院　蒯　佳

从开始接手"法语口译"这门课程到上学期结束,整整上了10年。诗云"十年磨一剑",终日勤加打磨,盼着能将这把"剑"修出"剑魂",从此开启"舞剑走天下,畅意画江山"的壮举。上学期期末,一份课程学习体验结果飘然而至。看到学生对于该课程的高度评价,我深受感动,切身体会到获得学生的认可是做老师的至高荣耀和执着追求。

以学生为中心开展教学,调动他们的积极性和创造性来主动学习,从而点燃他们眼中求知的光芒,激发实现自我价值的自信心,正是我在这门课上不懈努力所追求的"剑魂"。在此,我想以自己对于以学生为中心的理解和体会,来总结从事教学工作10年的点滴收获。

一、以学生的自信心和价值感为中心

根据马斯洛的需求层次理论,"自我实现需求"位于金字塔的顶端。每次当我自己顺利完成一项口译工作时,都会有一种自我实现的价值感和自豪感,于是这也变成了我希望通过这门课传递给学生的信念——给学生实现自我、展现自我、认可自我的机会和舞台,让学生获得价值感。

开学第一周,我会向学生展示马斯洛的"自我实现需求"金字塔,并告诉他们这门课的终极目标,不仅仅是让大家学会一项工作技能,更是获得一种认可自我的价值感。

"法语口译"是一门实践性很强的课程,为毕业生今后从事翻译相关的工作打下坚实的基础。我们的毕业生不仅走向国内外各大高校、政府机构或企事业单位,每年还会有很多学生响应国家"一带一路"倡议,走向非洲的广阔天地,成为跨文化交际的栋梁。由此可见,培养学生成为国家急需的高端专业人才不是一句遥不可及的空话,而是切切实实、可期待、可实现的目标。这一思政理念给了学生莫大的自信心和自豪感,激发了他们的学习内驱力,让他们领悟到自己的学习是真实有用的,对自己、对国家甚至对整个世界的发展都有重要意义。

为了鼓励大家迈出第一步,在课上的实践环节,我会组织大家进行口译模拟实战,增强团队合作意识,揭开口译神秘的面纱,让大家有勇气、有信心主动站到台上。一些企业或翻译公司需要临时翻译时,我也会推荐给学生,让他们在课余时间主动联系,积极参与。学生完成一些口译实践活动后,会发给我照片,跟我分享他们的翻译情况,总结他们的优缺点:"这是我第一次做口译,感觉很有收获,深刻理解了老师之前说过的口译会让人觉得自己非常有价值。""我意识到口译员需要有迅速的反应能力和临场发挥能力,我最近没有天天认真学法语,今天临场好多词都想不起来了,回去一定好好学习。""有时候意思明白,但感觉很难完全忠实地进行翻译,只能总结一下大意,看来还需要更多的积累和练习。""很享受翻译的感觉,看着听众们专注的样子,我真的太有成就感了,很想日后从事这个方向的工作。"……

看到他们的成长和收获,作为老师,我也感同身受、与有荣焉,对他们未来的职业发展充满期待。有些毕业后在阿尔及利亚、刚果、几内亚、塞内加尔等国家工作的学生也会跟我交流他们的日常翻译经验,很多学生已经从最初的翻译岗位一步步成为企业的管理层,凭借他们的语言优势、沟通技能和专业知识飞向更为广阔的发展空间。

二、运用多元化的教学组织方式提升主动学习的留存率

根据"学习金字塔"理论,学习分两个阶段:第一阶段是"被动学习",包括听讲、阅读、视听、演示,分别可以记住所学内容的 5%、10%、20%、30%;第二阶段是"主动学习",包括讨论、实践、教授给他人,学习内容留存率分别是 50%、75%、90%。基于对这一理论的思考,我尝试运用任务驱动式、探究式、参与式、情景式、讨论式等多元化的教学组织方式来开展教学活动,并利用 Bb 平台、雨课堂、微信等现代化信息技术的支持,辅助学生开展线上线下混合式教学,尽可能对被动学习内容中的听讲部分采用具有更高留存率的模式。

具体来讲,每节课讲授知识的时间不超过 20 分钟,内容是对课前预习知识的内化总结和进一步拓展深度学习,而浅层的知识获取放置在课前学生自主学习阶段。除了需要阅读的文字辅助资料之外,增加了慕课、微课等的视听材料,帮助学生理解需要提前掌握的内容。每节课课后的翻译作业也全部使用视频形式进行发布,让学生将翻译好的音频作业上传到 Bb 平台。在老师完成课前评阅后,课上会开展教师点评、学生自评和生生互评交流。在 16 周的教学周期中,选择了 16 位学生的作业(约占选课人数的 2/3)进行展示,大大增加了学生完成作业的积极性,提升了作业的完成质量,每位学生都以能够在课堂上展示为骄傲和奋斗目标。有些学生还会针对每周的作业情况给我留言,跟我进行互动交流。

作为口译课,课程紧随国际时事、学科前沿,会根据口译技能的训练特点和教学安排的需求选择时代特征明显的语料进行练习。每周设有"新闻材料展示和异语综述"教学环节,采用翻转课堂的形式,让学生选取本周国内或国际的新闻时事热点进行法语材料的准备和课堂展示。内容涉及政治、经贸、外交、社会、文化、科技、医学等领域的主题,着重培养学生思考新闻事件背后的实质和意义,增强多学科知识融会贯通的能力。做提前准备的小组成员不仅要介绍相关背景知识,还要为大家做进一步的补充讲解和新闻背

后的深入分析。这些内容都需要学生课前进行大量的新闻阅读和跨专业拓展学习,在开阔学生国际视野的同时,培养了学生的综合素质,真正做到了让学生把自己的所知所学通过翻转课堂分享给其他同学,从而最大程度将学生的被动学习转化为主动学习。

三、以学习效果为主要考量标准的过程性评价体系

考试成绩往往是学生关注的唯一焦点,很多学生并不在意平时学习的具体内容是什么,仅仅指望老师能在考前划定重点,好让他们挑灯夜战,奋发突击。考试结束之后,能真正内化于心的知识又剩几何?记得自己曾见过这样的观点:"除去所谓有用的成绩,剩下的才是教育的意义",深以为然。因此,在"法语口译"课程教学中,我努力打破传统评价模式,不再单纯以考试分数为中心。学生课前材料的准备是否认真充分、课堂的发言表现、模拟实战的参与程度、小组互动的积极性以及课后作业的完成质量等都作为最终成绩的评分标准。因为在我看来,学生在学习过程中认知能力和创造能力的体现,学习积极性和主动性的发挥以及团队协作的能力培养都比单纯的考试分数更加值得肯定。

记得有一年班里有位女生,学期初的时候跟我谈心,对我说:"老师我一直都很努力,但我的成绩就是不好,努力是没有用的",豆大的眼泪一颗颗往下滴,砸在我心上觉得很是心疼。那是一个非常内向的女孩子,声音很轻,得靠她很近才能听得清;跟我说话都不敢与我对视,轻轻扫一眼就会快速把视线挪开。她已经有几门课重修了,想要按时毕业恐怕挺困难。我跟她一起设定了具体的课程目标,整整一学期,都特别关注她的情况。课堂第一次进行翻译练习的时候,我想请一位学生上台来做我的即兴翻译,结果没有人主动举手,大家都有些胆怯。我使用了雨课堂随机点名的功能,一番滚动之后正好落在她的名字上,就是她了。看着她慢吞吞地走上讲台,我很为她担心,怕她怯场,怕她又紧张地掉"金豆子"……出乎意料的是,她很完整地翻译了下来,尽管有些语句并不十分恰当,临场的表现却是十分淡定沉着的。结束后,学生通过投票的方式给了她很高的评分。自此之后,她的表现仿佛开了挂,每次表现都声音响亮、清脆,小组讨论她也会积极发言,每次模拟实战,她都作为翻译主力参加汇报展示,表现很是让我惊讶。谁说努力是没有用的? 花已盛开,蜜蜂自来。重拾起丢失的自信,享受着努力的耕耘,学习效果如何会差?

课程探索之路任重而道远,无论是课程的内容、组织形式还是教学手段,总有很多需要继续打磨和改进的地方,这也是教学的魅力所在。

凡心所向,素履以往。生如逆旅,一苇以航。与各位老师共勉。

(原载《中国海洋大学报》第 2174 期第三版,2022 年 5 月 26 日)

课堂教学中的板书与 PPT

海洋与大气学院　盛立芳

　　板书和 PPT 是教师在课堂教学中最常用的两种方法。尤其是在线上教学情境下，采用 PPT 课件是比较方便和高效的教学手段。2022 年春季疫情防控期间，学校全部课程采用线上教学模式，我通过腾讯会议和 Bb 平台听了一些老师的课程，发现一位教师利用 Bb 平台的在线教室 ClassIn 板书给学生讲授电磁学。虽然没有弹幕、投稿、奖励等网上互动方式，但是教师亲和的声音、剥洋葱式层层递进的讲授方法，对封闭环境下心态浮躁的听者而言，如春风细雨滋润心田。这促使我重新思考被长期忽视的板书的作用，开始尝试利用 PPT 结合板书的方式上课。

　　为了了解学生对教学方式的感受，恢复线下教学后我采用访谈与问卷调查的方式，征询了 24 名学生对使用 PPT 和板书上课的看法（不单单是针对我教授的课程）。得到的反馈是 20 名学生喜欢 PPT 结合板书的方式，3 名学生喜欢 PPT 方式，1 名学生觉得无所谓哪种方式。喜欢 PPT 方式的学生认为，PPT 能更好地保存内容，而且复习比较容易，而板书时有时看不清楚字迹，也会错过一些重要知识却无法回顾。喜欢 PPT 结合板书的学生认为，二者的结合使课堂更加高效，PPT 可以展示主要的知识点（文字部分）、梳理大致脉络，而公式推导可以用板书展示。另外，板书能带动思考，记笔记也能跟得上。

　　调查的结果与我的预期一致。无论采用何种方式，本质上反应的都是学生的获得感。说明课堂教学要以学生为中心，选择合适的工具，把知识和情感传递给学生。板书教学具有天然的优势，教师在黑板上一笔一画地推导，通过语言和肢体动作引导学生跟着思考，有助于学生对于抽象内容的理解，提高学生的课堂专注度。而 PPT 可以显示图片、动画，甚至仿真技术演示，有助于学生理解，提高教学效果。

　　调查结果也反映出只用 PPT 上课的话，可能达不到教学目的。20 世纪 90 年代，计算机和互联网技术蓬勃发展，我与许多老师一样在教学伊始就采用 PPT 课件上课，对黑板用得很少。现在教学信息化更加发达和普遍，大部分青年教师上课也是用 PPT。长期依赖 PPT 上课的一个后果是离开 PPT 课件，教师可能不会上课了；而有了拷贝的 PPT，学生记笔记的方式也改变了。我通过调查 24 名学生的课程记录发现，大约 30% 的学生没有像样的记录；多于 40% 的学生记录在课本上，只对老师在课堂上强调的内容做重点标记；只有 20% 的学生全程书写笔记。从学生的学习状态看，没有像样学习记录的 30%

的学生课堂状态一般,容易分心;而课堂表现活跃、对知识理解比较深刻的学生都是全程书写笔记的学生。实际上,除了书本知识外,坚持全程记录的学生会做知识的整理和归纳,并建立自己的知识框架体系。相比于只在课本上做零散记录的学生,他们的学习效果更加巩固。

因此,能带动学生积极投入学习的方法就是有效的教学方法。这需要老师用心教学。老师的心是否在学生身上很容易看出来。如果讲课如同"说书人"照念 PPT 上的内容,或者像是在作科研报告而忽视学生的感受,自然不能激发学生的兴趣。

调查结果显示,一些喜欢学习的学生对教学方法颇有见解。比如,多名学生提到,PPT 的作用是展示主要知识点,提供风趣生动的课外补充知识。这说明老师对 PPT 的利用不应该是课堂教学的全部,更不应该是授课的依赖。

当前,教育系统普遍重视以生为本,不断推进深化课堂教学改革,加强学生过程评价。作为与时俱进的教学方式,翻转课堂、混合教学、虚拟教学等不断得到强化发展。但是教师关于教学的态度和理念差异很大,在此情景下再论传统和现代教学方法仍然具有现实意义。我们需利用现代教育手段的优势,调动学生学习的热情,但是不能做浅层次的师生互动,图热闹的氛围,而需要考虑如何借助现代化的辅助手段上好课。

经过几年连续建设,学校已经建立了"研讨型教室""沉浸式直播互动教室""微课录播教室""树下学习空间"等智慧教学环境,数字课程资源中心也针对 Bb 平台的使用等为教师提供了技术支持。如何利用好这些资源,并结合传统教学手段开发适合以学生为中心的教学模式,值得深入探讨。

本文所说的板书和 PPT 不仅仅是字面意义上的教学方法,更多的是代表老师到底以何种方式实现以学生为中心的教学。无论何种方式,都要从教学内容出发,从学生愿意接受的方式出发,从学生能获得的教学效果出发,从培养高水平人才的目标出发。

(原载《中国海洋大学报》第 2172 期第三版,2022 年 5 月 12 日)

春风化雨，润物无声：兢兢业业上好每一堂课

环境科学与工程学院　石金辉

我是一名有着近 30 年教龄的老教师，多年来一直负责讲授环境科学专业的学科基础课程"仪器分析"和"环境海洋学"的化学模块。

一堂课教学质量的好坏，取决于教和学两方面。在教的层面上，从根本上说取决于三个方面：一是教师的敬业精神；二是教师的学术素养；三是教学方法，或者说教学经验。在学的层面上，主要取决于学生学习的积极性以及自主学习能力。另外，还取决于师生互动的效果。教学的意义也包括两个方面：一是传授知识，二是通过教师的言传身教为社会培养人才。

在教学过程中，上好每一堂课，一直是我不断努力、探索实践的目标。

一、创新设计，精心组织，给学生一个生动的课堂

"仪器分析"是一门理论性与应用性均较强的课程，所涉及的内容繁多、仪器结构复杂、原理抽象，学生理解起来往往有一定的困难。为了让那些枯燥、抽象的分析仪器结构、工作原理、操作流程等静态的图片变成生动、直观的动画或视频，我进行了全家总动员，让家里有计算机和美术功底的小辈们帮忙，把我描述的仪器工作原理制作成 Flash 动画一步步展示出来，将拍摄的仪器操作过程进行剪辑、配音、配字幕做成视频。另外，我还从分析仪器公司收集了一些介绍最新分析仪器优势和工作原理的视频。这些素材的准备，让我的课堂变得生动起来，学生可以直观地学习，不仅提高了教学效果，也激发了学生的学习兴趣。

"环境海洋学"是一门体现环境科学专业海洋环境特色的导论性课程。为了防止课程内容固化，缺乏生气，我在课程内容的组织上与时俱进，体现科学发展动态、保持课程内容的创新性。如我在 2021 年春季学期的"环境海洋学"课上，讲解到海洋对大气二氧化碳的调节作用时，针对"碳中和"这一国际政治和经济中的热点问题，组织学生对"如何实施海洋负排放，践行碳中和战略"开展课堂讨论，让学生结合所学二氧化碳—碳酸盐体系在海洋生态系统中的作用，分析提高我国海域碳汇储量的可能途径。另外，"环境海洋学"课程团队还设计了"海边课堂"，组织学生到海边上课，面对大海，讲解和启发学生思考在海水运动背景下，污染物和海洋生物的分布特征。学生所见所闻，印象深刻，

极大地提升了学习热情,再回到教室学习理论知识,有事半功倍的效果。

二、精益求精,追求极致,给学生一个严谨的课堂

在教学过程中,我致力于以学生发展为中心,注重学生解决问题的综合能力和科研素养的培养。在"环境海洋学"化学模块部分,我针对一些知识点涉及的海洋环境问题布置了三个开放性小组讨论课题,如讲到海水中的溶解氧时,针对海洋低氧现象这一全球性的重大生态环境问题,引导学生就什么是海洋低氧现象,海洋低氧区的演化过程与维持机制、全球气候变化是否会导致海洋低氧区扩大、海洋低氧现象对海洋生态环境有何危害等问题查阅资料、分组研讨,并将总结的内容做成PPT,择优在课堂上汇报。对学生提交上来的PPT,须经三轮批改—返回修订的过程,每轮批阅均给学生反馈详细的点对点意见,指出问题所在和应如何修改,教导学生遵守学术规范。每份作业的评阅意见少则几百字,多则上千字。学生返回修订版本后再次批阅,如此反复,直至纠正全部错误和逻辑漏洞,保证学生课堂汇报内容的质量。在报告反复修订的过程中,学生逐渐体会到科研工作的每一步都必须严谨、精益求精才能取得好的效果。在这个过程中,学生也潜移默化地锻炼了逻辑思维能力,培养了科研素养。

"仪器分析"课程内容繁杂,为帮助学生巩固所学,每次课我都针对要掌握的知识点编制10道左右的客观题,在Bb平台上定时发布,让学生在课上限时作答,系统自动评分。疫情原因转为线上授课后,学生的答疑也转到平台的讨论版上。每次上课前一天,我都会查看讨论版的提问和评分中心的上次课随堂测试完成情况统计,针对学生疑问较多的知识点或者出错较多的题目,整理制作"上节内容难点答疑"PPT并录制答疑视频,于上课前一天在平台上发布,以便学生及时纠错、解惑,扫除后续学习障碍。同时,也希望我严谨认真的工作态度能影响学生,让学生体会到"仪器分析"作为进行环境科学研究与环境质量监控的重要技术手段不容出错。

三、前人引领,后浪奔腾,给学生一个励志的课堂

榜样的力量是无穷的。在教学过程中,我结合学科不同发展阶段的时代背景和科学家的典型事迹,将前辈们追求卓越、勇于创新的科学精神传递给学生,为学生树立榜样,提升学习动力,激励学生不断进取。

如我在"环境海洋学"课上讲到海洋化学资源的开发利用时,结合对海水中有机物质的讲述,引出海洋还是医药产业的宝库,向学生介绍了管华诗院士40年如一日潜心研制海洋药物、开发"蓝色药库"的科研历程,引导学生树立严谨求实、自主创新的科研精神和家国情怀,激励学生投身我国海洋科研事业。

在"仪器分析"绪论课上,我向学生介绍了众多仪器分析技术都曾获得过诺贝尔奖,且涵盖了物理、化学、生理学或医学全部自然科学奖项,激励学生学好"仪器分析"课程。在教学过程中,适时穿插介绍诺贝尔奖获得者的传奇故事,激发学生的学习热情。

比如,讲到色谱法的起源时,介绍了色谱法不是化学家发明的,而是俄国植物学家 Tswett M S 在 1903 年首先提出的,他的论文用俄文发表之后的 20 多年都没有引起化学界的注意,直到 1931 年,德国的化学家 Kuhn R 才发现 Tswett 所发明的色谱法的重要性。随即,瑞士的 Karrer P 和 Ruzicka L S 等科学家迅速掌握了这项技术,在天然有机化合物的研究中取得了极为丰硕的成果。Karrer 在 1937 年,Kuhn 在 1938 年,Ruzicka 在 1939 年相继获得诺贝尔化学奖,此后,色谱法才得到普遍推广和应用。这个小故事让学生感慨颇多,不仅激发了学生对科学的向往,而且让学生意识到科学创新要有敏锐的视角。

为了调动学生课堂上的学习热情,营造比学赶帮、奋勇争先的学习氛围,我在 2020 年线上上课期间组织学生开展了"'仪器分析'网课笔记竞赛"活动,并自筹经费设置了丰厚的奖励。俗话说,"好记性不如烂笔头",这个活动倡导学生在家"云学习"时也要做好笔记,并通过互评、自评,让学生走进彼此的网课世界,博取众家之长,找到最适合自己的学习方法。这个持续了大半个学期的活动,不仅让学生在记笔记的过程中加深了对所学知识的理解,也极大地激发了学生的学习热情和学习自觉性,让学生在良性竞争中不断进取。

回首这些年来的工作,我深深地感到:在教学过程中,不仅要讲授基础知识和专业知识,更要注重学生逻辑思维和创新思维的培养,引导学生理解知识发现背后的艰辛和努力,将科学精神、科学思维的培养融入专业教育的课堂中,在培养学生正确的人生观和价值观中发挥引领作用,激发学生的创新意识和家国情怀,做到既教书又育人。

(原载《中国海洋大学报》第 2169 期第三版,2022 年 4 月 21 日)

做学生心中的烟火

食品科学与工程学院 董 平

回想自己的从教经历,倏然发现已经过去了 10 余年。十几年来,先后承担了 10 余门本科和研究生课程的主讲和建设工作,虽然偶有小成绩,但教书育人,细水长流,绝非一朝一夕。

回想从初登讲台的兴奋到如今的日渐成熟,执着于此的信念,始终是课堂上学生眼神一亮的那些瞬间,那是被点亮的求知之光,正如自己在 2021 年获得东升课程教学卓越奖一等奖的获奖感言里提到的,"点亮学生求知的眼神是我的从教初心"。初心不改,正是我的幸福源泉。

一、调动课堂:从记住每一个学生的名字开始

课堂是教学的主要载体,是教学效果的直接映像,每个老师都想营造积极向上的课堂氛围,让学生置身愉悦热烈的学习环境中。特别是大学课堂,思维的碰撞需要更为宽松的空间,因此我一直着力打造开放式课堂,突破教师和学生之间的隔膜,让师生自由交流,破除课上和课下之间的界限,让知识畅快流动。调动课堂,老师们各有法宝,于我而言记住学生的名字是重要的第一步,因此我一直尽可能地小班制授课,坚持第一堂课点名热场,以每一次不经意间喊出的名字,让学生感受到最直接的关注和尊重,拉近学生和老师、学习和课堂之间的距离,学生在亦师亦友的气氛中更加放松地参与课堂互动和交流。

开放式课堂提倡"想到说到、师生共讲、知识无界",学生既是课堂的受教者,也是课堂的主人。课堂上学生可以随时提问和交流,甚至质疑老师,这种情况在"基因工程实验"这种抽象性知识密集的专业课中时有发生。我喜欢鼓励学生"自讲自证",很多时候学生讲着讲着就把自己讲通了,过程中其他学生也乐于参与其中,加深了对问题的理解。此种场景令很多学生深有感触,"董老师总是引导我们自主学习、独立思考,给我们主动探究的时间和空间"。

更多时候,我希望增加课堂的包容性,给学生更多展示和发挥的机会。专业综合大实验课程从设计之初我就进行了大量留白,从实验设计到实施、分析、展示,全部由学生主导,教师做大方向的指导,让学生真正成为课堂的主人。

打破课堂界限，鼓励学生将课下问题带入课堂，让课堂为更多学生的实际需求服务，也是我一直的坚持。这一做法在研究生教学中效果更为突出，在帮助研究生顺利完成从本科知识学习到研究生创新研究的过渡中起到了积极作用。

二、激发学生：从讲懂每一个知识点做起

激发学生的学习热情、激活学生的科学思维是做好教学工作的核心。如何激发学生，这个问题很宽泛，涉及教学工作的方方面面，但就课程教学而言，我认为最基本的一点应该是"讲得懂、学得明"，也就是教学中的有效沟通。老师讲得清楚，学生听得明白，说起来是教学最基本的要求，但实施起来要复杂得多，需要缜密的逻辑、丰富的内容，当然也需要一定的教学技巧，需要老师日积月累的揣摩和探索。

工科专业课知识点晦涩、抽象，对此，我在教学中努力尝试"象形教学、深入浅出"，将复杂的专业知识形象化，跃然学生眼前。

"基因探针"是生物技术快速发展带来的专业新名词，它是一段能与特定序列配对的 DNA/RNA 分子。学生对此耳熟能详，但又一知半解，通过课本晦涩的几句定义来理解看不见摸不着的小小探针分子并不容易，老师要讲明白也要图文并茂，费尽口舌。一次偶然看到的电视节目启发了我的灵感，探针与特定序列的配对，不就像是只有灰姑娘才能穿上的水晶鞋吗？！此后，每次讲到探针，我只需说出"灰姑娘的水晶鞋"，课堂上便会传来一片"哦"的附和。在"专业实验技能训练"课中将薄层层析比作层析技术的"眼睛"，将 DNA 的 4 个碱基存储信息与计算机"0"和"1"两个字符进行类比，凡此种种，让我逐渐养成了在生活中发现教学素材的习惯。同时，为了帮助学生直观掌握难点技术，我通过教师自建及师生共建视频，结合虚拟仿真系统和丰富的网络资源，尝试建设了与实验课程配套的可视化资源库，学生学习效率大幅提升。以课上建设的"电泳实验操作""移液器使用要点"等微视频为雏形，整合加入学院"三自成长"微视频群，推广成为全院学生课下自主学习的主要素材之一。

激活学生科学思维是要引导学生"多思、深思、思辨"，因此我对自己提出要求，要先于学生思，要永远比课本"多问一个问题"。在我看来，"多问一个问题"是一种挑战式教学的具体表现，不断突破学生的极限，让学生在自认为已经完全学会的"临界点"，受到适当的"打击"，从而"逼迫"自己重新进行批判式思维。各种"奇怪"的问题充斥着我的课堂和课后作业，"老师，您的提问都搜不到答案"是学生最常对我的抱怨，但是学生又乐此不疲。

三、落实课程：从学生的实际需求出发

课程是育人的着力点，学生从课程中汲取知识和技能。作为专业课教师，"学以致用"是我对课程的基本定位，虽狭隘，但对提升学生能力无疑有重要作用。"用"的对象是学生，因此，我将从学生的实际需求出发作为架构课程的基本原则。

提升课程的实用价值,了解学生的实际需求是关键。给研究生开设实验课,要不要开、怎么开,在开始阶段是有争论的,为此我特意设计了问卷,分别对初入学研究生、高年级研究生和导师进行了调查,发现本科向研究生过渡存在明显"鸿沟",过渡不好对研究生阶段学习影响极大。针对此问题,我设计了"科研引导型"课程,将解决学生过渡阶段的具体困难嵌入课程教学中,"优秀实验记录赏析""实验台上的专业外语""你不知道的实验小技巧""仪器会用会修"等经过特别设计的环节穿插于课程中。课后问卷调查显示,课前学生提到的各种困难通过课程学习得到了有效解决。最近,面对研究生"分类培养"和"出口多样"的新情况,我又在思考"职业发展导向"的研究生课程建设。此外,"食品感官评价"课程今年年初刚刚获得了我校研究生教育改革项目支持。

"项目式""案例式"教学是将课程与实际问题对接的有效手段,学生喜闻乐见,也是我比较喜欢的教学方式。以具体项目和案例贯穿课程,层层推进、环环相扣,满足了学生实际问题学习的要求,收获的知识能有效用于实践中,一气呵成的内容设计吸引了学生,使其精力高度集中,系统科学思维得以培养。"基因工程实验"课程赋形于酶的克隆表达项目,海洋活性物质分离技术实验以虾青素作为案例,专业实验技能训练通过陆地和海洋活性物质进行比较学习,实验安全管理与防护提出实景体验式学习……种种尝试,目的只有一个,让课程落实落地。

四、塑造科学精神:从学生身边热点谈起

教师,既要教书,更要育人。立足课程,塑造学生的科学精神,帮助学生在未来走得更高更远,是我一直以来的追求,并将此作为课程思政的有益尝试。塑造科学精神,不能只是喊喊口号,如何让学生自觉接受、渗透入髓,是教学中教师需要着重思考的问题。

专业课程本身自带专业光环,具备引导学生建立健全科学精神的天然优势,青年学生热情激昂,具有关心时事、关注热点、表达见解的主观意愿。因此,学生身边的热点热搜问题成了对学生进行科学精神教育的良好素材。转基因食品引起人们关注和争论,同时也是典型的食品专业问题,我将其引入课程研讨中,通过课上课下的研习、讨论、引导,促成学生从专业角度重新审视这个问题,树立不盲从、不臆测、科学解决问题的正确态度。

"碳达峰""碳中和"是新近的网络热词,面对学生们的关注和兴趣,专业综合大实验课程特别将此融入环保教育,鼓励学生面向蓝色资源、树立环保意识,通过来源于实践的切身感受,时刻关注节能减排和环境保护,主动对工艺方案进行优化,将个人理想与国家发展紧密结合起来,"从实践中来,到实践中去",让课程思政教育真正活起来。

老师是学生的镜子,想让学生成为什么样的人,我们便要努力成为什么样的人。愿我们都能常怀期待,做彼此心中绽放的烟火。

(原载《中国海洋大学报》第2167期第三版,2022年4月7日)

以学生为中心在实践中创新

法学院　马晓莉

时光飞逝，不觉间来海大任教已有 10 余年。10 多年里，我从一名新手教师成长为有一定教学经验的老师，切实体会到习近平总书记所说的，好老师应该懂得，选择当老师就选择了责任，就要尽到教书育人、立德树人的责任，并把这种责任体现到平凡、普通、细微的教学管理之中。

一、爱与责任：以学生为中心

站在教室里，看着一双双对知识如饥似渴的眼睛，听着他们对问题颇有见地的阐释，总觉得肩上责任重大。"传道、受业、解惑"的师之职责时时提醒着我要注意言行举止，立德树人。

以学生为中心，需要了解关注学生，营造好氛围。我主讲的本科课程是"知识产权法学"。考虑到"知识产权法学"课程内容多、专业性强和变化快的特点，在每个学期开始，我都会对学生的学情进行分析，了解修课学生的专业、民族、法学基础等情况，以便更好地进行教学设计。在课程学习过程中，我会有意识地努力识记每一位学生，课堂内外进行交流互动。特别是对于那些无故旷课、上课注意力不集中、看手机的学生，我会在课间或者课后和他们及时沟通，分析原因，解决问题。有一次，一名学生没去上课，也没请假，课后我主动和他微信联系。他发来一个惊讶的、难以置信的表情，问我："老师，你是怎么知道的？""难道你一直在关注我吗？"我还没来得及回复，他又发来微信："以后我不会缺课的，除不可抗力因素。"看到这个颇具法学专业特色的回复，我不禁笑了。关注学生，学生会有一种被尊重、被认可的感觉。所谓将心比心，相应的，他们也愿意更加积极主动地融入课程学习中。

以学生为中心，需要适时指导学生，当好引路人。古人说："师者，人之模范也。"老师要担当起学生健康成长的指导者和引路人的责任。起初，对老师影响学生之大，我的理解更多的是停留在文字上，直到后来一位考上北京大学法学硕士的学生和我联系，我才真正意识到。学生说："马老师，我永远忘不了您在课堂上说的那句话：咱海大法学专业的学生一点儿不比中国人民大学、北京大学的差，只是学校不同而已。就是这句话，给了我信心，让我下决心报考北京大学，最终实现了我的梦想。"说实话，过了那么久，这些话我都快忘记了。回想起来,那还是刚来海大任教的我,在课堂上感受到了学生的优秀,有感而发的。真是没想到,这些并非刻意的话,居然能够给学生如此大的影响。后来这名学生又攻读了法学博士,留在北京任教,也成了一名光荣的教师。这件事,让我对老师言传身教重要性的认识从字面转为现实。自此,我对学生的引导由自发变为自觉,会非常用心地将课程思政的内容有机融入教育教学中。

以学生为中心,需要启发激励学生,做学习的主体。多年的教学实践和经验积累使得我对课堂讲授有了比较好的把握。如果只是我个人讲授,我会非常省心省事儿,学生也可以听得很明白,满意度会非常高。但学生学习,不应该只是被动地听老师一人在课堂上说教。老师只是主导,学生才是学习的主体,所以需要激发学生的主观能动性。为此,我通过多元化过程性考核评价方式激励学生重视过程性学习。指导学生课前通过学堂在线慕课进行预习,课堂积极思考、讨论、发言,课下认真复习,小组合作完成微视频创作任务。对于学习小组研究性学习成果微视频,我会通过我的微信公众号推送给学生。现在,"马老师知识产权法学"微信公众号已有上千人关注。另外,我还鼓励学生将学习过程中思考讨论的问题整理提炼,积极申报 SRDP 和国创等科研项目。我告诉学生:凡事皆有可能,要勇于争取,不惧失败。努力了不一定能行,但不努力一定不行。

二、教学探索:在实践中创新

还记得在参加课程教学评估时专家对我的鼓励:"学生感谢你,学校也会感谢你。"我知道,学生感谢是基于信任,要不辜负学生的信任;学校感谢是因为责任,要担负起教书育人的责任。所以在多年的教学过程中,我不断探索,不忘在实践中创新。

在实践中创新,体现为厚积薄发,集体系化与广深化。首先是体系化。罗素的鸡的故事给人们的启示是体系化思维的重要性,因此在教学中需要注意体系化。我先整出体系,备好"全程之课"。通过归纳整理、对比取舍,从庞杂的内容中理出课程的体系结构,弄清重点和难点。在学习过程中,采取"重其所重,轻其所轻"的指导思想,重点内容课堂上集中讨论学习,非重点内容课堂上点到为止,学生课下自学。然后理清思路,备好"分堂之课"。要让课堂内容有条不紊,次第展开,波峰波谷相映成趣。通过学习,学生搭建起知识产权法学的框架体系,包括知识产权法涵盖的法域框架和单个知识产权法的内容框架。其次是广深化,也就是教学内容要有广度和深度。从广度上,除课堂教学外,我会通过 Bb 平台给学生提供拓展资料,师生通过微信群推送微信文章等方式来扩大知识面。在深度上,对于重要的知识点,不仅知道是什么,还要去探讨为什么以及怎么用。如对作品条件的理解,通过案例引导学生去思考何为独创性,何为思想与表达二分,最终引申出在判定实质性相似时可采用"抽象—过滤—比较"法。这样层层递进,逐步深入,帮助学生掌握并运用有关作品条件的知识去分析解决实际问题和进行创作。

在实践中创新,体现为与时俱进,纳"三新"于教学内容。一是注意学科研究的新进展。知识产权法学是一门充满活力的学科,伴随着社会上知识产权现象的不断涌现,相关研究也是接踵而至。这就需要耙梳最新的研究成果,择优进行课堂讨论。比如网络游戏,它所涉及的著作权的客体类型有哪些?其最优的保护模式是什么?二是吸收实践发展的新经验。"知识产权法学"课程非常关注司法实践的动向。我和法官、律师联系,建设体系化、标准化和持续化的知识产权法学案例库。其中,"暴雪等公司诉分播等公司著作权侵权及不正当竞争纠纷案"成功入选中国专业学位案例库。以此为蓝本录制的视频教学案例荣获全国法律硕士视频案例大赛三等奖。三是关注社会需求的新变化。当今社会已经进入知识经济时代,知识的变化是非常快的,而知识产权法是和知识最相关的法律,所以其对社会需求的新变化更加敏锐。对于新变化,比如人工智能生成物能否成为著作权或者专利权的客体、冬奥会上的知识产权保护等问题,我会在课堂上引导学生进行讨论。

在实践中创新,体现为融会贯通,多种方法相得益彰。"知识产权法学"课堂的显著特征是上课学生多,少数民族学生多,属于一个大课堂。对于这样特殊的课堂,特别需要将多种教学方法灵活运用。经过实践探索,我选择了综合运用五种教学方法。一是翻转课堂教学法。建成"知识产权法学"学堂在线慕课,学生课前预习,课堂上讨论答疑,以锻炼学生自主学习、探索发现的能力。二是小组讨论教学法。将全班学生依据民族混编的原则,分成 15 个学习小组,课堂固定座位便于小组讨论,课下完成研究性学习任务,合作创作指定主题的微视频。因小组成员课堂内外的合作成果会计入平时成绩,所以学生的积极性被调动起来。三是启发探究教学法,核心是联系学科发展,关注前沿问题。该方法有助于学生形成解决问题的思路,发展法学思维能力和研究创新能力。四是案例分析教学法。根据内容选取典型案例,理论联系实际。锻炼学生解决实际问题的能力。五是模拟法庭教学法。让学生有机会在具体的情境中综合运用所学知识处理案件,锻炼实战、临场反应和对知识的综合运用能力。这五种教学方法既着眼于学生不同层面的能力培养,又彼此相辅相成。其综合运用的效果是学生构建起较好的知识产权法知识、能力和素质体系。

这些经过实践检验的创新成果,取得了很好的教学效果,得到了学生的充分认可。2021 年,我代表学校参加山东省首届高校教师教学创新大赛,获得了二等奖。"知识产权法学"也被认定为山东省一流本科课程。

践行爱与责任,以学生为中心;持续教学探索,在实践中创新。教室里回响的掌声,是学生对课程的认可,于我则是欣慰和激励。走在海大园,看梧桐参天,樱花烂漫,油然而生的不仅是自豪,更是沉甸甸的责任。立德树人,重任在肩,我将不忘初心,砥砺前行。

（原载《中国海洋大学报》第 2163 期第三版,2022 年 3 月 3 日）

超前思维激发专业兴趣，师生问答感悟教学相长

海洋与大气学院　孙即霖

北京师范大学资深教授、中国教育学会名誉会长顾明远在几十年的教育生涯中,总结出四条堪称真知灼见的教育信条:"没有爱就没有教育,没有兴趣就没有学习,教书育人在细微处,学生成长在活动中。"如何在具体的高校教学活动中,暗合这些具有普遍意义的教学规律,促进教学效果的提高？ 多年来,我在信息化时代进行了一些有意义的尝试和探索。

"教无定法"。马克思主义的活的灵魂,就在于具体事物具体分析。高校的专业课程教学中,由于专业不同,学生的接受程度不同,课程在专业人才培养的不同阶段的指导思想和具体形式必然有很大差异,需要根据具体情况进行精心设计和实施,以促进教学效果,有利于学生长远的专业发展。

20 世纪 80 年代,我即开始从事大气科学本科专业课程"天气学原理"的教学工作。长期的专业教学过程中,我不断加深对课程性质的认识,通过网络信息化时代气象信息容易获取的时代背景条件,密切结合专业核心课程"天气学原理"课程特点和教学目标,根据不同教学阶段学生对专业内容掌握的情况,在课堂上进行即时天气分析和预报,让学生检验预报效果,充分认识课程教学内容的实用性,从而更深刻地掌握天气变化规律,激发专业学习兴趣,提高专业学习的自觉性和主动性,走出了一条通过教学互动,教学相长,既促进教学效果提高,有利于学生专业长远发展,又促进自己专业预报水平和专业教学水平提高的路子。

"天气学原理"教学内容对专业天气预报思维的形成具有关键作用。超前意识是做好天气预报的先决意识。结合课程特点,我将"天气学原理"与实际天气变化相联系,对于激发学生专业学习兴趣,起到了积极作用。从 2003 年开始,当通过网络能够获得实时天气图后,我就开始通过分析实时天气变化进行天气预报,激发学生的专业兴趣。十几年的实践表明,效果是明显的,既能促使学生探索天气变化原因,又通过教学互动提高了自己的实际天气预报水平和专业教学水平。

2007 年 9 月下旬,从山西到黄海,持续出现了东西方向呈条状分布、超过一个星期的降水带。降水带中有时对应低压系统,有时却对应高压系统。按照教科书的内容,一般情况下,高压系统内部不会出现降水。对天气变化感兴趣的一些学生提出:是什么原

因导致较长时期内，无论是低压还是高压都出现降水？面对实际复杂天气，我提出自己的观点：由于高空西风急流南侧的辐散作用产生上升运动，导致降水。一个月后，气象局专家在对这次复杂降水过程发生原因的分析讨论会上给出了类似的解释。

2008年12月5日，是当年的初雪日。年年皆飘雪，斯年理独奇。早晨，我乘班车在崂山校区下车时地面上是一层刚下过的积雪。到办公室打开电脑，我发现大气科学专业2006级王凤同学已经在Bb平台上留言，询问崂山校区这次降雪的水汽来自哪里。显然，课堂上开展的实时天气预报已经成功激发了她对天气变化的兴趣，并自觉主动观察分析实时天气图了。按照教科书中对降水过程水汽输送的表述，一般都分析1000米左右高度附近对流层低层对降雨或降雪的水汽输送贡献。然而网络上的850hPa等压面图（平均高度1500米左右）和离地面只有几百米高度的925hPa等压面图显示，空气含水量非常少，来自陆地上的西北干冷气流不可能是出现降雪的原因。分析海平面天气图，发现降雪所需要的水汽来自黄海。

这与教科书表述存在明显差异的降雪过程引起了我的深思。结合大气物理学中的凝结物理过程与山东半岛北部"雪窝子"烟台和威海的地理特征，第一次认识到冬季水汽凝结高度显著低于其他季节是造成降水特征不一样的主要原因。由于冬季空气中水汽的凝结高度低于地形高度，因此从渤海上空掠过的北风气流受胶东丘陵的影响，凝结成雪，造成烟台、威海等地冬季特有的"海效应"降雪局地性气候；而夏季因为水汽凝结高度高于地形，同样的胶东丘陵，却不能使位于其南侧的青岛地区降水增多。通过这个例子，我们充分认识到夏季降水和冬季降雪虽有类似的需要水汽来自海洋，但水汽输送高度和受地形影响的程度随季节变化可以呈现不同的特征，这为以后的教学提供了优良的教学案例。

2010年，在为大气科学专业2008级学生授课时，根据教材中的一条经验预报指标：当"平直西风气流"跨度超过120个经度时，未来三至五天，将出现长波调整。结合当时天气图上的环流特征，我做出一次符合实际的天气预报：四天后一次强冷空气降温天气将影响青岛。冷空气到来后，该班级一名学生在教学平台上留言感叹："太神奇了。"随后的一节课中，有学生提问为什么出现这种特征后，就会出现长波调整？显然这次预报成功激发了部分学生的专业兴趣。于是我因势利导，借用动力气象学中的"斜压不稳定性理论"向学生进行了初步解释，并告诉学生，利用热成风关系，还可以把锋区强度看作"斜压不稳定性"。这样既给学生留下了大气动力理论的初步印象，又让他们将天气学原理内容与动力气象理论密切结合了起来。

通过实时天气预报，学生对专业产生兴趣后，教材中发现的问题促进了教师对专业内容的深化和融会贯通，加深了教师对天气变化规律的认识，促进了教学水平和教学效果的提高。

如姜培硕同学看到锋区结构示意图时，提出疑问：为什么锋区的上、下界面之间的距离靠近地面小，在高空距离变大？由于这个问题需要利用"三圈环流"空间形成结构进行解释，促使教师在授课中将不同章节的内容进行有机联系，丰富和深化了教材内容,并通过这种联系,帮助学生深刻理解和掌握了两种不同尺度天气系统结构特征之间的联系,为后来的教学活动提供了更好的思路。

互动教学还对学生的长期成长产生影响。毕业多年的学生曾与我联系,询问为什么一次渤海上空的低压内却出现下沉气流? 在卫星发射中心工作的毕业生有一次遇到不明显的降水系统,来电询问为什么在高气压内出现降水? 这些在大学期间表现优秀的学生,毕业后仍保持与我研讨的习惯,提出的问题及解答反过来又促进了课程教学效果和教学水平的不断提高。

以上让我深深体会到:教学过程是师生共同"做学问"的过程。"天气学原理"授课与实际天气预报的密切结合,既可以激发学生的专业兴趣,深入思考专业问题,也可以对教师的天气预报能力和水平带来很大的促进。但采用该方式促进"天气学原理"课程的教学效果需要注意预报、预测的准确程度。如果准确率偏低,则效果会差强人意,需要教师严格要求自己,不断精益求精,才能激发学生专业兴趣,达到理想的教学效果。

(原载《中国海洋大学报》第 2159 期第七版,2022 年 1 月 6 日)

教学相长、教研互促：在教学中与学生共成长

国际事务与公共管理学院　王　通

2019年入职海大以来，我先后承担了专业课程"政治社会学"、通识课程"政治学入门"以及硕士研究生课程"政治学方法论专题"等的教学任务。作为一名青年教师，教学经验的不足、科研考核的压力总让我陷入无尽的焦虑之中，而教书育人的本分又激励我不断追求教学能力的进步。回顾两年多的任教经历，我不断进步，同时也欣喜地收获了教书育人方面的点点滴滴。

一、别样的任教起点

2019年8月，我正式入职中国海洋大学，实现了从学生向老师的身份转变。入职的第一个学期，我没有课程教学任务，但是需要为2020年春季学期的三门课程做准备。购买教材、观看公开课、请教前辈、设计教学大纲、设计知识点的讲授形式……寒假的到来让我对"三尺讲台"更加期待，当然也伴随着些许忐忑。然而，突如其来的新冠肺炎疫情打破了我对讲台的期待，电脑屏幕代替了三尺讲台，并开启了我的任教生涯。因为担心农村老家的网络情况难以支持线上教学的要求，我及早赶回青岛，调试网络、检查设备，做好一切准备迎接任教生涯的开始。

周一的"政治学入门"、周二的"当代中国政府与行政"、周三的"政治学方法论专题"，课程安排相当紧密。为了给学生呈现合格的课堂教学，近乎整个学期，我的时间是这样度过的：周一和周四准备"政治学入门"的教学任务，周二和周五准备"当代中国政府与行政"的教学任务，周三和周六准备"政治学方法论专题"的教学任务，周日去超市购买一周的食材！周周如此，16个循环，对我而言，有一种特殊意义让我百感交集：居家隔离、面对屏幕，开启了我的任教生涯！

但是，我还是特别感谢这样的任教起点。这不仅是因为居家隔离期间授课是我近乎唯一的同"外界"交流说话的机会，更是因为别样的任教起点给了我非常多的感动！比如，周二的"当代中国政府与行政"是"早八"的课，而这门课有很多来自新疆和西藏的学生，上课时间他们可能还在休息中。所以，第一节课我就告诉学生，来自新疆和西藏的学生可以不参与课堂直播，可以收看课堂回放，遇到不懂的问题可以私信我沟通。让我意外的是，整个2020年春季学期，没有一位学生缺席。学生对知识的追求，是激励我不

断提高教学能力的动力。同课堂授课相比,线上教学给我带来的最大挑战是看不到学生的表情,也就不能及时反思和调整我的授课方式。为此,每堂课我都留 10 分钟左右的互动交流时间,学生踊跃参与、积极提问,让我在互动中反思自己的授课内容和授课方式。

二、多样的培养方式

大学学习不同于高中学习,这是大家的共识。但是,如何为学生的成长成才提供合适的教学支持,这是我初为人师之际必须思考的。

以我的教学任务为例,既有“政治学入门”这样的全校性通识课,需要让外专业学生听懂政治学的知识,又有“政治社会学”这样的政治学专业课程,需要引导本专业学生对政治社会问题进行深度思考;既有本科生的课程,向他们传授更多的理论知识,也有研究生的课程,需要引导他们科学探索专业问题。

在“政治学入门”课堂上,授课伊始,我总是以“什么是政治,如何理解政治学”进行提问。学生的回答往往也是五花八门,比如,政治是高深的东西,斗争的学问,需要死记烂背的知识,等等。作为一名政治学博士,听到外专业学生如此理解政治和政治学,我并不意外,因为这正是我坚持开设“政治学入门”的原因。因为引导学生正确理解亚里士多德所说的“政治是最高的善”本身就是一次生动的思政教育。只有正确理解政治学是追求公共利益、追求善治的学问,才能引导学生树立正确的价值观和世界观。在讲授中国政府和西方政府体制等专业知识过程中,中国和西方在抗击新冠肺炎疫情中的不同表现可以提供最好的案例。因为从政治学角度看,恰恰是中西方在政治理念和政治体制方面的差异造成中西方政府行动的不同;抗击新冠肺炎疫情的伟大胜利,是中国政治制度优势的显著体现。因而,帮助学生实现理论知识与思政教育双丰收,成为我开设这门通识课的教学目标。比如,通过生动的案例、日常生活中的故事引导学生进行思考,并且在个人思考和课堂讨论中使其真正认识到中国的制度优势;以通俗易懂的语言讲授政治学的专业理论,让学生“听得懂、信得过”政治学的专业知识。

在“政治社会学”课堂上,我坚持引导学生更好地理解“社会是政治的社会,政治是社会中的政治”。社会阶层和社会流动既是我的研究领域,也是政治社会学的重要内容。在这个专题教学中,如何让学生听得懂“现代社会的阶级是以法律上的平等为前提的”“从等级社会向阶级社会转变的重要表现是社会成员在法律上平等地位的确立”;让学生看得懂以农民工为代表的流动人口在流入地的进城难题和融城困境,引导学生去思考社会现象背后的政策成因、政策成因背后的国家战略,引导学生去思考如何解决流动人口面对的异地公共服务接续机制问题、如何为流动人口的社会融入提供必要的社会支持,等等。完成这些教学目标既可以培养学生对于社会问题、弱势群体的价值关怀,又可以引导学生用专业思维去思考政治社会问题。借助历史案例、文学题材、生活故事等,帮助学生看得懂、听得懂这些理论命题,同时引导学生关怀社会现实问题并进行专业思考……在完成知识传授的同时,也会激励自己去思考研究领域,真正做到教学相长、教研互促。

"政治学方法论专题"是最具挑战性的教学任务。因为研究方法是硕士研究生必须具备的科研素养,而研究方法的进步需要"贵在实践"。除课堂教授、个人展示等教学形式外,必须为硕士研究生科研素养的培养提供"第二课堂"。我所在的政治学系也始终坚持多元化的培养模式,比如,为低年级本科生提供"悦享读书会",为高年级本科生提供"读懂中国学习小组",为研究生提供"储英研究生学术沙龙"等学习平台。入职以来,我一直承担"储英研究生学术沙龙"的组织工作:鼓励学生展示自己的研究成果、邀请同事担任点评专家、组织学生互动交流,以"第二课堂"的形式培养学生的学术素养、学术规范,以课堂与课外相结合的形式提升学生的研究能力。尽管每期组织"储英研究生学术沙龙"要付出很多精力,但是,看到学生的进步,看到学生真正在追求"硕学志宏才,储英备国用",我和同事乐在其中。

三、感悟与收获

教学相长、教研互促,是我承担教学任务的真实感悟。与学生共同成长进步则是教学任务带给我的最大收获。为了给学生提供良好的课程教学,需要将零散的知识整合为系统的教学提纲;为了让学生听得懂专业知识,需要组织多种形式的教学活动。承担教学任务的经历,也让我反思自己的科研实践。比如,每次在写科研项目申请书的时候,我总是在反问自己的研究是否系统有逻辑、语言是否通俗有深度。入职两年来,我获得了国家社科基金后期项目、教育部人文社科青年项目和山东省社科青年项目等多项资助,取得这些成绩我首先要感谢教学实践带给我的反思。每次学生找我谈心谈话,他们总是能"抛"给我对一些问题的专业思考,也会告诉我他们真实感受到的个人进步。

在教学中与学生共同成长,是一名青年教师最真实的快乐,也是最实在的收获。

(原载《中国海洋大学报》第 2153 期第三版,2021 年 11 月 25 日)

教学是艰深的学问，亦是终身的责任

工程学院　石　林

　　我讲授的课程是"设计基础I"。该课程面向大一学生开设，是工业设计专业基础课程模块中的必修课，是进行专业学习的"铺路砖"，也是后续专业课程学习的基础和保证。该课程是设计学科造型表达与设计思维训练的起点，对学生理解专业的性质、内容、要义具有至关重要的作用。

　　每一门课程都不是孤立的，作为专业教学体系中的一环，在该课程教学中，教师不仅需要考虑课程本身的教学内容如何更好地教授给学生，还要关注该课程与先修课程之间的衔接关系，更要思考该课程对后续专业课程的作用与影响。这样才能让学生形成连贯的专业思维，使零散的知识在头脑中形成体系。经过一定的摸索与实践，将一些做法与大家探讨。

一、衔接先修课程，完成从"塑造"到"设计"的转换

　　"设计基础I"是专业基础课程，在该课程模块中，先修课程为素描和水粉，这两门课程均是为了从结构、形体、明暗、色彩的角度提高学生塑造形态的能力。塑造是基础，而设计最终注重的是"创造"形态，设计基础课程恰恰需要学生具备"创造"形态的能力，为了使学生更好地理解二者之间的联系与区别，就要在教学环节上与先修课程进行更好的衔接，从而使知识具有更强的连贯性。从该目标出发，在课程开始的初期，我设计了一个过渡环节，让学生将自己之前较为满意的静物写生作品找出来，并将作品中的素描关系全部去掉，利用课程中学到的点、线、面的基础造型语言对静物进行再创作，并在课堂上请学生进行创作理念和创作心得的分享。在同样的一组静物中，学生通过比较用素描关系表现形态和用设计语言再现形态之间的区别，更深入地理解了设计造型的特点和要义。通过这个过程，不仅能与先修课程做好衔接，同时，也能够更好地使学生理解设计"创造"形态的内涵，完成从"塑造"到"设计"的转换。

二、以问题为导向，将基础知识与专业实践有效贯通

　　以问题为导向的课堂，以学生为学习的主体。在课堂中，学生是主动的问题解决者，

教师是引导者与促进者。以问题为导向的课堂，就不能走"教师讲学生听"的老路子，而是要设计更多的探索性环节，引导学生自己理解、自己感悟。同时，在基础课程教学中，不能仅让学生学会基础造型的方法，更重要的是引导学生理解基础造型方法在实际设计中的作用和意义，形成对专业知识的呼应。

为此，我将教学设计的重点放在引导学生探索、理解基础知识与专业实践的关系上，既要有步骤，逐层递进，便于理解，又要让学生感到有趣味性，激发探索的欲望。为了达到以上目标，我将基础构形部分内容策划、分解为"元素的采集与锤炼""元素的形式拓展""元素的设计拓展"三个教学步骤，分步引导。

首先，将学生分成六个学习小组，每一组从日常生活常见的、常用的物品中选择一种作为基础元素，并要求每一位学生将选择的物品从基础造型语言出发进行若干造型的提炼。其次，将这些造型进行形式的线面拓展、群化拓展和情态拓展。最后，将这些拓展后的造型用于二维、三维的设计产品中。每一组学生虽然选择了相同的物品进行要素提炼，但是最终产出的成果各不相同，很多学生都超额提交了作品。诚然，这些作品还存在很多需要改进的内容，但是可以看出，大家都倾注了很大的热情。这个过程，不仅加深了学生对造型基础知识的理解，增加了学习兴趣，也使学生掌握了基础知识应用于设计实践的方法和路径。

三、紧跟学科发展前沿，拓展专业认知的深度与广度

该课程中的诸多知识都需要学生理解，并在理解的基础上动手实践。设计造型并没有标准答案，虽然采用的是相同的设计法则，但每位学生最终产出的则是完全不同的设计作品。因此，基础造型课程更加注重设计思维的引导，而不是固有的解题思路。

在这种情况下，教师应从有效的案例解析出发，将不同的设计理念通过案例的方式进行分析，从而使学生有效理解。故而，设计案例的选择对于教学效果的影响至关重要。在案例选择的过程中，我并没有局限于工业设计领域的一些典型案例，而是从国家所倡导的前沿设计教育理念出发，结合近年来对设计学科教学理论的探讨与思考，将"大设计教育观"融入基础课程教学的案例筛选中，从文化与设计形态的关系、数学与设计形态的关系、技术对设计形态的影响等不同的维度筛选案例，将传统美学思想与前沿造型方法融入教学中，通过深入讲解、重点剖析，使学生能够形成更加广阔的专业视野，拓展学科认知的深度与广度。

四、更新教学方法，加强教学反馈

信息化教学手段日新月异，是传统教学手段的有力补充。教无定法，重在得法，以PPT、板书等相对成熟的教学方式作为基础，适当融入 Bb 平台、微信群等教学工具，能够有效提升教师对于教学的掌控度，及时获得反馈。该课程通过 Bb 平台，及时发布 PPT内容和补充参考资料，使学生及时回顾课上的重点内容。

　　针对课程以手绘实践性作业为主的特点,我建立了课程微信群,在群中下达课程任务,学生将每次作业拍照上传到微信群,我将作业下载整理并制作成 PPT,在课堂上对每一次作业中的问题进行有针对性的讲解,这样能够更及时地进行教学反馈,掌握学生的学习效果。通过学生在微信群里的讨论,我也可以获悉他们的学习状态,以进行更好的调整与引导。

　　教学评估是我在教学中经历的一次重大磨砺,在这个过程中,我收获了很多:各位评估专家给予悉心指导,并提出了很多中肯的建议;对优秀教师的教学观摩,也使我学习到各类切实的教学技巧。教学评估是我不断提升教学水平的促进剂,在这个过程中,我也认识到自己在教学技巧和方法上的不足,针对专家提出的意见,我会仔细揣摩,认真完善。

　　正如卢梭所说,"在所有一切有益于人类的事业中,首要的一件是教育人的事业"。教学是一门艰深的学问,也是一份终身的责任,期望能够站好讲台,做学生合格的引路人。

(原载《中国海洋大学报》第 2152 期第三版,2021 年 11 月 18 日)

事事关心，于学生心灵间厚植家国情怀

国际事务与公共管理学院　宋宁而

我所讲授的"海洋政治概论"是一门关于海洋政治的理论课程。理论是对实践的总结，因此越是上理论课，越需要结合实践。理论结合实践，需要我们用专业的知识，去主动关注现实生活。学习海洋政治，需要用专业的知识体系，关注国际时事中的海洋热点问题，开展国际政治的专业教学，真正做到"家事国事天下事，事事关心"。

一、海洋问题，事事关心

任何习惯的培养都需要一个过程。培养学生对海洋热点问题的关心，也需要在课程中设置专门环节，通过每周的坚持，培养事事关心的学习习惯。在这门课开始讲授之前，我就与学生约定，每堂课的前 10 到 15 分钟，一起对最新海洋热点问题进行解读和点评。但这里又遇到了两个新的问题：第一，每周的热点问题素材由谁来准备？第二，在学生的专业知识还不甚完备的情况下，课堂讨论能否有效组织起来？而两个问题，实际上又指向同一点——如果完全由教师来提供素材，学生没有提前学习准备，很可能在课堂上无法做到有效的互动。

好在海大的线上教学资源为我们提供了必要的支持。想来，如果结合线上互动与线下课堂教学，应该可以提前让学生有所准备，也可以发挥学生寻找热点问题的积极性。于是，我们进一步约定，使用海大 Bb 教学平台，为我们每周的课程设置论坛。每次课堂授课结束后，我会在 Bb 教学平台的论坛中与学生继续对授课内容进行讨论，并与大家一起收集一周海洋热点问题。收集素材的宗旨是"海洋问题，事事关心"，因此话题可以涉及海洋权益、海洋环境、海洋科技和航海安全等广泛领域。

集体的力量果然强大。在学生的热情参与下，素材收集十分顺利，每周的海洋热点问题数不胜数。我们分析海洋争端的成因，讨论海上搜救的机制，关注海洋科技事业的新近成果，把海上丝绸之路的发展纳入视野，也关心海平面上升、北极合作和全球治理。这样的讨论使参与课程讲授与学习的每个人都深刻感受到，海洋就在我们身边，海洋问题需要我们事事关心。

二、学思兼顾,学中有思

在课堂讨论开展起来后,我们随即遇到了另一个问题:如何将热点讨论与后面环节的课堂讲授有机结合起来?看上去,这似乎只是课程不同环节的衔接问题,但随着讨论的深入,我发现,问题的关键还在讨论环节的解读深度不够。为什么这么说?因为每一个海洋热点问题的偶然性背后,都有着必然性,而发现必然性才是使思考升华的关键所在。但如何透过偶然性发现必然性?这就需要专业知识体系的帮助。

"学而不思则罔,思而不学则殆。"一味空想,不结合素材,终无所得;反之,只知堆砌素材,而不懂得有效利用知识点,同样会陷入迷茫。因此,热点讨论环节需要教师为学生提供必要的知识体系,引导学生看到热点事件背后的必然性。例如,在一堂关于"海洋政治研究意义"的授课之后,我请学生提炼出海洋政治研究中的系列"关键词",不少学生提到了"海权""海上力量""海军""海洋权益"等,讨论自然延伸到了上述关键词内涵、外延的差别;也有学生提到了海洋安全保障与海权的关系,于是,近期我国周边海域安全问题自然进入了我们的视野,学生就此找出了不少热点话题。因此,在下一堂课的讨论环节中,我们延续这一话题,讨论了近期东北亚海域的海洋安全保障问题,思考海权与东北亚海洋安全合作之间的关系。在此基础上,我进一步提出,"海权"等概念与"海权论""陆权论""边缘地带论"等理论的关系,由此展开下一个环节,即这一讲的内容——对地缘政治学理论的批判性思考。

在推进日常教学的同时,为了拓宽学生的知识面,让更多海洋政治的热点领域进入大家的视野,我与政治学系的同事们共同录制了一个视频放到平台上,供学生收看。教学视频中,孙凯老师、弓联兵老师、董利民老师、金永明老师和我分别为大家讲解海洋政治中的几个热点问题——北极治理问题、海上丝绸之路、海洋争端解决、海洋法与中国、"海权论"的影响,为学生提供更多思考的素材。

三、海洋情怀,心系祖国

通过一个学期的海洋热点问题研讨,我已经在课堂上感受到了学生的学习效果。为了进一步了解学生的想法,我请他们谈一谈对该课程学习的感受。有的学生指出,"海洋政治概论"课程的内容不仅仅局限于国际政治领域,还包含了海洋法、极地研究、海上丝绸之路研究等前沿性、现实性话题。也有的学生对一个学期 Bb 平台上的讨论有感而发:"我们还通过 Bb 平台对每一讲的问题发表看法,同学们再相互沟通与讨论,进一步深化了对理论和国际关系的认识,养成了课上吸收知识、课下思考巩固的良好学习习惯。"

我很清楚,"海洋政治概论"的课程建设还有很长的路要走,但看到学生逐渐培养起热情、习惯与自信,还是受到了莫大的鼓舞,坚定了课程建设的方向与目标。对海洋问题系统的关注,对海洋专业知识持续的积累,对海洋政治理论深入的思考,不仅能使学生比较全面地掌握海洋领域的国际关系事实,也能显著提升大家的感性认知和学习兴趣。

同时,我们结合海洋政治的基本原理和相关概念解读海洋热点,可以使学生逐渐感受到国际政治学的专业性与可靠性,对国际形势变化建立起理性的认知与判断。

正如一位学生在谈及课堂学习效果时所说,"'海洋政治概论'这门课非常具有海大特色,通过鲜明而独到的海洋视角讲授了我们海大学子应该了解和学到的海洋政治"。每一名海大学子、每一个海大人都有一份心系海洋的家国情怀,为此,我们愿怀揣对祖国深深的海洋情怀,发愤图强,精进学问,对家事国事天下事做到事事关心,为祖国海洋事业的腾飞做出贡献。

(原载《中国海洋大学报》第 2151 期第三版,2021 年 11 月 11 日)

既教书又育人：让课堂成为传递爱的场所

水产学院　朱葆华

"生物化学"课程内容博大精深，包含了很多重要的生物化学原理，其中很多原理与生活息息相关，蕴含着丰富的人生哲理。教学过程中，适时地将这些深奥理论与生活实际相联系，不但能有效提高学生的学习兴趣，还能做到既教书又育人，让学生感受到来自老师的爱和温暖，让课堂成为传递爱的场所。

一、传递"健康理念"，让课堂变得温暖

在教学过程中我发现，经常有学生不吃早餐。为了增强学生的健康意识，每学期第一次上课时我重点强调，上生物化学课必须吃早餐，但不能到课堂上吃，还特意问大家，这矛盾吗？学生都说"不矛盾"。在整个教学过程中，我不失时机地强化不吃早餐的危害。比如讲到胆固醇的分布及功能时，说明为啥经常不吃早餐易患胆结石。再比如讲到糖酵解的意义时，重点阐述糖酵解是某些细胞，特别是眼角膜细胞、红细胞和大脑细胞唯一生成 ATP（腺嘌呤核苷三磷酸）的途径，成人每天约需要 160 克葡萄糖，其中 120 克用于脑代谢，如果不吃早餐，葡萄糖得不到及时供应，将对这些细胞产生很大的影响。讲到糖异生时进一步强调，如果不吃早餐，体内葡萄糖缺乏，将通过糖异生补充，从而加重肝脏的负担。讲到脂类时，阐述脂质过氧化作用与健康的关系，提出如何减少体内脂质过氧化作用维护人体健康，启发学生养成健康的生活习惯。通过一学期的强化，很多学生告诉我养成了定时吃早餐的好习惯。一些毕业好多年的学生见到我时，仍然记得"不吃早餐的危害"！

另外，讲代谢部分时，强调肝脏在代谢中的重要作用。我会特别告诫学生，为了更好地保肝护肝，需要养成良好的生活习惯，特别是不要熬夜，最好在晚上 11 点之前入睡，坚持锻炼等。还有"烫发的生物化学原理""煤气中毒的生物化学原理""酶原激活的生物学意义"等，都可以在教学过程中适时传递健康理念。

二、传递"环保理念"，让课堂成为有担当的场所

环保无小事。保护生态环境，是造福社会、造福子孙后代的伟大事业。习近平总书

记在党的十九大报告中指出,坚持人与自然和谐共生,必须树立"绿水青山就是金山银山"的理念,坚持节约资源和保护环境的基本国策。但是,乱丢垃圾、过度使用塑料袋等行为并不少见,国民的环保意识亟待提高。

为人师表,身教重于言教,只有自己真正做到了,才会对别人产生正面的影响。平时生活中,我非常注重低碳环保,如一水多用、基本不使用塑料袋。因此,在教学过程中我也会留心挖掘生物化学原理中蕴含的环保理念,并不失时机地传递给同学。三羧酸循环(也称柠檬酸循环)是三大类营养物质代谢的枢纽,从草酰乙酸与乙酰辅酶 A 合成柠檬酸开始,经过一系列循环又回到草酰乙酸,循环中每一种物质被重复利用,最大限度发挥了自身的作用,这启发我们生活中很多东西是可以循环利用的。每次讲到柠檬酸循环时,我都会把自己的环保理念传递给学生,并倡导少用或不用塑料袋,尽量减少白色污染。

丙氨酸—葡萄糖循环是肌肉运动产生大量的氨和丙酮酸,两者都要运回肝脏进一步转化,以丙氨酸的形式运送一举两得;在肝脏中,丙酮酸可以生成葡萄糖,氨通过尿素循环排出体外。这样的安排真是太完美了,简直无可挑剔,我们不禁感叹生命的神奇和伟大。讲到这里,我展示了一张照片——一个用过的洗衣粉袋子装满了垃圾,然后让大家解读。起初,学生一头雾水,在我的提示下,一名学生站起来说:"洗衣粉袋子和垃圾都要运到垃圾桶,它们一块运送,既节约了资源,也达到了运送垃圾的目的,这也是丙氨酸—葡萄糖循环给我们的启示!"真是生活中处处有环保啊,这位学生的回答令我十分满意,也博得了大家热烈的掌声。

三、教授"为人处世"之道,让课堂变得有人情味

做人做事,需要我们用一生去学习和实践。大学教师应不断提高自身的思想水平和道德修养,在课堂上以饱满的精神状态和积极向上的心态影响学生,以高尚的人格力量感召学生,真正做到"教书育人"。

细细体味,我们会发现,生物化学的原理蕴含着丰富的人生智慧,启发我们学会为人处世。

酶活性中心的结构特点有两种学说解释酶与底物的结合:一种是"锁钥学说",酶的活性部位和底物的形状是互补的,有利于酶与底物的结合;一种是"诱导契合学说",底物分子、酶分子,或两者的构象同时发生一定的变化后才互补。第二种学说能更好地解释酶与底物识别并结合的动态过程。讲到这里,可以启发学生:人与人之间的交往需要相互尊重,相互体谅,遇到问题时必须有一方或双方做出让步,才能保证关系融洽、和谐相处。生物化学中有一些迂回曲折的反应,比如,脂肪酸的 β—氧化、三羧酸循环,提示学生为人处世要适当灵活,遇到困难时应多开动脑筋,有时需要另辟蹊径,切忌"不撞南墙不回头"。

酶活性中心的氨基酸残基有接触残基、辅助残基、结构残基和非贡献残基,提示我们:在一个集体中,有的人处于重要地位,有的人处于次要地位,但每个人都代表集体的

形象,每个人都在为集体做贡献,每个人都是独一无二的,我们每个人都应珍爱生命,努力活出属于自己的精彩!

丙氨酸—葡萄糖循环则告诉我们团结协作的重要性,人与人之间应互相帮助,互相支撑,合作共赢。还有酶原激活的生物学意义告诉我们,应该在合适的时间做正确的事……

四、传递科学精神,让课堂成为励志的场所

诺贝尔奖是科学界的最高荣誉,自 1901 年颁布以来,有关生物化学方面的研究共产生化学奖、生理学与医学奖合计 70 余项,是所有学科中获得诺贝尔奖最多的,可见生物化学在医学和生物学领域的重要地位。

教学过程中,适时地将诺贝尔奖获得者的感人故事融入课堂,不但能激发学生的求知欲,提高学习兴趣,还能培养学生对科学的向往,提高教学质量。

在讲授氨基酸的化学性质部分时,我介绍了英国著名化学家桑格的传奇故事。桑格因测定胰岛素的一级结构获得 1958 年诺贝尔化学奖,又因发明测定 DNA(脱氧核糖核酸)序列的方法(即桑格测序法)获得 1980 年诺贝尔化学奖。在研究测定胰岛素一级结构过程中,历经 10 多年,饱尝了数不清的失败,助手也离他而去,但他一个人坚持实验,终于在 1953 年弄清了胰岛素的一级结构。桑格不屈不挠的毅力和对科学的热情值得我们学习。

讲到酶的化学本质时,我介绍了美国化学家、身残志坚的萨姆纳。他首次确认了酶的性质,获得 1946 年诺贝尔化学奖。萨姆纳 17 岁时因打猎失去了左前臂,他试着用右手做每一件事,靠顽强的毅力考入心仪已久的哈佛大学化学专业,后师从福林教授。1926 年,他提取到尿素酶,还发现了酶可以结晶,并阐明了酶的化学本质。

每次期末总结时,看到学生发自内心的感悟和真实感受,我都颇感欣慰。正如一名学生所说,"'生物化学'课堂所传递的健康理念、环保理念以及为人处世之道,将伴随我们今后的工作和生活,感谢老师的教诲"。

因为热爱教学,所以一直在路上。没有最好,只有更好!

此时此刻,我的心底有一个声音在呼唤:"将教书育人进行到底!"

(原载《中国海洋大学报》第 2147 期第三版,2021 年 10 月 14 日)

筑梦树魂：一名思政课教师的思考与自白

马克思主义学院　梁　山

　　世间有两件事可称之为艰难：一是把别人的钱安安全全地塞到自己的兜里，二是把自己的想法真正意义上装到别人的脑袋里。作为讲授"中国近现代史纲要"的一名思政课教师，我从事的便是这世间少有的难事之一，这让我颇有压力。

　　2018年7月，我入职中国海洋大学，以新教师的身份成为马克思主义学院的一分子。正当心中欢欣雀跃之时，现实着实给我上了生动的一课，让备受学术论文摧残的头发在风中更显凌乱，让我预感一切都不会如我所想那般简单。

　　众所周知，思想政治教育塑造信仰、净化思想，本应是一切学科的基础与根基，但是，现实却并非如此美好。不少政治理论功底深厚、学富五车的思政课教师，却出乎意料地在课堂上"败"给了学生。论点生涩、事例过时、言语枯燥，总之，友好度约等于无，活生生地把学生逼成了低头族、手机控。"说服力低""没意思"已经成为思政教育必须突破的困境。

　　这时，总有人会举出某位教育专家的名言"没有学不会的学生，只有教不好的老师"，以此诟病教师，对此我却不敢苟同。倘若这句话成立，那么教练也是教师的一种，"没有练不好的运动员，只有不会练的教练员"的说法也该成立，等哪天我不想教书想打职业篮球了，好教练应该把我培养成姚明的级别，否则就是教练员不会教，跟我的身高无关。可见，撇开语境单看这句话，那它就是一句道理上无比正确却罔顾教学规律、毫无逻辑的话，既没有给出"好"的标准，又忽视个体差异。

　　那么，作为新教师的我该怎么办？我曾经一次又一次这样问过自己。面对以历史为载体的思政课"中国近现代史纲要"，我意识到：一个故事胜过一打道理，谁会讲故事，谁就能拥有话语权，谁就能赢得受众。艰深晦涩的理论知识倘若缺乏细节，怎么可能赢得当下年轻人的青睐呢？如果连最基本的兴趣都没有，你的理论再宏大也无济于事！

　　"中国近现代史纲要"的设置，正是希冀史论结合，用历史的写实、鲜活以及趣味，验证理论的正确性，让学生真正"走进"历史现场，贴近那些人、那些事，自然而然地导出"四个选择"等理论知识。但是，受篇幅、课时所限，我们的教材更多地在诠释理论，事件、人物着墨不多，仿佛一副缺少了血肉的骨架。教材的任务，仅仅在于告诉学生"是什么"（结论），而"为什么"（过程）、"怎么看"（立场）的任务，就落在了老师身上。

拿近代史来说,由于从小到大,甚至读到博士,其也是必修课,这就导致教材同质化倾向明显。如果只是"炒冷饭",不仅起不到教育作用,反而容易引发逆反心理。基于此,我尝试通过专题教学,通过生动的人或事,一方面克服教材"大而空"的弊端,另一方面摒弃历史碎片化的缺憾,以民族复兴为主线,结合革命史观与现代化范式,用讲故事的方式娓娓道来,以达到筑梦树魂之目的。

为什么近两年的思政课,学生开始愿意听了? 一方面在于老师的教法改进;另一方面则在于当下中国的成功与辉煌,印证了理论的正确性与前瞻性。我之前讲中国共产党"为人民服务"的追求与宗旨,反馈效果不是太理想。因为学生很难"共情",即便努力让其"走进"历史现场,也很难理解"打土豪、分田地"的伟大,反而会暗自嘀咕"财产神圣不可侵犯"。而这时候仅仅依赖理论知识是没有用的,因此借助近两年的中国抗疫故事,特别是中外间的鲜明对比,用一个个活生生的案例佐证"为人民服务"的真谛,他们就能听得津津有味,甚至还能够举一反三,效果就出来了。

文以载道,而故事更能把深刻思想、抽象理论、僵化条纲转化为生动语言、鲜活案例,让学生喜闻乐见、易于接受。我经常在课上讲故事,让课堂更接地气、更有生气。同时,要想讲好故事,不仅要重视提升自身的演讲能力,更要进行大量的阅读;既要"读原著、学原文、悟原理",还要多看典故,为丰富课堂积累"佐料",为阐述道理提供"佐证",为讲好故事准备"佐餐"。考虑到思政课的特殊性,我在讲述故事的过程中,还注意融通历史和现实,把老故事与新时代连接起来,让老故事拥有新时代的内涵。

不过,故事的讲解、生动的诠释也需要把握度,而轻松叙事也必须与学理剖析相结合,并在整个学期遵循由浅入深的原则。一般来说,学期过半后,学理剖析的比重会明显增多。在这个过程中,应遵守客观公正的评价原则,不能流于片面,否则也会降低说服力。

另外,虽然思政课本来就应严肃认真、主题明确,但这并不排除思政课可以通过潜移默化的手段达到"润物细无声"的效果。在讲授过程中,我不会太过"生硬",而会隐藏自己的教育意图,通过摆事实、讲道理的方式诱导启发,使学生自己产生符合主题的主观意识。

授课过程中,我根据教研部教学团队制定的专题式教学方案,利用专题教学模式,轻松叙事与学理剖析相结合,用鲜活的人或事串起民族复兴的主线。这种教学法,针对性和吸引力都相当强,在发挥讲授法优点的同时,还以问题引导学生学习和自省,帮助其提升思维、认知能力。

(原载《中国海洋大学报》第 2145 期第三版,2021 年 9 月 30 日)

专业与情怀兼具：一名青年教师的自我修炼

国际事务与公共管理学院　　毛万磊

回顾我与"非政府组织管理"课程一同成长的四年时光，既有初次讲课的紧张与惶恐，又有收获学生认可的满足与幸福；既有付出的艰辛，又有收获的喜悦。我非常愿意把其中的感受和体会与大家分享。

一、发现课程的灵魂

每一门课程都有灵魂。找到"有趣的灵魂"，才能打造一门优秀的课程。"非政府组织管理"课的灵魂是"专业与情怀"，这是我讲授三轮过后才发现的。

发现它的灵魂，源自一名青年教师的压力与热情。2017年盛夏，我入职海大不久就开始了"非政府组织管理"课的本科教学。那时我每天投入巨大精力完成一周八节的课程安排。作为一名刚毕业的博士和本科教学的新手，第一次上课承受了巨大的压力，匆忙完成一个月紧张的教学任务之后，我开始反思"非政府组织管理"课到底应该为学生带来什么。

经过多轮的教学实践和不断的思考，我意识到这门课乃至整个社会科学首先要强调专业性。因此，我特别强调基础理论知识和理性科学社会观的重要性，在教学设计中也采用启发式教学和案例教学等方法，引导学生去思考和体悟公益人的动机与策略，去辨识和理性地看待名与利、善与恶、利己与利他的边界。

教学过程中，我慢慢养成了一种自觉，即培育大学生的公益情怀。一方面，我在备课过程中，不断地吸纳一些优秀公益案例进入课堂，让学生不断加深对公益人和公益精神的理解；另一方面，也是更重要的是，我发现学生在听我讲感人的公益事务时特别容易受到触动，当他们上台展示公益想法之时，眼中充满青年人渴望世界更美好的希望之光。因此，我在课程设计中也特别引入了一些公益人的访谈录，鼓励和帮助学生走出课堂、走近公益，让学生感受公益的魅力。

2018年春季学期的一个课间，一名女生和我说她正在行远书院做毕业设计，主题是"精神病去污名化"，想请我引介青岛的一些社会组织。对于一名刚入职的老师来说，这个选题太具有冲击力和吸引力了，但对她的请求我又感觉力不从心。但我毫不犹豫地答复她：我会去找其他老师和朋友帮忙。下课之后，我跑去王琪院长办公室说明来意，院长很开心地介绍了校友、青岛市生命树社会工作中心主任刘婷女士给我。之后我带着这名女生一起去调研，她也非常成功地在海大组织了一场主题沙龙，反响非常不错。

这门课程让我与学生共同成长。培养一名出色的海大人和一位合格的公民，既需要理性科学的专业知识，也需要亲社会、爱人民的博爱情怀，正所谓"大学之道，在明明德，在亲民，在止于至善"。

二、让理论靠近实践

社会科学本科课程教学普遍存在的难点之一，在于理论与实践在时空上是分立的，这使得学生对于现实情境和理论知识的实用性难以理解。最好的解决方式是现场教学，但囿于现实条件，当前很难实现。为了解决这一难题，上好这门课程，一方面我积极调研和参与社会组织管理发展实践，与公益人进行深入交流，丰富自己的实践知识储备，另一方面，我开始探索适合该课程的多元化教学方法体系。

四年来，我先后调研了青岛市民政局、李沧区民政局及相关街道社区、阳光佳苑养老院、以琳自闭症儿童学校等组织，参与了腾讯99公益日、友成公益人"猎鹰"活动，受邀参加了成都市首届社会企业论坛、上海财经大学第二届社会企业创新创业论坛等。通过调研和学习，我把最前沿的公益理念、实践与学术进展分享给学生。

为了在课堂上更好地将理论与实践相结合，我探索打造了一套适合的教学方法体系，除了课堂讲授基础知识和经典理论外，还包括开放式研讨、案例教学、专题汇报、实务讲座、模拟教学等。开放式研讨主要针对一些具有争议性的理论与实践话题，借助开放式讨论形成一般性共识，如"义利之辨""公益向右，商业向左？"。案例教学是在讲解每一个章节时都引入实践案例，学生分析讨论，如营销管理一章引入"冰桶挑战"的案例。专题汇报是让学生对一些具有重要研究价值或实践意义的议题进行深入研究和课堂展示，如社会企业、捐赠意愿与行为。实务讲座就是把公益人请到课堂来分享精彩的创业故事，这也是最受学生欢迎的环节之一。例如，2018年我邀请校友、著名企业家、佰特教育创始人王胜分享创业故事；与青岛市生命树社会工作中心主任刘婷建立教学伙伴关系，每年邀请她来课堂分享公益创业与管理实践。模拟教学是在学生较为系统地学习了基础知识后，寻找一个社会问题，模拟发起一个公益组织或项目，阐述创业动机与行动方案，让学生对知识运用有更深入的思考。

通过多元化的教学方法，学生开展讨论、分析案例、展示研究、听校友分享、尝试发起社会组织，更加亲密地接触和了解实践中的公益理念与管理实践，更好地将基本的理论知识与鲜活的现实情境相结合，积极思考、参与和行动，获得了更好的学习体验。

三、把思政变得"有趣"

非营利事务或公益事业与课程思政有非常好的结合度，我在本学期的教学过程中深入思考课程思政的融入方式，较为全面有效地引入了思政内容，基本在每次课中都会设计一些思政内容,取得了较为有效的效果。总体的心得是:课程思政应该是"有趣"的,使思政内化于心、外化于行。这就要求课程思政的内容鲜活、引人思考,融入方式是"润物细无声"。

良好的课程思政效果要求教师在课程设计中深入挖掘教学内容,精准把握时事热点。例如,我在讲授社会组织发起人的动机时,与鲁迅《热风·随感录四十一》中"愿中国青年都摆脱冷气……有一分热,发一分光……"相结合;在讲授志愿者管理的时候,播放了央视制作的疫情防控期间武汉志愿者的纪录片,学生感受真切、为之动容,从而理解和激发了志愿精神。

教学是老师的天职,我必将不断开拓进取,为学生呈现一门专业与情怀兼具的优质课程,让公益种子在青年人心中生根、发芽。

(原载《中国海洋大学报》第 2144 期第三版,2021 年 9 月 24 日)

教与学的优化永远在路上

食品科学与工程学院　付晓婷

我讲授的"生物分离工程"是研究生物工程工业生产中混合物的分离与提纯的一门课程。相对而言,"生物分离工程"涉及的先修课程相关内容较广,要求学生要掌握的内容较多。我在教学过程中不断探索和思考,精心设计和凝练,采用先进的教学方法,努力追求教学的最优化。

一提到"生物分离工程",可能很多人都会觉得头疼,原理、计算、技术、设备、工程设计,而我却很喜欢这门课程。我读硕、博士期间的主要研究方向就是生物分离工程,加之工作后有更多机会与企业交流,越来越觉得这门课程在实际应用中的受欢迎程度很高。授课初始,我就会以数据实例告诉大家,企业中有什么工作岗位需要这方面的人才,从事某一个相关的职业能够带来多少收入,企业对既懂理论又懂工程的人才是多么求贤若渴,让学生也对这门课产生热爱,认识到自身未来的社会价值。

我努力在教学过程中探索各种可行的方法,以做到在传授知识的同时,结合专业的毕业要求,培养学生各方面的能力和素质:课程讲解多穿插工业化生产设备、设计相关内容,举例说明各种技术的实际工程化应用,各种设备的优缺点及如何组合应用,培养学生的工程思想。讲述每种技术的发展史、重要科学家及重要事件,培养学生的科学思维,激发其科研热情。如色谱的发现源于简单的植物色素的分离,而基于此技术获得的诺贝尔奖达 14 项之多,以此培养学生对科学现象的洞察和捕捉能力。授之以鱼不如授之以渔,我在教学过程中设计了扩展阅读、专题小论文之类的作业,作为课堂教学内容的扩展,要求学生按照题目要求自行搜索文献、整理相关资料完成作业,以培养学生的学习能力。

为了让课程的内容丰富、逻辑清晰,同时做到趣味性强、理解容易,我对课程教学进行了精心设计。

课程引入有趣。每章内容的引入我都花了很多工夫设计。怎样引起学生对本章内容的学习兴趣,怎样找到生活中大家都能观察体会到的现象。例如,"炒鸡蛋如何放盐"引入"蛋白质沉淀","怎样做鱼会有白色的鱼汤"引入"萃取",驾照考试题"下雨天开车,路面最滑的是什么时候"引出"吸附分离"。实践证明,课程引入收到了很好的效果。

讲授课程时我比较注重章节的过渡自然。各章内部小节重难点突出,各小节的安排条理清晰、逻辑性强,内容间过渡自然,便于学生的理解和学习。自然的过渡和逻辑关系,使得课程的立体网状结构得以建立。

此外,我还利用动画、视频等手段辅助教学。本门课程中有许多知识是关于工艺流程的设计、设备的工作原理的,我自己学习制作动画,虽然十分耗时,但效果不错,共制作动画 28 个,搜集播放视频 16 个,提高了学生的学习兴趣和效率。

课堂是师生共同的舞台,教师不能唱独角戏,要提高学生的参与度。我在授课中应用启发式教学、分组讨论、课前测等教学方法,提高学生的课堂教学参与度。学生学习热情高,绝大多数学生能够积极配合老师,跟随讲课的节奏。特别是在讨论课上,他们积极思考,讨论出的结果比我预设的方案更多、更好。

(原载《中国海洋大学报》第 2104 期第二版,2020 年 9 月 24 日)

让每名学生皆有收获

海洋地球科学学院　李德勇

　　"石油地质学"是一门涉及普通地质学、沉积岩石学、构造地质学以及油气地球化学等多学科知识的专业"拔高"课程。如何将这门涉及诸多地质学理论的综合性课程讲得深入浅出？如何让专业基础参差不齐的学生在教学中均有收获？对此，我进行了探索实践，受益良多。

　　正视不同专业学生的基础差异，确保教学效果"保底不封顶"。该课程授课对象中，地质学专业的学生之前已经修读过"普通地质学""构造地质学""沉积岩石学""层序地层学"等课程，而勘查技术与工程和地球信息科学与技术专业的学生仅修读了"基础地质学"。为帮助勘查技术与工程和地球信息科学与技术专业的学生补齐知识短板，我在课程中适当增加了"沉积岩石学"和"构造地质学"的教学内容。同时，为满足基础较好的地质学专业学生融会贯通先修专业知识，进行石油地质理论学习和地质思维构建、升华的需求，我在教学内容中穿插、引用了大量野外考察和所承担的中海油、中石油、中石化油气勘探科研项目的资料，例如，在讲授碎屑岩储层时引用铸体薄片、阴极发光以及扫描电镜等化验资料，既重点介绍石英、长石、岩屑以及杂基、胶结物等储层基本结构组分，又注意引导地质学专业学生思考这些矿物组分是如何影响储层的储油能力的，从而将知识点扩展延伸到更高层次。这样不仅激发了学生的学习兴趣，而且能够满足不同专业学生的知识需求，确保每位学生均有收获，"保底但不封顶"。

　　科研融入教学，潜心设计教学内容和教学环节。我在授课内容中融入野外考察和油气勘探开发科研案例，同时将页岩气、致密气以及天然气水合物等学科前沿进展引入课堂，注重把抽象的石油地质学理论案例化、具体化、科研化和生活化。例如，在讲授碎屑岩和碳酸盐岩储层时，引用山东桃村、秦皇岛、辽宁兴城等案例，使学生理解储集石油天然气的碎屑岩或碳酸盐岩储层的沉积环境，从而把抽象的储层形成过程具体化、形象化。这种理论联系实际的教学方法使学生产生了"英雄有用武之地"的幸福感和获得感，大大提升了学生的学习兴趣和主观能动性。

　　课程采用"理论课堂讲授＋实践课堂操训"的教学模式。在理论课授课过程中，按照循序渐进的指导思想，采用"引导→跟随→起疑"的模块化教学方式：首先，引导学生回顾上节课的教学内容，进而举例导出本节课的知识要点；其次，以案例贯穿课堂，由简单到复杂地学习知识点;最后,将课堂知识扩展延伸,布置精心设计的具有一定难度和迷惑性的思考题,使学生反思课堂内容进而产生疑问。在实践课堂中采用"跟随→模仿→解惑"的渐进式教学方式:首先,采用启发式、互动式教学方法,举例讲解学生所要实践训练的知识内容;其次,给定精心挑选的案例,要求学生运用理论知识模仿完成实践内容;最终,将实训案例与理论思考相结合,举一反三解答心中疑惑。例如,在以背斜为实例讲授圈闭和油气藏的度量要素后,接着提出疑问——"断层圈闭和油气藏如何确定其度量要素",激发学生的求知欲,之后在实践课中通过实例讲解与模仿训练,使学生思考不同类型圈闭和油气藏要素的确定方法,最终达到解惑的效果。

热爱教学、尊重学生,用饱满的热情点燃课堂。作为一名青年教师,我热爱自己的本职工作、热爱学生、热爱课堂,全身心投入教学工作之中,坚持用饱满的热情备好每一节课、讲好每一堂课、关心每一位学生。课堂上我追求富有激情、愉快、和谐的氛围,尽最大可能用自己的教学热情感染学生,重视教师和学生之间的互动,以此提高教学质量和教学效果。

(原载《中国海洋大学报》第 2103 期第二版,2020 年 9 月 18 日)

点燃学生探索微生物世界的热情

海洋生命学院　刘光磊

参加 2019 年秋季学期课程教学评估,让我思考了一个更深层次的问题:"微生物学"课程在传授知识的同时还能带给学生什么?而这也应该是教学设计背后的核心内容。以下是我经历一学期的备课思考、教学实践以及与评估专家的交流后得出的体会。

一、让学生感兴趣

提高对课程的兴趣是引导学生自主学习、提高学生参与度和改善课堂氛围的最有效的办法。"微生物学"是一门介绍各种微生物形态、生理、生化和相互关系的科学,但是换一个角度看就是讲述微生物版的动物世界。所以,要挖掘课程本身的趣味性主要取决于讲授的角度。微生物的世界里也有尔虞我诈,也有处心积虑,把它讲活就能让文字形成画面、变成情节,进而加深学生对知识的思考。例如,在讲述病毒和亚病毒时,噬菌体侵染宿主的过程分为多个阶段,其中增殖过程又涉及早期、次早期和晚期的基因转录和蛋白翻译,十分复杂。如果照本宣科,必然十分无聊。但换个角度看,噬菌体侵入细菌的过程是一个计划周密、严格调控的过程,某一步出现偏差都会导致万劫不复,而这本身就是一个优于很多宫廷剧的优秀剧本。所以,我在讲授这部分内容时,把菌体比作国家,把噬菌体比作篡权者,把圣旨比作遗传信息传递。让学生以第一人称去联想,如何突破城墙(溶菌酶),如何进入皇宫(核区),通过手段蒙蔽皇上,获得发布圣旨的权力(更换 σ 因子),通过假传圣旨把持朝政,然后开始复制自己,携带必要装备(DNA、衣壳蛋白和溶菌酶)等破城而出,进行下一次入侵。一节课通过这样一个故事串起整个生物过程,再把主人公的粗心大意刻画成各种生物过程,如 DNA 片段切割错误和蛋白组装的缺失,就会导致入侵失败,或者导致后面所讲述的遗传重组事件。通过这样的教学设计,学生在欢乐的氛围中学到了知识,也体会到微生物复杂而又缜密的生物机制。此外,关于教学过程中的学生 PPT 展示环节,我对讲述内容最基本的要求就是有趣,因为有准备才会深入拓展,因为有趣分享才会激情澎湃,因为有趣聆听才会聚精会神。所以,兴趣就在我们的"微生物学"课堂上萌发、成长、传递。在学生的调查问卷中,我也看到很好的反馈,一句"老师讲课很有趣"让我倍感欣慰。我觉得知识不需要记得那么完整牢固,因为以后的工作是一场"开卷考试",可以通过查阅各种资源找到答案,但真正陪伴一个科研工作者走到最后的,是具有正反馈的兴趣探索之路。

二、让学生体会生命的智慧和奇妙

微生物虽然微小,却能在许多极端的环境中生存,这不仅反映了生命特殊适应构造和机制的奇妙,也反映出生命选择独特低竞争压力生态位的智慧。而类似这样的智慧,我把它称为生命进化的智慧。而这种智慧和奇妙,是我在每次教学设计中所涉及的情感目标,也是我设计课程的暗线。所以,我每次在讲述微生物的特殊结构和机制的时候,都要求学生从第一人称的角度去考虑,没有这样的结构会有什么后果?结构会决定哪些功能?这些功能对于微生物个体或者种群的延续会有什么作用?在这样的引导中,学生会更加深刻地理解这些微生物的特殊结构和机制,从记忆知识点变成分析知识点。同时,我也会查阅相关文献,呈现与课程内容相关的、令人惊叹的微生物图片和视频,如微生物用于进行电子传递的生物天线、细胞内生命过程的模拟动画。而这些内容让学生生动感受到了生命历经上亿年进化的智慧和神奇,这或许能够帮助学生找到以后的研究方向。

三、培养学生的科研素质

兴趣固然很重要,但培养了学生兴趣之后,要教学生什么内容,把学生培养成什么样的人,同样值得深思。我认为,培养学生的科研素质十分重要。不仅是因为学校海洋生命学院的本科生绝大多数要考研深造,更重要的是科研素质中包含的看待问题及解决问题的方法,本就是一个大学生无论以后是否从事科研工作都应该具备的素质。在明确这一点后,我在进行教学设计时把知识点延伸到科研素质上。具体实例如下:①在讲授发现遗传物质的经典实验时,让学生体会到对照的重要性,学会通过设立对照确定论据的严谨性,学会对比地分析问题。②在讲授生物量测定的时候,通过日常实验例子讲解各种方法的适用范围,由此引申到选择合适的方法描述和解决问题。③ 在讲授青霉素的抑菌机制时,先介绍课本所描述的机理,然后通过引用最新文献介绍不同于课本认知的新理论。如此讲述不仅加深了学生对知识的印象,更重要的是告诉学生要学会质疑,不要盲从权威。

我们有责任、有义务把学生培养成才。所以,我们必须怀着对教学工作的敬畏之心,认真准备各个教学环节,思考并实践如何才能把有趣、有用的知识教给学生,让学生在"微生物学"的课堂上爱上微生物并愿意去了解微生物,点燃他们探索神秘微生物世界的热情。

(原载《中国海洋大学报》第 2095 期第二版,2020 年 6 月 4 日)

让学生在"做中学,学中乐"

信息科学与工程学院　高　峰

　　"软件工程"课是计算机科学与技术系的核心课程之一,是软件工程方向学生的重要专业课,对学生形成正确的软件开发理念有举足轻重的作用。如何能在有限的课时里,让学生对这门包含众多内容的课程形成系统了解,并培养一定的实践能力,难度较大。尽管我有多年实际开发软件项目的经验,所做过的项目各式各样,直接讲案例学生听起来新鲜,但因为学生几乎没有项目开发的经验,未必能领会其中的妙处,还需要对案例选择整理,转化成学生容易听懂、易于接受的形式,这些都给课程的讲授带来很多挑战。现将我在讲授这门课的过程中的一些做法和体会归纳总结如下。

　　"软件工程"不是纯理论课,而是实践性较强的课程。没有公式,没有定理,只有方法,只有"最佳实践"。学生在别的课程里习惯了学公式和定理,但"软件工程"课给出的方法没办法在理论层面证明,只能在实践中不断应用和练习,才能理解并体会到它们的好处,死记硬背不起任何作用。面对软件开发方面的经验近乎空白的大学生,把这些经验性的方法直接讲给他们听,无法说服大家。课堂上太多的"经验",会让这门课变成一门枯燥沉闷的纯理论课。本来学生对纯理论课就提不起兴趣,老师再照本宣科,他们自然就选择坐在课堂上玩手机或是睡觉。

　　我曾看到过邹欣老师的博客以及他所著的《构建之法》,对我启发非常大。《构建之法》中,邹欣老师通过丰富生动的故事和隐喻帮助学生建立软件工程的思维习惯,同时,要求学生以实际软件产业内的软件开发团队配合和管理方式开展自己的软件项目,要开发真实的软件,并且在互联网上发布,要走出去找到真实的用户,倾听用户的真反馈,引导学生在"做中学"(learning by doing),而不是"学后做"(doing after learning),靠自己"做"的过程中的经验和教训,总结真正属于自己的"最佳实践"。在这些启发下,我对课程进行了大刀阔斧的改革,强调实践,强调学生在"做中学",明显改善了教学效果。

　　我编过很多年软件,也做过大大小小很多软件项目的负责人,本以为对软件工程过程比较熟悉,讲课是很容易的事,实际教学后发现并非如此。开发软件面对的是机器,不太需要说话;讲课面对的是学生,全靠语言表达。编软件的目的是可靠好用,而教学更多地需要吸引调动学生,教会学生。"软件工程"作为计算机专业课,除了包括像数据库、程序设计等专业内容外,还涉及很多设计原理、项目经验的内容,概念性比较强,不那么有趣,学生听枯燥的条条框框多了就容易犯困。

本学期我改变了授课内容的次序,从学生最感兴趣的写代码入手,逐步引导他们思考代码书写规范,培养对代码性能进行分析与优化的习惯;再逐步扩大软件的规模与复杂度,引入软件架构的思想,让学生持续书写代码和学习新的开发技术;刻意强调真实用户的重要性,引导真实用户对学生提出各式各样的需求,再辅之以考核时间上的压力,让学生自然接受结对编程、快速迭代、持续集成等敏捷开发的思想;当学生发现靠自己掌握的现有技术实在无法"敏捷"起来的时候,再引导他们考虑设计思维,考虑需求,考虑是否该引入这样那样的建模。这样一步步下来,下一阶段要学习和训练的知识与技术,恰恰就是学生在上一阶段所遇到的无法解决的难题,于是自然而然勾起了他们继续往下走的兴趣。我把将近 30% 的课堂时间用于课堂讨论,而不再是传统的"老师讲、学生听"。

过去学生为完成课上布置的实践软件项目需要学习很多新知识,像编程语言、开发环境等,所需学习时间较长。学得差不多的时候,将近半学期过去了,用来编程的时间就不多了,不利于激发学生软件开发的热情。针对这种情况,在前几年上课时,我就有意识地选出优秀学生,在下一年指导学弟学妹,把开发思路、工具方法等介绍给他们,减少初期入门花费的时间。这样一届一届下来,学习效果有所改善,上届学生的经验得到一定程度的继承,这种做法得到了学生的支持。为培养学生的项目管理能力,学生被分成了 4～6 人的小组,每组选出一名组长担任项目负责人,项目的分工、计划、过程管理都由组长来安排,并要求学期结束前每组集体在课堂上演示运行本组的软件成果。助教定期召集组长开会,检查项目进展情况,组长再检查落实每位成员任务完成的情况。这样的组织结构和未来实际工作的场景比较相似,大家共同努力完成一个目标,有助于学生培养团队协作的能力,积累开发经验。从目前的情况来看,各组都能按进度完成预定的目标,收到了预期的效果。

(原载《中国海洋大学报》第 2093 期第二版,2020 年 5 月 21 日)

以生为本,打造金课

食品科学与工程学院　侯　虎

"食品工程原理"是食品科学与工程专业的一门的重要专业基础课程,重点讲授食品生产加工过程中的"三传理论"及常用单元操作中典型设备的工作原理、基本构造及设计计算等。我在教学中不断探索与改革,形成了以学生为中心的互动课堂,以兴趣学习为导向的立体教学模式,实现了线上与线下、理论与实践、虚拟与实操的有效结合。

一、问题引导式与问题任务式的课程导入

精彩的课程导入会让学生对即将学到的知识产生浓厚的兴趣并怀着一种期待、迫切的心情渴望新课的到来。

在课程设计上,我努力唤起学生对学习活动的兴趣和参与热情,激发其学习积极性,形成稳定的课堂教学秩序和良好的教学心理环境。例如,我在讲授离心泵的工作原理时,这样设计问题:"同学们在工厂参观实习的时候,是否见过离心泵?工厂生产糖蜜产品时,离心泵的安装高度已经在水平地面上了,还是吸不上液体来,怎么办?"引导学生更深层次地思考。这样就成功实现了课程导入,提高了学生学习兴趣。再如傅里叶导热定律课程内容的引入:"气温下降时,保暖性好的衣服穿在里面好还是穿在外面好?"通过生活中的例子引导,课堂教学效果好,学生一直在带着问题思考,学习兴趣极大。巧妙的课堂导入,可以有效吸引学生的注意力、激发兴趣,既明确了本次课程的教学目标,又渲染了课堂气氛,创设课程情境。

二、建立课程的关联性

尽管"食品工程原理"是重要的专业基础课,但学生初学时不了解其重要性,加上课程难度大,致使缺乏学习兴趣。站在学生的角度考虑一下他们的学习兴趣点在哪,教师就会豁然开朗。

例如,在讲授流体力学的时候,我带领学生参观工厂生产线,讲解时将"食品工程原理"中的知识与他们所见到的实际生产设备和工艺过程联系起来。这些具体的例子,使学习内容生动形象、便于理解,大大激发了学生的学习兴趣,明显提高了教学质量。

同时,我会将一些实际生产中的难点问题引入课堂,让学生去解决,增加学生的成

就感。例如，雀巢公司的一种新型产品开发，由于物料是高黏度流体，工艺放大过程中物料混合均匀度低。我把这个问题引入课堂，学生兴趣浓厚，利用课程所学知识提出了可行的解决方案，极大提高了学生的成就感。

三、着眼于学生自主学习

被动接受式学习，课堂气氛呆板，学生掌握知识不深刻。我在教学中从一个定理公式的获得，到设计与操作问题的解决，都尽量让学生自己动手去完成。我主要起引导作用。例如，伯努利方程式、流体阻力公式、傅里叶公式、传质公式都是学生共同实践得到的。大家都在动手做，没有一个学生走神。有人说这会拖慢课堂的进度，我却不这样认为，学生从此过程中学会了如何分析问题、解决问题。

关注学生的学习过程，应为他们提供充分的从事学习活动和交流的机会。凡是能让学生自己学会的，让学生亲自去体验，决不灌输；凡是能让学生自己去做的，让学生亲自动手，决不替他做；凡是能让学生自己去讲的，让学生自己动口，决不代他讲。为学生多创造一点思考的时间，多一些活动的空间，多一点表现自我的机会，多一点体验成功的愉快，成为课堂内外学习的主人，而教师则是帮助其学习的组织者、引导者与合作者。课堂中，教师不能放弃任何一个学生。如果有学生没听，可能是由于其对课程没有兴趣或是授课教师没有找到合适的手段。我认为，一堂好课，首先应真正做到面向全体学生，让每个学生都在原有基础上得到最大可能的发展。面向全体学生，就意味着承认差异，因材施教，形成师生之间、生生之间多向交流、多边互动的立体结构，使课堂成为每一位学生充分发挥自己能力的舞台。

巧妙设计考评机制，督促与引导学生学习。我喜欢提问，坐在最后一排的学生优先被提问，上课低头的学生优先被提问，课堂表现积极的学生优先被提问。从后排提问，可以拉近与全体学生的距离，学生低头玩手机是完全能够杜绝的。学生回答完以后无论对错都要加以鼓励，会使学生的学习状态明显改善。

四、采用全方位立体式教学模式

立体式教学模式主要体现在两方面。① 课程设计实践：将理论与实践相结合，结合Bb 平台评阅，强化课程理论学习深度。② 类比教学：将类似知识点放到一起加以比较，让学生加深印象，可达到事半功倍的效果。课上我将流动、传热、传质中的牛顿黏性定律、傅立叶定律和费克定律放到一起进行讨论和分析，将庞杂的知识系统化，可帮助学生对所学知识举一反三。③ 采用多媒体和动画教学：变平面的、静止的、抽象的教学内容为立体的、形象的、逼真的图片、动画、音像等，很多原来要花大量时间才能讲明白的内容，用动画来演示，效果则大不一样，极大地提高了教学效率。

（原载《中国海洋大学报》第 2091 期第二版，2020 年 4 月 30 日）

认真讲好每一堂课

国际事务与公共管理学院　陈　霞

　　"政治学原理"是学校政治学与行政学专业、行政管理专业、公共事业管理专业现行培养方案中的一门专业必修课,而且是大学生入学后第一个学期的课程。大学新生在入学后对如何学习和思考普遍存在迷茫现象,在大一期间帮他们建立基本的专业认知、打好专业知识基础、改变学习思维方式至关重要。

一、启发式教学,培养学生的专业思维

　　在第一课堂如何根据"政治学原理"的知识点设计互动环节,如何利用恰当的教学方法进行启发,从而激发学生认知、参与和思考意识是最为关键的问题。我一直认为在大学课堂上最重要的不是教给学生多少知识,而是帮助其养成自主学习的习惯,培养其看待世界、思考问题的专业视角。在授课过程中,我本着启发学生思考的目的,尝试了多种启发式教学方式。

　　(1)问题启发式教学。问题启发是很多老师都会用到的最基础的教学方法。我在教学实践的过程中主要使用两种问题启发式教学方式。一是课上问题启发式授课。通过上课提问,特别是设置一些新颖有趣的问题,引导学生发现问题、独立思考、获得知识。在授课、提问、互动、反映、强化的过程中逐步掌握和运用知识点。二是课下问题启发式思考。我针对每个知识单元设计重点思考题、经典语句理解、拓展思考题,留给学生课下讨论、思考和学习,以强化对知识点的理解。

　　(2)情景模拟启发式教学。课程内容涉及的一些历史思想、规范概念不容易理解和学习。教学过程中针对一些晦涩知识点,我会设置具体情境和前置问题,引导学生进行关联性思考和发散性思考,从而建立起知识间的联系,开拓学生的视野,培养学生的联想力。情景模拟启发式教学有利于启发学生,形成发散型思维,进而更好地掌握专业知识。

　　(3)知识点拓展启发式教学。为了让学生能在吸收基本知识点的基础上进一步拓宽视野,我对教学内容从两个方面进行了设计。每个知识模块从纵向深度上分为两个层次:一是基本知识概念和体系的阐释;二是知识拓展和前沿追踪。在基本知识基础上引入前沿理论热点或深度理解视角,以拓展学生的视野,满足学生的多元化需求。

二、互动式教学,提高学生的自主学习能力

针对课程特性以及大一新生的特点,为更好地引领大一新生实现学习方式的转变,养成自主学习能力,需要老师打破师生之间单向型知识点传授的模式,以互动、参与为理念,实现多维度的互动。在"政治学原理"授课的不同环节、不同时间段,我试图运用多元互动教学理念进行教学设计,以提高教学效果。

(1)课下学生与学生互动。课下学生互动学习是师生课堂互动的自然延伸和补充,扩大了"政治学原理"学习的时空范畴,促使学生在课下与同学积极进行互动、讨论和合作。在知识教授过程中,课下学生与学生的互动,主要围绕教师提前布置的小组任务,以小组(5~6人)为单位完成合作学习任务。针对每次小组任务报告,我会统一汇总并进行评阅,给予完成较好的团队一定的平时分数奖励和课堂展示机会,以调动学生的参与性。一方面,课堂上学到的内容和知识可以在课外得到进一步巩固;另一方面,通过小组模式可以帮助大一学生形成问题意识和团队合作意识。

(2)课堂上学生与老师、学生与学生互动。为了让学生更好地感知政治学的知识点、提高参与度,在讲解基本知识点时,除了问题启发和情景模拟外,课程也引入经典案例分析、前沿热点时事分析,并适当组织辩论式讨论,为学生提供更多思考知识点的视角。我在第一课堂尽量充分利用 PPT、视频资料、案例分析,立体呈现教学内容,同时设置一些奖品奖励表现优秀的小组和个人,通过任务驱动、奖励刺激和真正参与的方式引导学生参与和学习。

(3)课下师生互动。针对课程,我要求每位学生围绕知识内容形成自己的思考,可以是读书心得、时事评论、人物思想、概念阐释等,在学期后半段以小论文的形式提交。学生可以就遇到的困惑随时跟我进行沟通,有些共性的问题我会凝练并穿插到课堂上进行答疑。这种做法一方面培养了其专业学术表达能力和写作能力;另一方面通过学生的自主性学习和交互性学习,发挥和挖掘了学生的学习潜质。

三、坚守本真和初心,追求亦师亦友的师生关系

自从入职中国海洋大学,我一直在摸索和学习如何站好讲台、讲好课程。作为一名青年教师,我身上有很多缺点和不足,但唯独不缺激情和活力,我想利用好这份优势。

在师生关系方面,我认为最佳的师生关系是亦师亦友,这是我一直努力去实现的目标。当我看到讲台下面那一双双充满期待的眼睛,我深深意识到作为一名大学老师的责任感和使命感。我的教学生涯刚刚开始,我对未来充满期待。在未来的教学生活中,我会一直秉持一颗敬畏之心继续前行,坚守自己的本真和初心,不断求知和探索如何成为一名合格的大学老师。

(原载《中国海洋大学报》第 2090 期第二版,2020 年 4 月 23 日)

打造磁力课堂，提升课程吸引力

水产学院　何　峰

对于水产养殖专业的学生来说，"基础分子生物学"课程的内容具有一定的复杂性和抽象性。在本学期课程教学评估过程中，我积极思考如何才能教好这门课，如何使自己的教学变得生动有趣，使学生对这门课程产生浓厚的兴趣，使他们成为有基本生物科学素养的人。以下是我的一点心得体会，与大家分享。

一、课堂的磁力来自哪里？

"基础分子生物学"理论课教学的目标是让学生掌握并熟悉基础分子生物学的常用术语、基本概念、基本原理和基本规律等。"基础分子生物学"主要研究基因或 DNA 的复制、转录和翻译以及对这些过程的调节控制机理，而基因等生物大分子既看不见也摸不着，使得课程内容抽象难懂，学生普遍反映不易理解、枯燥无味，甚至产生厌倦心理，且对课堂上学习分子生物学知识与今后工作的联系认识不清，因此，严重影响了学习基础分子生物学的兴趣。教学评估督导老师经常提到一个核心问题：如何调动学生的课堂积极性？我的课程是在下午第五、六节课上，学生容易打瞌睡，那如何做到激情上课？我在课前做了以下工作：①认真钻研教材；②了解学生原有的知识技能的质量，他们的兴趣、需要、方法、习惯，学习新知识可能会有哪些困难，采取相应的预防措施；③考虑教法，解决如何把教材知识传授给学生，包括如何组织教材、如何安排每节课的活动。组织好课堂教学，关注全体学生，注意信息反馈，调动学生的有意注意，使其保持相对稳定性，同时，激发学生的情感，使他们产生愉悦的心境，创造良好的课堂气氛，课堂语言简洁明了，课堂提问面向全体学生，注意激发学生学习生物的兴趣。马甡老师说过"老师讲课时必须要有激情，才能吸引学生"。总之，课堂的磁力来自讲课老师的激情授课。老师对所讲授的课程内容了如指掌，就能激情讲解，就能驾驭课堂，就能吸引学生上课认真听讲。

二、教师与学生互动

在教学过程中，学生是主体，让学生学好知识是老师的职责。通过参加学校组织的教学观摩,我发现,一般情况下课堂前 30 分钟注意力是比较集中的,如何在下半节课让学生注意力集中,教师与学生互动是非常重要的。在评估专家的指导和帮助下,我认真细致地研究教材,研究学生掌握知识的方法,有意识地以学生为主体,以问题为导向,和学生一起探索科学的前沿。

三、合理选择教学内容

不断更新教学内容是教学改革永恒的主题,而教材建设则是教学内容更新的关键,分子生物学教材种类很多,各有优点,各有特色。目前朱玉贤等编写的《现代分子生物学》内容系统全面,且注重教材内容的不断更新,比其他教材更有利于学生学习基本的分子生物学知识。在教学内容的选择上,我注重基本概念、基本原理和基本规律(基本理论)。每次上课前,我都上网查阅相关文章,把目前最前沿的知识带到课堂来,既有课堂理论知识,又有实践知识,加深学生的理解。同时,我们这学期也开展了"基础分子生物学实验"课程,其内容从分子生物学实验基本操作、DNA 提取、PCR 引物设计、PCR 扩增、PCR 产物纯化、PCR 产物与载体的连接到质粒 DNA 提取,实验内容完整,前后衔接,让学生熟悉了一套相对完整的分子生物学基本实验过程,为今后从事分子生物学研究打下扎实基础。

"讲台神圣,教师神圣。"讲台是教师"传道、受业、解惑"的岗位,情系学生的渴望、家长的希望、国家的期望。学生期盼从教师身上学到做人的准则,知晓科学的真谛,学会创新的本领;家长将"望子成龙,盼女成凤"的希望托付于教师;国家把培养"栋梁之材"的重任交给了教师。教师,不仅事业是光荣的,而且职责是神圣的。本学期在参加课程教学评估的过程中,我觉得自己学到了很多,也积累了很多经验。感谢评估专家对我的悉心帮助和无私指导,是他们使我认识到自己的优势和不足,促使我不断更新教学内容、改进教学方法;感谢学校组织的集体教学观摩活动,为我提供向优秀教师学习和交流的机会,有助于进一步提高授课水平,促进教学改革,提高教学质量。在今后的教育教学工作中,我将更加严格地要求自己,努力工作,与时俱进,将参加课程教学评估活动所收获的知识和经验应用于实际教学过程中,不断提高自己的教学水平。

(原载《中国海洋大学报》第 2089 期第二版,2020 年 4 月 16 日)

课堂设计有趣，教学方能有效

工程学院　张立强

今年我参加评估的课程是"电路原理 I"。该课程是自动化专业基础必修课。今年的选课学生高达 104 人，不少学生是被智能车、海洋航行器比赛等吸引来的。然而该课程主要讲授各种元器件特性、端口特性及各种电路分析方法，其内容更偏向基础理论和数学求解方法，并不是学生所期望的"电路设计和调试技能"。对于我来说，只有进行有效的课堂组织才能达到教学效果。若对学生的学习积极性造成打击，后续课程的教学效果也可能会被影响。

因此，我的主要改革方向就是采用混合式教学方法，2017 年参与校级教研课题"电路原理课程混合式教学方法研究"，负责"基于新式多媒体技术的课堂教学方式研究""基于 Multisim 仿真软件的课堂演示实验"等内容，本轮教学改革正是上述研究成果的运用。

一、有趣的课堂，主要是有趣的内容加上有趣的手段

（1）适当补充有趣的新知识。我参考了《电路与系统简史》等资料，针对首次出现的科学家、物理量、元器件等制作了扩展知识 PPT，让学生课下阅读。同时，针对生活中的一些案例，亦使用学到的知识进行祛魅，不仅巩固知识，而且有益于培养学生科学的世界观。

（2）适当使用有趣的语言。课程 QQ 群中，除了发布作业、通知之外，我还经常在线答疑，即便是学生匿名发的问题，我也认真回答。课上也尝试用表情、漫画等手段将 PPT 变得有趣，比如在讲"广义 KCL"方法时，用了滑稽表情代替闭合面，将这个知识点形象地展现出来，学生一下子就被这张图吸引了，加深了对知识的理解。

（3）"电子黑板"让学生参与知识建立过程。我使用"手写笔记本 + 无线投屏器"的方式在普通多媒体教室中构建起"电子黑板"。对电路的分析、公式的列写，不再是一步步机械的动画展现，而是像在黑板上一样，一步步手写得到，向学生展示分析过程。使用无线投影，我可以不受电缆的限制，手持平板可以走到教室内任何地方，让后排学生也能参与列写方程、作答问题。这与在传统黑板上做题极为类似，但是省去了点名、学生上下台、擦黑板等耗时动作，学生对这种方式非常感兴趣，乐于尝试。

（4）雨课堂进一步提高学生参与度。每次课上，针对重要知识我都会精心准备一些客观题。通过手机，我可以看到所有学生的作答情况，适时根据学生错误率对题目做出讲解。此外，雨课堂还可以同步推送 PPT 到学生手机上，后排看不清投影的学生也可以通过手机看清 PPT。

（5）手机 APP 和 Multisim 仿真让学生接触"现代工具"。我介绍了"Electro 鄄Driod（电路大师）"以及"Anoc"两种手机 APP，前者是自动化专业常用工具集合，后者是 MATLAB 语言兼容编程工具，对后续学习极为有用。针对主要知识点，我做了 24 个 Multisim 仿真，进一步加深学生对电路原理和特性的理解，学生在课下还可以进行自由探索和实验。这些工具不仅用于传授知识，更让学生认识到：手机、电脑不仅是"游戏"的工具，更是目前帮助学习知识、未来用于工作的"现代工具"。

二、有效的教学，包括有效的组织和有效的反馈

（1）贯穿整个学期的考核机制。针对学生"平时不学、考前突击、考过就忘"的特点，我设计了贯穿整个学期的考核方法——课堂小测验。小测验占用课堂 15 分钟，一般在章节结束后进行，利用一道包含一到两个重要知识点的计算题，考查学生是否按时认真复习、是否掌握了必需的知识。

同时，每周会收一次作业。除课本习题外，我又补充了国内外经典电路教材上的少许题目作为扩展习题。每章结束后，我会将作业范例发给学生，范例中同时给出了题目分析，方便学生复习。

此外，雨课堂得分、调查问卷参与度也会计入平日成绩。以上内容构成学生 40% 的平日成绩，将"一考定终身"变为分散在整个学期内考核。学生学习压力下降，但是不敢松懈。我也可以及时掌握学生学习动态，不到半个学期就可以确定学习落后学生以及学生掌握薄弱的知识，有的放矢地组织后续教学过程。

（2）持续进行问卷调查。我利用"清华在线"系统组织了《章节学习难度问卷》和《课堂效果问卷》，对每个章节学生学习难点和我上课的讲解效果进行了调查。从结果可见，学生普遍认为随着教学的进行，难度逐渐加大，而且课堂效果也逐渐下降。这就需要我进一步优化授课内容，精心设计课堂，做到每个课时重点突出、分时得当。

本轮教学评估中，我综合应用了电子黑板、雨课堂、小测验等手段，对课堂教学和考核方式进行了重新组织，并通过调查问卷等手段获取学生反馈、意见和建议。这次教学课程评估，为我提供了非常好的学习机会，使我重新审视了自己的教学风格，深刻认识到不足，指明了今后学习和努力的方向。

（原载《中国海洋大学报》第 2079 期第二版，2019 年 12 月 19 日）

以评促教，永远在路上

国际事务与公共管理学院　吴　宾

评教中，我开始重新反思"领导科学与艺术"课程的教学理念，让"运用之妙、存乎一心"思想贯穿教学始终；重构教学内容，加大中国领导思想的教学内容；同时，探索研讨式教学中案例分析与情景模拟融合机制。特别是多次教学观摩活动以生动的教学现场表演、热烈的教学方法讨论、优秀教师的悉心指导、以本为本的务实态度，切实起到了以评促教、教学相长的实效，让我树立了教学工作改进"永远在路上"的理念。

一、重塑教学理念，重在"运用妙，存乎一心"

领导活动是一种兼具科学性与艺术性的社会实践活动，决定了领导学是领导科学与领导艺术的高度统一。领导科学是领导工作中合乎规律性的成分，领导艺术则是领导工作中个性化、创造性的部分。二者相互作用，不可分离。如果说领导科学可以通过书本知识、理论讲授获得的话，那么，领导艺术则需要学生将理论与实践充分结合，不断思考、体悟。有人认为，领导力的 10% 从书本中学来，这是基础；20% 从别人那里学来；70% 则从实践中感悟得来。但是，对于还没有真实领导工作经历的本科生，如何才能有效地提升他们的领导力呢？《宋史·岳飞传》曾说岳飞的带兵打仗："阵而后战，兵法之常。运用之妙，存乎一心。"毛泽东在《论持久战》文中对此做了解释："这个'妙'，我们叫做灵活性，这是聪明的指挥员，基于客观情况，审时度势，而采取的一种才能，即是所谓运用之妙。"这句话告诉我们，提升领导力需要帮助学生树立"条件意识""权变理念"，把具体的领导理论、道理和环境条件相结合，如此才能真学、真懂、真会，从而达到艺术的境界。

二、重构教学内容，实现中西领导思想融会贯通

领导学属于舶来品。根植于西方文化背景的领导学，对于中国领导实践的指导总是有一定的局限性，因而如何将西方领导理论与中国领导思想、当代领导实践进行有效对接与对话，十分关键。然而，纵观当前领导学教材和学术成果，大多是运用西方领导理论解释中国领导实践，一定程度上忽视了中国独特的文化传统与政治体制，领导学本土化

程度不够。鉴于此,基于中西方领导文化比较,我加大了中华传统优秀领导思想与当代领导实践的内容比例,重点讲授"仁者无敌的先己之道、以和为胜的平衡艺术、知止为福的人生理念、静以养德的修炼方法"等中国领导思想与智慧;在领导艺术方面,分析邓小平的轻重授权艺术,展示习近平的语言艺术,阐发温家宝的民生理念;探究中国领导哲学中"条件转换、相互包容"与权变理论的内在统一性,阐明中西方领导思想的交汇融合。

三、探究教学方法,"案例分析 + 情景模拟 + 研讨式教学"三位一体

基于学生参与、共享、成长的需求,我重视探究案例分析、情景模拟与研讨式教学的融合机制。案例教学方面,以兰德公司与中国特色新型智库为例,讲清科学决策的体制机制与优化策略;以庄子拒聘讲透领导者知止为福的幸福观;以曹操挟天子以令诸侯剖析领导合法权的内涵;以齐桓公与管仲为例阐述"爱而知其短、恨而用其长"的感情管理艺术;情景模拟方面,以领导者如何影响团队中的反对派为话题进行模拟,体会"罚上立威、赏小取信"的威信策略;以新任领导如何协调与亲密同事的关系为话题,体悟"当领导要从冬天当到夏天"的先严后宽策略。同时,课前将这些案例与话题抛给学生,待到上课时再以小组为单位进行头脑风暴,引导学生深入研讨,内化相关知识点。

四、重视教学设计,实现"三个结合",强化学习激励

高度重视教学设计以及预习计划书。提前一周布置预习任务,力图实现三个结合:一是线上与线下学习相结合,二是课内与课外学习相结合,三是理论学习与实践体悟相结合。在激励机制上,宽于称道,诚于嘉许,加强过程管理和赏识教育。运用学习卡片加强课堂交流考核;强化课程作业与课堂展示考核。

五、教学是门艺术,教学工作改进永远在路上

尽管本学期我抱有极大的热情投入教学当中,但教学效果仍有很大的改进与提升空间。譬如,专家指出应更好地体现"研讨"二字,将领导理论更好地与学生的人生阅历、实践体验结合,学生也提出了帮助参与度低的学生更好地融入课堂讨论之中等建议。尤其是数十位专家莅临指导,让我受益匪浅,他们先进的教学理念、娴熟的教学方法、耐心的交流指导、认真的教学态度令人感动,让我深深体会到,教学工作是门艺术,教学能力提升需要不断修炼,教学工作改进永远在路上。

(原载《中国海洋大学报》第 2075 期第二版,2019 年 11 月 21 日)

注重案例引导，构建高效课堂

管理学院　蔡礼彬

2019 年春季学期我参加评估的课程是"会展经营与管理"，这是旅游管理专业学生初涉会展的第一门课如何在一学期内让学生理解并掌握会展策划、会展管理等专业知识，使学生的会展相关理论水平逐步得到提升、专业能力更加熟练、就业能力得到增强是教学的重点。因此，我在以下几个方面进行了探索。

一、教学尽职尽责，课堂立足学生

著名教育家陶行知常说："捧着一颗心来，不带半根草去。"在教师开展各项工作的过程中，方方面面都需要依靠师德和对工作、对学生的热爱。在课堂教学中，教师是组织者、咨询者、指导者、陪伴者和评估者。教师的职能决定着教师需要有高度的奉献精神，需要有尽职、尽责、尽心的责任感，要为学生指引方向。同时，只有教师不断向好的方向发展，完善自己，丰富学识，才能带动学生不断发展、不断成长。

除了对待工作和学习尽职尽责的精神外，还要转变以教师为中心、以传授知识为主要目的的传统教育观，形成以培养学生能力为主要教学目标的新教育观，在开展教学活动中将立足学生、关注学生作为工作的重中之重。开课前，我都会让学生准备一个桌铭，写上自己的姓名，以便课堂交流方便，通过幽默风趣的讲述鼓励学生互动，引导学生参与课堂，积极思考发言，提高理解掌握知识的效率。我努力建立融洽的师生关系，了解他们对即将学习内容的兴趣、原有知识储备和他们所关心的话题，以此作为备课参考，从而使课堂教学更贴近学生的实际状况，更易为学生所接受，改变课堂教学针对性不强的弊端。

二、重视案例教学，引导学生思考

在教学过程中，"课本 +PPT+ 讲解"的简单模式已经不能满足提升学生专业素养、增进其对于专业知识理解的需求，取而代之的是案例化教学和情景化教学。在课堂教学中，为引导学生自主思考，我避免了单调枯燥的理论说教，而是以理论讲授为导入，以各类典型的会展策划案例为中心，尽量减少理论与实际应用之间的差距，以增强课程的生动性,增进学生理解,激发学生的学习兴趣,对培养学生的独立思考能力大有裨益。

为便于学生掌握知识,我设计了分组对抗赛环节,通过模拟的方法开展对某一项目专题的项目策划书写作。学生在组内分工,相互协作完成策划书,既能锻炼团队合作能力、交流能力、文本撰写及口头表达能力,又能对会展策划书的架构和应包含的内容有进一步的理解。在策划书撰写完成后,各组进行课堂展示对抗并相互点评提问,以启发学生主动探索,激发学生发现问题、创造性解决问题的欲望,营造生动活泼的课堂氛围。在学生相互点评后,我也对学生的作品进行点评并提出建设性修改意见,鼓励学生完善作品,向更好的方向改进。

三、紧追行业热点,及时丰富课堂

如今社会的发展日新月异,作为大学教师,我们身上更是承担着引导学生由校园过渡到社会的重要使命,我们的职业要求我们必须与时俱进。我经常让学生在课前三分钟播报本月、本周大型会展活动,以培养学生敏锐的商业思维,如北京世界园艺博览会、广交会、海军节、博鳌亚洲论坛全球健康论坛(青岛)、世界标准化论坛等。会展行业不断发展,不断有新兴技术(如 VR 技术、5G 技术、网络看展等)被引入会展中,对会展的相关研究也在日渐推进。我及时将这些知识融入课堂之中,使学生跟上时代发展的步伐,对行业最新动态有所了解,并激发思维、开阔视野。

四、注重教学反馈,实现教学相长

教学的过程是教师学习、完善、提升、发展乃至体现人生价值的过程,这一过程离不开学生。教师与学生应互动、互助、互补,共同探究,一起成长。学期初,我征求学生的意见,了解学生对于这门课的期望,在此基础上进行教学安排与设计。学期中,我通过向学生开展无记名问卷调查,了解学生的学习进展和对教学的反馈意见,并在问卷结果回收后进行了教学反思,在剩余的半个学期内改进完善教学,实现教学相长。学期末,该课程的考核方式为论文。根据选课学生的学习特点为他们分别命题布置课程论文,同时尽力为每一位学生的论文提出修改意见,最多的时候需要和学生就课程论文内容修改 10 余次,同时要求学生必须提交查重报告,帮助他们在论文写作中学习、重新梳理会展管理相关知识,鼓励其进行创新思考,提出自己的见解。近些年,我指导旅游管理专业的本科生发表专业学术论文近 20 篇,其中不乏全国核心期刊。

(原载《中国海洋大学报》第 2074 期第二版,2019 年 11 月 14 日)

本科生导师制的实践类型与完善路径

国际事务与公共管理学院 陈 霞

随着我国高等教育大众化进程的不断推进以及高等教育改革的持续深化,建立以有效提升教育质量、全面培育高素质人才为目标的新型教学模式成为高等学校关注的重要议题。在此背景下,高校实施本科生导师制成为培育学术精英的新趋势,以精英教育为核心特色的本科生导师制逐步成为创新性、个性化、全方位人才培养的重要路径。国内不同高校结合自身发展特色、教学背景和专业领域等现实情况发展出了不同的本科生导师制实践类型。

一、本科生导师制的实践类型

第一,全程本科生导师制。全程本科生导师制是指在本科生大学四年学习期间指定导师对其进行全方位指导的人才培养模式。全程本科生导师制是目前高校最为普遍实施的类型,一般在学生入校之前或者入学初期,通过学校或学院统一分配导师。导师对学生的学习、生活和思想各方面进行全面指导。全程本科生导师制的核心特征是贯穿大学的整个过程,其主要优势是指导的全程性和全面性。全程本科生导师制意味着学生与导师相伴四年,导师可以根据学生在不同阶段的特点制定不同的指导方案以满足学生各阶段的需求,从而更加全面系统地服务于本科生的学习与生活。

全程本科生导师制的实践困境主要体现为两个方面。一是导师资源相对匮乏。全程本科生导师制意味着导师要同时指导四个年级的学生,这不可避免地增加了导师的工作量与压力,而且当师生比过大时,导师很难顾及每个学生,从而影响导师制实施效果。二是师生匹配度不足。由于新生缺少对本专业的基本认知以及对教师的基本了解,导师的选择一般由学校或学院单向分配。即使在某些高校推行师生双向选择原则,也存在无法避免的盲目性。因而,师生双方匹配度不足的概率较高,从而不利于实现师生之间的良性互动。

第二,低年级本科生导师制。低年级本科生导师制一般针对大一和大二的学生。低年级本科生导师制是一个相对基础的教学设计,是提高本科教育质量与效率的基础环节,其主要目的在于帮助学生尽快适应大学生活,并建立专业认知感。低年级本科生导师制的主要优势是能够在师生比例过低的前提下对学生进行针对性指导。导师至多同时指导两个年级的学生,且学生的年级差异性较小,能够有效破除导师指导过多学生而难以应对的困境。新入学的本科生往往对自己的专业不够了解甚至是存在误解,因此对自己所学的专业不够坚定,以致在学习中会非常被动。在低年级本科生导师制下,导师可以帮助学生树立正确的专业态度,并指导学生进行专业规划,以提高学生的专业兴趣和专业认知。

低年级本科生导师制的劣势在于专业性指导相对不足。低年级学生缺乏基础性的专业知识积累,不适合开展深度专业性训练和指导,但当学生具备一定专业基础后,由于指导时间的限制,导师的专业指导无法持续。而且,低年级本科生导师制中的导师职责与本已存在的班主任以及辅导员的工作职责存在内容重合现象,从而弱化了本科生导师的作用。

第三,高年级本科生导师制。高年级本科生导师制一般为科研实践型,主要针对大三和大四的本科生,主要目的在于帮助学生提高科研素养。高年级本科生导师制的主要优势是师生匹配度较高,专业指导性较强。高年级学生经过一段时间的专业学习,对专业相关内容以及个人兴趣偏好都有了基本了解,且具备一定的学科专业素养,能够更为清晰地明确自身的目标与方向,而且学生对任课老师的研究领域、教学方式有了相对完整的认知和判断。同时,老师也对学生的基础知识、学习能力和态度等许多方面也有所掌握。因而,学生与老师间可以更为高效地进行匹配,进而促进导师开展和实施专业性指导。

高年级本科生导师制的主要实践困境是偏重科研而忽视了就业。由于高年级本科生导师制着重对学生进行科研指导,因而其实施效果在很大程度上取决于学生的前期专业基础,但对于那些无继续深造计划的同学来说,偏重科研的高年级本科生导师制难以发挥有效作用。如何兼顾“科研型”和“就业型”两类高年级学生需求是完善高年级本科生导师制度的重要内容。

第四,精英本科生导师制。精英本科生导师制是相对于面向全体本科生的导师制而言的,即为促进创新人才的培养,仅针对优秀学生实施的本科生导师制,主要体现为高校的卓越人才培养计划。新生入校后不分专业,由学校按照一定的标准遴选出部分优秀学生组成精英班级并实施导师制,导师一般由知名学者与专家担任。精英本科生导师制的突出优势是精英式教育,卓越的师生资源有利于形成最优质的“导”与“学”的师生合作型教学模式,加之充足且集中的教学资源的支持,能够实现更高效、更快捷的“因材施教”,从而对优秀学生进行精准、系统的指导与帮助,有助于学生个性化发展。

精英本科生导师制的主要问题在于覆盖面狭窄。精英本科生导师制仅针对成绩优异的学生进行指导,从而引发一些争议。争议的核心问题之一在于侧重优秀学生的精英本科生导师制违背教育平等原则与机会均等原则。精英化的指导会使小部分学生过多占用整体的教学资源,这不利于学生之间进行公平竞争。

二、正向激励与负向监督：本科生导师制的完善路径

为保证本科生导师制实施的规范性和有效性，高校本科生导师制应纳入教学管理的制度建设当中，通过制定和完善配套制度以推进导师制的良性运作。配套制度的建设与完善应以正向激励与负向监督为重点，同时要确保各制度之间的配合与连接，以保证整体的良性运行。

（一）专项项目与奖评机制：本科生导师制的正向激励机制

在当前大学教师科研和教学压力普遍较大的环境下，激发教师担任导师的热情是个难题。本科生导师的工作并不包含在日常教学工作量中，指导质量很大程度上取决于导师的付出，因而有必要加强本科导师制激励机制的建设，以充分调动师生双方的积极性与主动性。

首先，设置本科生导师制专项项目。激励制度的有效落实需要教学资源的合理配置相辅助，以保证导师制能够在教学资源充足的前提下进行。目前高校对本科生导师制的支持力度比较有限，一般都是靠导师自身的科研项目与经费予以支撑，但这种模式激励性不足，难以持续。高校可以设置本科生导师制专项项目，鼓励导师以个人或团队的方式进行申报，实现本科生导师制的项目式运作。

其次，本科生导师制工作纳入奖评机制体系。一方面，应将导师工作转化为相应的教学工作量。根据导师工作的数量与质量，给予导师适当的物质性激励和荣誉性激励，体现对导师付出给予的认可与鼓励。另一方面，应将导师工作与职称评聘和职务晋升挂钩。对于指导成效卓著的导师授予荣誉称号，并且在评聘与晋升时作为加分指标，充分调动导师参与的积极性。

（二）专门机构、权责清单与量化考核：本科生导师制的负向监督机制

监督机制是本科生导师制有效落实的必要保证。负向监督机制可以通过成立专门监督机构、设置权责清单以及量化考核内容等举措推动实施，以确保本科生导师制实施的规范性、有序性和高效性。

首先，成立专门的监督机构。目前高校在本科生导师制监督机构设置方面仍存在空缺，可以成立学校、学院两级专门的本科生导师制委员会或组建导师工作指导小组，负责指导和监督工作。监督机构部门的设置是推动监督机制制定与运作的基础支撑，学校或学院通过专门设置的监督机构，可以常态化指导和监督本科生导师制的运行。

其次，设置权责清单，明确导师和学生的权利与责任。为保障本科生导师制的实施效果，在坚持"双向选择"原则的基础上，应设置权责清单，明确师生双方的权利与责任，从而形成一种规范和约束机制。一方面，制度实施始终坚持自愿原则。在导师制的实施过程中，设置更换和退出机制。另一方面，制度实施始终坚持权责统一原则。要根据不同年级、专业的具体情况，区别制定导师的职责。对于导师的基本要求应以学业指

导为核心,兼顾就业指导和身心健康指导。对于学生的基本要求应以任务完成度为核心,同时考核综合素质表现。

最后,量化考核内容。本科生导师制在实施过程中需要有一套完整的考核评价指标体系,通过考核评价指标体系实现量化考核。一方面,量化考核采取多途径的考核方法。通过师生互评、问卷调查、专门机构考察评议等多种方法全面客观地对导师制进行考核。另一方面,考核指标的设置应兼顾定性与定量标准相结合。以师生双方的参与度与有效性为核心的量化指标,对导师制的工作成效进行客观量化和评价。

本科生导师制框架下的师生处于一种相对平等且固定的关系中,相对于课堂教授的传统教学方式而言,是一种教育模式的创新和实践。以个性化教育为特征的本科生导师制,是高校培养卓越创新人才的有效实践路径,更是突破传统教书育人方式的新载体。为充分发挥本科生导师制的潜力与功能,国内本科生导师制的发展需要在实践中不断探索适合本土高校的具体类型,为我国高等教育的发展提供助力。

(原载《中国海洋大学报》第 2168 期第三版,2022 年 4 月 14 日)

数据驱动的大学教学变革

教学支持中心　姜永玲

根据美国"数据质量运动"（Data Quality Campaign, DQC）项目的定义，教育者的数据素养指持续、有效、合法地访问、解读、运用及传播源自教室等各层面的多种教育教学数据，以适合教育职业角色及责任的方式提高学生学习成果的产出。随着信息技术融入教育教学中，学生课上、课下的学习及生活等行为、结果数据被源源不断地采集并累积形成教育大数据，对高校领导者、教师及学生三方均提出了建立数据思维、基于数据进行科学决策的需求。

一、大数据时代亟待提升教育多方的数据素养

基于学习范式、教学学术、教学评价等原因，高校亟待推进教育教学的信息化进程，提升教育多方的数据素养。

1. 以学生发展为中心的教学范式转型需要全方位了解学生及学习进展

受制于师生比、软硬件资源等现实问题及固有的教学理念，目前大学教学仍采用工业革命时期形成、适应工厂时代的教学模式：同一班级学生的学习基础、能力、风格、偏好各不相同，但仍在同一学习空间里聆听同样的内容；教师多采用传统的讲授法，以课件为媒介线性传递教材上的知识，课堂上难以呈现学生投入学习的积极状态；以有限次数的作业、测试及以考察知识为主的试卷检验学生是否达成学习目标。这种教学模式的最大受益者是中等学习水平的学生，教师难以兼顾具有特殊学习需求的学习高风险者及高成就者，亦无法达成因材施教的教育目标。

学习是个体的认知、行为等发生变化的过程，具有抽象、隐性的特点，发生过程难以被及时捕捉。在由教师、教室及教材的"老三中心"到以学生的学习、学习效果及发展为中心的"新三中心"转型过程中，教师将信息技术融入教学，可使犹如黑箱的学习过程逐渐透明，为范式转型提供有力支持，实现教学决策依据由基于"经验 + 少量数据"向"经验 + 大量数据"的转变。

2. 教学学术的发展需要开展基于证据的教学与研究

针对 20 世纪 90 年代美国大学重科研轻教学的现状，美国学者厄内斯特·博耶于

1990 年提出，大学学术研究应包括发现的学术、综合的学术、应用的学术和教学的学术，首次将教学上升为学术，希冀当时美国研究型大学的工作重点从过于偏向科学研究，转变为教学与科研的适度平衡，从而使大学更好地完成人才培养这一根本使命。随后美国数百所院校开展了长达数十年的教学学术运动。

教学学术指以教与学为研究对象，以学术方法研究教学问题，发现教学规律，并通过传播研究成果，构建共同的教与学学术知识体系，进而有效地促进教与学的实践。大学教师的学术水平应表现在两个方面：① 从事专门学科教学工作的研究、综合和应用的能力，即教学的学术水平。② 从事专门学科的研究、综合、应用的能力，即学科的学术水平。这两方面是大学教师与专职科研工作者最大的不同。

教学研究是大学教师工作的内容之一，目前教师基于学科教学困惑开展研究的主要问题在于多基于经验，缺少严谨的学术性研究设计，缺乏数据支持，想当然得出的结论无法形成普适性的智慧并推动学科教学发展。教师在应用信息化教学工具后累积的学习数据可作为学习过程及效果的有力证据，从而使教学研究更具学术性和说服力。

3. 教学数据为过程性的教与学评价提供支持

教学常被誉为良心活、经验活，对教师的教学评价多以课时及学生数量、学生评教、专家（如教学评估专家、教学督导随机听课）的反馈及教学成果为主。如缺少有效工具，仅凭片段式的观察（教师讲授、学生表情、个别互动等）难以获取有效学习的发生及进展，对学习效果的把握有限。教师无法基于客观数据及时调整教学，学生无法从学习过程中获得即时反馈从而做出改变。通过信息化教学工具获取的数据则为捕捉学生的信息加工及输出过程、勾勒学习轨迹提供了可能。

二、开展学习平台及学习资源建设

1. 学习管理系统迭代更新

1924 年，美国心理学家 Sidney Pressey 发明了世界上第一台电子教学设备。随后，服务器端的 Blackboard 及开源 Moddle 等学习管理系统诞生，近年来以云存储为代表的 Canvas，基于视频、以促进参与和个性化学习为特色的 Echo360，可直播教学及强交互的雨课堂等相继出现。同时，一些独具特色的学习平台陆续面世，如中国台湾大学机电系叶丙成教授开发的游戏化平台 PaGamO，实现了电竞游戏跟慕课的结合，全球用户已逾 150 万，并多次获国际教育大奖；诞生于 2014 年的在线学习平台 Active Learning Forum，通过技术促进即时讨论，并完整记录学生的课堂表现，教师可根据数据分析学生的学习进展、给予评价并提出针对性的学习建议，实现个性化教学。

随着技术及教育教学思想迭代更新，新一代学习管理平台具备了资源管理、学生参与（课件及视频观看记录、笔记内容、社交反馈等）、数据整合等功能；自适应式地支持个性化学习，支持学生以适合自己的步调学习；支持移动学习、强交互、即时反馈等需求，可通过自动推荐算法适时推送学习资源；根据过程性数据给出学业预测及预警功能（如普渡大学开发的信号灯系统 Course Signals）。这些新型学习系统连通集成,使用便捷,教师付出较少时间及精力成本,即可获得学习全过程的一体化、一站式反馈。同时,系统会通过算法不断学习完善,以更好地满足师生需求。

2. 多元学习资源建设任重道远

教材是教学内容的主要来源,目前教师可从出版社获取纸质教材及课件。在数字化时代下,出版行业面临挑战与机遇,除了提供纸质版教材外,还应探索教材电子化,并储备形式多元、内容完善的一体化学习资源,使之成为学习的强大入口,并减轻教师负担。

2012 年及 2019 年,美国自适应学习服务商 Knewton 先后与全球最大教育出版集团培生集团、美国知名出版集团 Wiley 合作,运用大数据及人工智能技术监测学生阅读电子教材过程中的学习情形(浏览次数、内容及个性化学习路径),分析学习行为,获取学习进度、遇到的瓶颈等问题,并通过算法实现推送、预测等功能,适应性地满足每个学生独特的学习需要,从而帮助其取得更大的学习成就。在时间和精力有限的情况下,教师作为教学资源的开发者之一,只需在教材平台的基础上进行个性化补充即可。

近年来,精品课、精品资源共享课、金课、一流课程的建设、评选推出了越来越多的线上课程,同质化严重。受版权保护等因素限制,这些花费时间及经济成本建设的课程多数仅服务于本校学生,无法跨校互认学分,学习数据共享存在壁垒,影响教师基于 MOOC 实施混合式教学的积极性。有关部门及高校应积极探索优秀学习资源的高效利用及 MOOC 学习成果的认定,同时通过政策、经费等方式鼓励建设校本在线学习资源,为混合式教学模式的变革提供支持。

三、教学模式变革势在必行

迈克尔·霍恩在《混合式学习:用颠覆性创新推动教育革命》一书中提到,当前的教育亟须基于混合式学习开展延续性创新与颠覆性创新。混合式学习是指在传统课堂的基础上加入在线学习(基于优秀 MOOC 或自制资源),其中指定学时的在线学习模块中至少有部分内容可由学生自主控制学习的时间、地点、路径,是正轨的教育项目。翻转课堂模式是混合式学习的典型应用,学生课前完成了基础内容学习,课上展开高质量的交互与学习输出,可归为延续性创新的实践。

虽然不少教师实施混合式教学,但由于没有课前学时保障,且教师对学生是否开展了有效预习缺少监督管理,导致未必能达成课前学习目标,往往课上还是从基础内容讲起,无法达成高阶学习目标。这种包含可有可无的在线学习的教学设计并非霍恩所提出的混合式学习。"在线 + 面对面"的混合式学习方式是教学方式的整合,而非重复,需要在课时中留出专门的学时供学生课前学习,因此需要对培养方案、课时安排、教学模式等进行改革。

四、教育教学三方致力于成长为数据脱盲者

在信息技术与教育教学深度融合的背景下,教师、学生及教学管理者无须成为数据科学专家,但均应建立数据思维,成为有能力解读、分析及交流数据的脱盲者(Be Data Literate)。

1. 教师:精准地教

2005 年,美国学者科勒和米什拉提出了教师的 TPACK(Technological Pedagogical And Content Knowledge, TPACK)模型,即整合技术的学科教学,教师应同时具备学科、教学法及信息技术三个维度的知识与能力。为了提高学生在学习全过程中的投入,教师首先要改变教学模式,规划课前、课上、课后这三个环节中教与学及信息化教学工具的角色与对应的教学活动,定好锚点,通过这些工具采集线上、线下的同步及异步学习数据。

课前:区分出适合在线学习的基础内容部分,这些内容对应布鲁姆教育目标分类法中记忆、理解的低阶学习目标。为了培养学生养成自主学习的习惯并检验其预习效果,教师可通过自我检测问题或小测进行课前学习评价。

课上:除了教学重点、难点的讲授外,教师应设计课上的多元化学习活动(如参与讨论、研究课题,做练习、项目、测试,演示,辩论,写论文,互评),更多地让学生参与学习,创造学生被听到、被看到及输出学习成果的机会,从而获得信息化工具、教师及同伴的反馈,达成应用、分析、评价和创造的高阶认知目标。

课下:阶段性地汇总各个环节中的学习数据并进行解读,发现教学中的共性问题以反思教学效果;发现高学习风险及高学习成就者,以便给予相应的支持。

在运用信息化教学平台及工具开展教学的过程中,及时追踪学生在课上、课下的投入程度、进步状况,能够有效回答教师关注的问题:学生在开展有效学习吗?学习效果如何?遇到了哪些困难?应该采取哪些变革才能提供有效支持?

运用数据进行教学变革对教师有着综合性的要求,包括建立以学生发展为中心的思想;以混合式学习模式重构教学;根据学习数据分析学生认知特点及学习状态,评估学习效果;探究教学效果的相关、因果关系,产出教学研究成果。

混合式学习模式下,基于 MOOC 或自制视频的在线学习模块或引发教师被取代的担忧。事实上,这会带来教师角色的重新定位:教师不会被计算机取代,而是发展为设计师、教练、导师,是学习系统与学生之间的连接点,成为支持有效学习的合作伙伴,从而将教师从重复讲授中解脱出来,使因材施教成为可能。

受益于大数据提供的反馈信息,教师也将身兼学习者角色并不断进行学习、反思。从更广泛的意义上来说,教育不再被视为由教师向学生传递知识的单向过程,而成为一种将为包括学生、教师在内的每个人提供学习、提高和发展机会的场所。

2. 学生:基于反馈进行精准地学

如今的在校大学生是伴随着互联网、移动互联网成长的一代,被称为数字原住民,游戏在他们成长过程中不可或缺。游戏之所以让玩家上瘾,是因为给予了参与者持续的即时反馈及成就感。反馈亦是学习中的重要环节,线上、线下累积的学习数据是学习投入及结果输出的忠实记录。这种基于数据的反馈是学生持续开展学习反思的基础,可使其在最早时间了解学习短板,查缺补漏。

在混合式学习模式下,学生学会承担学习责任,课前加大学习投入,做好准备后来到课上全身心投入深层学习,参与更多输出学习成果的活动并达成高阶学习目标。在与信息化工具、平台互动的过程中,技术成为有效反馈的提供者及出色的学习伙伴,帮助学生反思学习,并指引其逐渐成长为终身学习者。

在这种学习模式下,由于学生课前完成自主学习后来到教室,此时的学习空间更像学习工作室或工作台。课堂除了提供学习知识外,还可为学生提供学以致用、自主创新的机会,鼓励学生辩证思考,提升合作和社交技巧,为其走出象牙塔、走向社会做好充足准备。

3. 教学管理者:以数据驱动决策

《与大数据同行——学习和教育的未来》一书的作者维克托·迈尔－舍恩伯格提出,高等教育的未来依赖于三个特征:反馈、教育个性化及基于大规模数据集的概率预测,并强调决定着教育之未来的是那些更好地利用大数据来适应学习的组织。教育信息化提出了创建数据环境与数据文化,构建大数据生态系统的需求,支持大学管理者采取数据驱动的决策方法。信息化基础设施是教育大数据产生的基础,其设计理念、功能及使用体验对后续的数据分析至关重要,源自高等教育学及计算机技术等多角度的探讨是确定实施方案的前提,教育数据挖掘与分析应被涵盖进学校文化并被领导者重视。采集的教育教学数据应在允许范围内共享使用,从而实现数据效果最大化;同时做好混合式学习的顶层设计、为教师提供信息化教学变革等,帮助教师意识到学习数据的价值,将有助于教师更精准地教、学生更精准地学,从而达成既定的学习目标,并使其学习成就最大化。

在信息技术与教育教学深度融合的同时,我们必须清醒地意识到,美国是最早进行大数据理论研究及提出大数据战略的国家,关于教育教学数据的隐私研究亦同步开展。为避免出现因数据滥用而带来的知情权、敏感信息风险,以及因预测而引发不公平争议的问题,高校在应用教育大数据时应注重教育数据生命周期内各利益相关方的隐私保护需求,推动教育大数据应用有序、规范地发展。

（原载《中国海洋大学报》第 2133 期第七版,2021 年 5 月 27 日）

以学生为中心，突出技能型训练

——关于外语专业本科翻译课程的教学思考

外国语学院　杨　帆

作为德语专业本科阶段的一门必修课，"德汉翻译入门"属于初级翻译课程。课程的教学对象是第五学期学生。他们刚刚完成基础阶段的语言技能学习，外语水平有限且通常没有任何翻译实战经验。另一方面，全球化的大趋势、"一带一路"倡议急需高水平的翻译人才。几十年不变的"满堂灌"为主的传统翻译教学正面临着严峻挑战和质疑。

鉴于此，围绕翻译课程的教学模式，我进行了深入调研和全面思考。通过和翻译教学经验丰富的老前辈深入交流，我更加坚定了翻译课程必须进行改革，必须探索全新的与时代发展、学习对象特点相适应的教学模式的信念。课程设计的核心理念是"授之以渔"，向学生传授解决翻译困难、圆满完成翻译任务的能力。教学目标是激发学生翻译学习积极性，增强翻译学习的自信心，树立科学的翻译观，掌握基本的翻译方法，提高翻译能力，为以后的高阶翻译学习做准备。围绕此目标，我重点展开三方面的探索。

以学生为中心的翻译课。翻译课不应该是教师单方面讲授翻译技能的课，而是学生主动进行翻译练习和实践的课。以学生为中心，从开课准备开始。开课前，投放第一次问卷调查，目的是了解学生的基本翻译认知和过往的翻译经验，才能有针对性地制订教学计划。传统的翻译课，教师是教学活动的组织者、讲授者和译文的评价者，以教师讲解为重点，学生是被动的学习者，记录标准译文。我实践的是以学生为中心的教学模式：学生无论课上课下都是真正主动的学习者。作为教师，我是引导者、信息的提供者、被咨询者，协助学生完成相关翻译知识和技能的内化，使其能够举一反三，以在未来适应不同的翻译任务。讲解不再占主导地位，教师通过各种手段引导学生发现、关注翻译问题；学生积极主动地运用翻译理论和翻译方法完成翻译任务，解决翻译问题。

重视理论指导作用的翻译课。关于翻译理论对翻译实践，尤其是翻译教学是否有意义、有多少意义的质疑，多年来一直存在。不论国内外，翻译课上的理论部分都被认为与实践严重脱节，老师教得很尴尬，学生学得很迷茫。我坚定地认为，翻译理论是翻译教学的重要组成部分，选取适当的理论必然能够有力地指导翻译实践。在本学期的课堂上，我重点介绍的是以实用主义著称的德国功能翻译理论。本科阶段的翻译课不能空讲理论,要注意示范如何运用理论解决翻译中的基本问题。重视理论与实践的紧密结合,重视理论对实践的指导作用,重视翻译实践中对于翻译理论的运用与评价。讲解不能满堂灌,不能老师一人滔滔不绝,要采用启发式和引导式的教学方法。越是深奥的理论,越需要通过例子深入浅出地讲解,鼓励学生积极参与,多思考,积极提供解决方案。将理论讲解、方法运用和能力训练融为一体,避免出现理论与实践脱节、理论一层皮的情况。

突出技能训练的翻译课。进入课上环节,设计的核心理念就是四个字:精讲、多练。要凝练知识点,讲重点和难点,时间控制在 20 ～ 35 分钟。翻译技能的养成不可能靠纸上谈兵,诀窍就是一个字:练。因此,翻译课应该把宝贵的时间用在各种形式的练习上。除了传统的单句翻译和短文翻译外,我注意设计丰富多样的课堂活动实现当堂课程的教学内容练习,具体活动如下:小组报告(工具书的分类与使用,借助平行文章进行公示语翻译,翻译作业汇报,他组译文评价,期末知识重点梳理与总结),小品表演,小组讨论,翻译任务分析,平行文章对读,等等。安排学生做报告,我关注的是过程,重点是让学生通过积极主动运用翻译理论和翻译方法完成翻译任务,解决翻译问题,总结反思。小组做报告,重点不是展现译文,而是交流他们是如何练的,在练的过程中发现了哪些好的做法,遇到了哪些问题,要总结,要反思。

先后有十几位课程教学评估专家走进我的翻译课堂。他们认真观察课堂,在课堂活动过程中走到各个小组桌前,零距离看和听,仔细研究翻译文本,与学生一起讨论问题,甚至作为译文受众发表感受。课后,每位专家都毫无保留地和我交流,大到教学目标,小到 PPT 的图片,给了我宝贵的专业指导意见。我参加了学校组织的教学观摩活动,旁听了四位老师的课堂教学。每一次旁听都带给我新的启示,都促使我从外部反观、反思自己的教学模式和方法。同时,我更加深刻地感受到海大老师对高等教育事业的高度责任感与使命感,感受到老师们对这份工作的强烈的热爱。所有这一切,都会激励我更加努力,更加用心地设计好每堂课,上好每堂课。

(原载《中国海洋大学报》第 2133 期第七版,2021 年 5 月 27 日)

什么是有效的体育课

体育系　朱　萍

　　毛泽东同志曾于1917年在《新青年》上发表了著名的《体育之研究》一文,认为"体育一道,配德育与智育,而德智皆寄于体,无体是无德智也";"体育对于个体能'强筋骨''增知识''调感情''强意志'";"欲文明其精神,先自野蛮其体魄。苟野蛮其体魄矣,则文明之精神随之"。体育对于青年学生成长之重要毋庸赘言。本文仅就有效的体育课提出考察的几个角度和方法,以供同仁们参考。

　　首先要明确两方面的认识。

　　(1)体育课的性质。体育,是对身体形态、身体机能的教育,通过体育课的学习和课后的一系列学习、锻炼,使身体由内到外发生变化。体育课不仅仅指课上的讲授、学习,还包括课下的指导、练习。体育——不只是体能的提高、技术的掌握……最重要的一点是最大限度地激发、培养个体的精神状态,如团结、互助、合作、勇敢、积极、向上、无畏。

　　(2)体育的原理,是"超量恢复"机制,也就是说人在适当运动练习之后,身体会产生适度的疲劳,形态功能等方面会有定程度的下降。通过适当的休息,身体的力量和形态功能等恢复到运动前的水平,并且在一定时间之内,还可以继续上升或超过原有水平。如果下一次练习是在超量恢复(身体功能上升并超过原有水平的一段时间内)的阶段进行的,就可以保持超量恢复水平不会消退,并且能逐步积累练习效果。如此,通过反复的练习就可以使肌肉体积增大、肌肉力量增强等。这就是"超量恢复"。

　　体育课的课上、课下练习就是要使人体的各项机能和素质水平突破原有的极限,努力上升到一个高度,随之恢复和超过原有水平;而在下一次练习时再攀升新的高度,依次往返,达到体育运动的效果。

　　基于以上两点,一堂有效的体育课应该具备以下要素。

　　1.课前的教案准备

　　教案对于体育教师非常重要,它能够让体育课变得更加有序,目的性、层次性更好。体育课通常是在动态情况下进行的授课。课前教师如果没能做充分的准备,很可能导致课堂上缺乏控制,呈现出无序的状态。而教案就是教师备课的重要依据,是教师上课的依据。在教案里要详细写明学习内容和复习内容、各种练习方法和练习手段、技术动作的平面图、队形的排列和调动、教师的行走路线和示范方向(背面、镜面、侧面等)、学生的运动轨迹,还包括应急措施的准备,等等。试想,如果我们课前做好了这样的教案,那么我们在课上就一定会胸有成竹,自信满满,教学过程也一定会见规则、见秩序,教学效果和学生的学习效果也一定会得到保障。

2. 课程进行中对运动量的要求

一定要出汗,这是衡量一节体育课是否能够达到运动目标的重要参考指标之一。但要说明的是,不是学生汗出得越多就说明我们的课程教学安排越合理。合理的运动量测定指标,普通体育课是用脉搏来进行考察的(如果是竞技运动那就要用高科技的仪器进行测定,如尿检、血检、肌检等)。普遍意义上的合理运动量,在体育课上,练习者的脉搏要达到 150 ~ 160 次 / 分钟(优秀运动员训练时则要达到 180 次 / 分钟以上)。

3. 课程进行中练习密度的要求

练习者要有技术动作练习的频率次数。这里要说明的是并非练习的次数越多越合理。一般课堂的练习密度为 35% ~ 50%。什么是体育课的练习密度?就是练习者练习的时间和总时间的比。一般来说,技能学习课的练习密度要达到 35% 以上,不能高于40%(因为这个过程,教师的讲解示范占主导地位,学生的练习次之);而体能练习课要达到 50% 左右才是科学的。

4. 整堂课要有合理的脉搏曲线

在运动中,脉搏的升高与下降反映了一个人运动量的大小,而运动量的大小则体现一个人是否突破了自己身体机能的极限。只有合理的运动量才能使人的技能和体能突破极限,达到新的高度,而不是运动量越大、脉搏升得越高越好。因此,在体育课教学过程中,要用曲线来显示脉搏升降,合理把控运动量,这样才能达到预期的效果。一般来说,一堂 90 分钟的体育课,脉搏的最高值应该在基本部分的中间位置,也就是说在整堂课的 40 ~ 45 分钟,次高峰应该出现 65 分钟左右。

5. 练习方法和手段

体育课的目的是使学生掌握"三基",即掌握基本知识、基本技术、基本技能。这个过程要求教师使用各种体育教学的方法和手段来达到目的。技术的学习和技能的提高方法有很多种,根据项目的不同和学习者水平的不同,教师在备课过程中要进行科学的遴选,采用的方法和手段除了必须符合项目的要求外,还必须符合学习者的实际情况。在有限的时间里运用科学合理有效的方法和手段把技术动作尽快地教会学生,这是衡量优秀体育教师的重要标准之一。

6. 教师准确漂亮的示范动作

示范动作的准确和优美是上好一堂体育课必不可少的素养。体育课与其他课程相比,最大的不同就是学生对所学的技能、技术均是通过教师的"一举一动"的表现和现场的动作校正、指导得到最直观的感受和体验,而通过视频和影像资料、图片及文字材料等的学习均达不到这样的效果。教师准确、优美的示范动作会让学生有很好的学习体验,并能更大程度地激发学生的学习兴趣和主动性,调动学生的学习积极性,这对学生尽快掌握技能技术起着决定性的作用。因此,体育教师也需要积极进行教学科研,努力使项目的训练和练习过程科学化,同时自己也要反复地进行练习,努力让自己的示范动作更加规范、准确和优美。

7. 体育教师作为特殊专业的教师,必须始终保持积极向上的激情和活力

正如毛泽东同志所指出的,体育对于个体能"强筋骨""增知识""调感情""强意志",而这些功能均是通过体育教师这个桥梁不断传达给青年学生的。与其他课程相比,体育课尤其强调教师的言传身教,体育教师对课堂积极向上氛围的营造、对学生人生成长的正向感染和带动,都是其他课程无法比拟的。因此,体育教师尤其要注重课程思政,注重教书育人,同时要严格自律,严格自我要求,不论是在课上的教授训练还是在课下的练习指导都要始终保持正能。

8. 应变能力

体育课教学易受不确定环境影响,如天气、场地等可变因素,还有运动器材的流动、运动,以及学生对于运动强度的不同抗受能力等,客观上要求教师必须有很强的应变能力,要有处置一切突发事件的能力和方法,保证学生的安全和良好的学习环境(如天气变化、学生受伤、外来干预)。比如,室外体育课要求教师面向阳光一面,学生要背对风向一面。如果在此期间,天气发生了变化,教师应该尽快改变之前的队列和队形,以适应天气的变化。再比如,有学生不小心受伤,教师要能敏锐地察觉受伤的部位和受伤的程度,采取正确的方法进行应急处置。

如果说学习自然科学,丰富的是学生的逻辑和理性思维,社会科学带给学生的是感性和诗性思维,那么体育学作为自然和社会科学综合的学科,带给学生的不仅仅是逻辑和诗意,它还是人格魅力、克服困难的骨气、永不言败的勇气、团结协作的义气、奋发向上的志气的来源。

(原载《中国海洋大学报》第 2123 期第三版,2021 年 3 月 11 日)

关于美育教学工作的一点思考

外国语学院　修德健

海大校园里的建筑具有独特的美。它见证了海大的历史和文化,体现着"海纳百川,取则行远"的精神气质和内涵。工作中有时陪同国外来的专家学者参观海大校园,漫步在具有年代感的鱼山校区和富有朝气的崂山校区,参观者都会由衷地赞叹道:"海大校园真美!"第一印象就让参观者喜欢上了海大,足见建筑美所具有的魅力以及所蕴含的力量。

建筑讲求风格和特色。海大校园的建筑与青岛的地形特点和城市发展的脉络紧密相连,体现出一种和谐统一之美,给人一种旷远深邃的空间感,显示出不囿于本土的超越感,校园因此而独具魅力。走在其中,一种重温近代历史的凝重感油然而生。有时也会驻足冥想片刻,使身心得以舒缓。从这个意义上说,海大校园里的建筑就是海大人的精神家园,默默地、一刻不停地将这种精神转化为一种力量,一种敢为人先、勇于超越的力量,激励我们,这正是校园建筑的美所蕴含的教育和感化功能。这种美学功能同样也在海大校园环境的其他方面发挥着积极作用,鱼山校区的巨树绿荫、崂山校区的樱花海洋,正在成为感化所有来这里的人的重要力量。由此看来,美的力量、美育的功能不可忽视。

美育可以从狭义和广义两个方面来把握。狭义的美育,可以理解为以艺术教育为核心、以培育审美意识和美学素养为目的的教育实践活动。广义的美育则可以理解为蕴含着美学原则的所有教育实践活动,目的在于培养学生理解美育的本质内涵、育成理想的审美境界并促进将其内化成各自精神世界不变追求的源动力的教育活动。

习近平总书记在 2018 年召开的全国教育大会上强调:"要全面加强和改进学校美育,坚持以美育人、以文化人,提高学生审美和人文素养。"这一阐述把加强和改进学校美育工作提升到了一个新的高度,强化了美育在学校人才培养中的地位,为我们吹响了全面深化改革美育工作的号角,也对高校的美育工作提出了新的任务和要求。值得注意的是在这一阐述中把美育的目的定位在"以美育人、以文化人,提高学生审美和人文素养"上,它较狭义的美育范围更广,内容更丰富。

按照这一指导思想在高校开展美育,首先应该落实到艺术类和人文科学领域的所有课程上。就以我校 2019—2020 学年秋季学期的本科课程来看,设有若干艺术类通识课程,比如,小提琴演奏艺术与实践、中国古建筑文化与鉴赏、近现代经典绘画作品鉴赏、素描、西方戏剧鉴赏、律动与音乐欣赏、汉族民歌与文化。此类课程的主要目标在于培养和提高学生欣赏美的能力,当属形式美育的范畴。其他一些理工科和人文科学领域的通识课则以提高学生的人文素养为主,如中国古典诗词中的品格与修养、建筑艺术欣赏。在美育教学活动方面,从课程的数量、所涵盖的艺术和其他人文领域及其内容看,初步具备了一定的规模,形成了一个较为合理的课程结构。这得益于学校领导的重视、职能部门的积极组织及相关院系教师的共同努力。

但从现实来看,还存在一些薄弱环节。

首先是对美育的认识还存在不足。个别教师在谈到为什么开设相关课程时,往往是因本人的"教学工作量制约,客观需要"而开设。"课时数不够、通识课来凑",这样的出发点必然导致其无法充分地认识到所开设的课程的本质意义和核心价值,也无法承担起课程开设的使命。而这种对美育的认识不到位的问题,也必然导致其难以自觉地投入足够的精力开展相关的教学活动,导致视野不够宽阔,课堂教学活动局限性较大。因此,学校有关部门应加大力度进行宣传和引导,在如何构建具有我校特色的美育体系上做好有针对性的设计和布局,努力建设好以美育为主题的、以海大的特色学科为优势的、各学科间交叉融合的独特的美育课程体系,同时加强对课程教学目标、教学内容、教学过程的审核监控,切实督促其履行好主体责任。

其次是美育的教学活动形式单一,教学资源不足。这与前面所说的人员的认识不到位有关。美育本质上是引导学生追求真善美的教育活动,它与德智体劳并举,各有侧重;同时它又是贯穿德智体劳的根本所在,较强的社会实践性是其根本属性之一,要引导学生在丰富多样的社会实践活动中获取美的感悟、理解美的功能。因此,可以从艺术类、人文类课程做起,根据课程内容尝试合作共建的方式,邀请一流的具有丰富实践经验的文艺界、文化界知名人士走进课堂,让课堂内容更加切合实际、更加鲜活和饱满,也可以缓解相关教学资源短缺的问题。

再次是要加大第二课堂建设力度,让美育始于课堂,但不止于课堂。大力开展与美育课程内容密切相关的各类社会实践活动,让学生在社会大舞台上展示自己,从中体悟美育的魅力和力量,在实践中树立起正确的审美观,增强审美能力和美的创造力,做传播有益于人类社会进步和发展的美的使者,成为真正意义上的美的建设者。以此为依托,打造更多的像海鸥剧社那样的海大文艺文化品牌,增强"海大美我,我美海大"的校园人文气息,让其不断润泽每一位学子,感化一座城市、一个国家和民族,继而助力人类社会的发展和进步。

美育不止于上述形式。前面提到,广义的美育可以理解为蕴含着美学原则的所有教育实践活动,目的在于培养学生理解美育的本质内涵、育成理想的审美境界并促进将其内化成各自精神世界不变追求的源动力的教育活动。教师是美育的实践者,是美的传播者,应该更积极地在教育实践活动中,结合各自的实际,体现美之无所不在。大到课程设计,小到每一次课堂讲授的每一个教学环节,从形式美到逻辑美(诸如板书、多媒体课件的制作与使用、课程的设计、教案的撰写、讲授时语言的凝练和表达），教师结合自己可以主动作为的方面，要力争不折不扣地创造美、展现美。教学服务方面也要深入挖掘和创造环境因素中的美（教学设备的有效配置和最为专业的不断完善的设施，等等），做创建美的家园的辛勤园丁。在日常的教学督导中，常常有人不厌其烦地就这一方面提出细致入微的改进意见，因源于对课堂教学的美有近乎完美的追求。

清华大学校长邱勇在致 2016 年高考生的邀请信《有你更美》里有这样一段话："丰富多彩的校园活动，是你挥洒青春的舞台。荷塘月、风雅集，这里有一流的学生艺术社团，你可以加入军乐、民乐、合唱、交响乐、舞蹈、话剧等众多团体，用艺术诠释清华的精神和气韵。"简短的话语中，美育与精神、灵魂塑造之间的关系得以彰显，丰富多彩的形式美育在吸引人才方面被赋予了重要地位。

可以说，加强美育、着力打造大学的文化名牌也是世界一流大学建设的重要标志之一。

（原载《中国海洋大学报》第 2119 期第三版，2021 年 1 月 7 日）

在线教学的挑战与应对

基础教学中心　陈凯泉

2020 年初暴发的新型冠状病毒肺炎疫情让师生无法返回学校,传统教学模式无法正常展开。教育部提出"停课不停学,停课不停教",教学活动不能中断,为此全国教育界开放共享了一批优质课程资源,一批优质的教学支撑平台支撑起了教师的在线教学活动。学校和教师解放思想、积极尝试,基于网络的主题探究式学习、SPOC 式在线教学、协同教学等颇为有效的在线教学形式获得师生的认同,取得较好的教学效果。但在线教学实践初期,师生忙打卡、网课平台翻车、平台崩溃等现象时有发生,如何使用这些教学平台推送资源、如何在虚拟空间开展有效的师生交互、如何有效评测学生的学习状态等问题都需要解决。教师所面对的不仅是这些技术门槛,无论是处于疫情期还是后疫情时期,都亟须调整教学理念,建构起与信息时代、智能社会相适应的信息化教学素养,需更新教学理念和教学方法以支撑学生开展适应性、自主性学习。

一、以历史视角看待本次大规模的在线教学实践

疫情背景之下,经初步统计全球约有 8.7 亿名学生开展线上学习,这是史无前例的、里程碑式的尝试。上一次这样的经典实践发生在 20 世纪 40 年代,"二战"时期美国将电影作为新的教育媒体,在短时间内培训了近千万名的士兵,使教育技术获得飞跃式发展和广泛的学科认同、公众认知。时隔近 80 年,疫情暴发又使在线教学广泛开展。实际上自 20 世纪 90 年代计算机网络迅速发展以来,人们就曾对在线教学寄予厚望,但一直以来只是进行小规模的尝试,像当下这样大规模的、整建制学校的全面应用在线教学尚属首次,这是一次可以写入教育学教科书的教育技术发展史上的重大事件。应该说,我国近二十几年在信息化教学方面的探索、研究与实践为应对本次疫情之下的在线教学提供了充分的准备。我国在 2018 年 4 月发布《教育信息化 2.0 行动计划》,2019 年 2 月又推出《中国教育现代化 2035》,明确了教育信息化是教育系统性变革的重要动力,是教育现代化的核心驱动力,提出了信息技术与教育教学深度融合创新发展的新理念。2018 年初党中央国务院在《关于全面深化新时代教师队伍建设改革的意见》中也提出教师要主动适应信息化、智能化等新技术变革,积极有效地开展教育教学。互联网和人工智能技术加快推动人才培养模式、教学方法改革,这些技术将支撑构建包含智能学习、交互

式学习的新型教育体系,学习形态也随之发生重塑,教师在备课模式、资源使用、内容选择、测验练习、作业批改、考试、学生评价、个别辅导等八个方面都将实现对信息技术的深度应用。

二、在线教学的主要实践模式及师生面临的挑战

疫情防控期间的在线教学实践主要包含以下六种模式:直播教学、翻转课堂、根据学情分析的学习资源推送、基于网络资源的主题探究、基于学习社区的协作学习、应用学科工具和认知工具的自主学习。前期调研显示,第一种模式占比最高,最容易被学校和教师接受。翻转课堂的理念早已被广泛传播,有较高比例的直播教学在课前设置了学习任务单,所以直播教学可较好地融合翻转课堂的模式。根据学情分析的学习资源推送有班级内的群发推送,也有对个别学生的个性化推送。相对而言,应用后三种模式的教师普遍具备较好的信息化教学经验,对各类认知工具、学科工具及教学平台较为熟悉,对开放性课程平台上的教学资源有较为全面的了解,注重设置有意义的研究课题调动学生的学习积极性。

经过前面几周的在线教学实践之后,老师们其实很快就会发现做网络直播从平台操作、心理适应到资源开发都并非难事,但不管采用以上哪种模式,在线教学对师生提出的以下要求才是决定在线教学质量的关键。

第一,在线教学需要学生有较高的学习自主性。在线教学没有同一物理空间内师生面对面的交流,需要学生具有较高的自制力和学习自主性。通过调研可以发现,影响学生在线学习自主性的因素主要包括四个方面:居家学习缺乏学习氛围、学习兴趣不足、教师监管缺失、学生学习风格与教学方法不匹配。

第二,需要增加师生的多元互动。在线教学平台通常会部署各类互动工具,师生也有必要借助各类常规社交网络工具密切互动。这类互动主要包含课上互动以及课前课后互动。课上互动借助雨课堂、ClassIn等平台一般都能较好地完成,但由于学生学习主动性不足或者教师无暇顾及大量提问,课前课后互动开展得不够充分,致使很多学生感觉直播教学结束后就没有了学习社区的归属感。

第三,需要教师密切关注学生的学习过程记录。学生在教学平台上的浏览过程、发言内容、完成作业练习的情况、与老师和同学的交流过程等都可以被记录下来,为详细分析学情提供了数据支撑。这对教师的专业能力提出了很高要求,在线教学凸显了教师提升数据素养的重要性。传统实体教学中学生的学习过程无迹可寻,但在线教学中课上直播时学生的学习行为以及课前课后学生对在线教学平台上学习资料的浏览过程都可以被记录下来,这些记录客观真实地反映了学生的学习路径,教师根据这些学习路径能够及时调控教学或对学生做出个性化干预。

三、打造优质高效在线教学的应对之策

在线教学绝非只是利用网络平台的在线直播,教学设计需要更为精细地全盘考虑,要科学设计学生的学习活动并调动学生的学习积极性,以学生为中心的教学设计理念更需要得到深入贯彻。为回应以上三项要求,教师在教学资源开发应用、教学交互、教学评价与个性化关注等方面都需要调整与重构。

第一,配置与部署多样化的学习资源。在线教学平台是承载学习资源的主要载体,但在线教学平台并不等同于直播平台。如 ClassIn 是直播平台,Blackboard 是在线教学平台,精细化安排不同学习模块中的学习资源可以提升资源访问率和平台归属感,如果仅是上传直播教学中的讲义 PPT 并不能够充分吸引学生。除了授课 PPT,直播教学的课堂实录应能完整地放到在线教学平台上供学生课后研习。学习任务单、课前自学、评测试题、推荐阅读、实验展示、应用实例、成果展示、大开眼界等等诸如此类的资源栏目可根据教学内容的特点部署到教学平台当中,使学生从多个维度开展学习,适应不同层次学生的需求,满足不同学习风格学生的学习偏好。

第二,综合利用多种社交网络工具建构师生、生生的深度互动。无论是老师还是学生现在对微信、QQ 都表现出较高的黏性甚至依赖性,这些日常的社交网络工具绝对不能游离于学习交互之外。当然,前期调查显示,几乎每门课程都建立了班级微信群和QQ 群,但群的存在并非意味着深度互动就能发生,还需要教师投入足够的精力调动学生的发言积极性,需要教师、助教、班级内较活跃的学生不断抛出问题,使学习群保持较高的热度。不止于这些日常社交网络工具,在线教学平台上的讨论区、聊天室也是开展深度互动的重要阵地,平台上更需发起更多引发兴趣、引发思考的讨论话题,需要教师、助教密切关注并且以尽可能短的时延给学生的发言做出回复,快速反馈是吸引学生深度参与教学交互的重要手段。

第三,依靠学习过程数据科学评价学生并实施个性化关注。大学在线教学中有相当大比例的课程师生间并不认识,这是高校教学中不能回避的现象。为了取得较好的教学效果,教师需要借助课堂即时反馈、学生完成作业的情况、平台上浏览学习资源的频度等信息来掌握学生的学习状态、学习风格。唯有全面分析学生的这些信息,才能给学生更个性化的关注,如个性化地推送学习资源或者给学生单独发送教学平台上的邮件通知,使学生感受到老师对自己的了解和关注。

除了以上三个方面,为了提高学生的自主学习能力,还有一些教学技巧值得关注。就如传统实体教学一样,直播教学中有相当比例的学生不能集中精力学习,为此,教师有必要将上课前的签到置于课中进行,或者在课上随机点名提问学生作答。为了缓解直播教学连续面对屏幕所导致的视觉疲劳,不妨采用增加小课间、离屏小练等技巧,确保学生在屏幕前学习25 分钟左右就有3 ~ 5 分钟休息眼睛的时间。还有更为重要的一点,如果长期连续使用直播讲授,学生的学习倦怠感会明显增加。直播并不意味着都是老师讲,学生开展主题探究、协作学习或者借助学科认知工具自主学习后的感受都可以请学

生直播分享,并且最好能做成实录放到在线教学平台上,这样既丰富了教学形式,也丰富了在线教学资源。

面对挑战,积极应对,疫情下的在线教学极大程度上加速了信息技术与教学深度融合的步伐,为教师开展教学创新提供了新的、更为广阔的舞台。事实证明,教育技术是保障教学、变革教学的重要支撑。教师的创新性教学实践业已积累形成宝贵的信息化教学经验,学生的数字化学习能力也获得显著提高,应用智能技术变革学习和深入推进信息化教学是提升教学质量的重要路径。我们相信,疫情防控期间教师在线教学所积累的经验、所完成的教学创新是教学改革历程中宝贵的精神财富。

（原载《中国海洋大学报》第 2087 期第三版,2020 年 4 月 2 日）

线上实验课：生活即课堂

海洋与大气学院　陈　旭

2020年春季学期,学校采取了多项举措为疫情防控期间的在线教学保驾护航,实现"停课不停教,停课不停学"。这对新形势下教师教学提出了更高要求。我们实验教学团队承担的"流体力学实验""物理海洋实验"课程要求学生高度参与、动手实践,如何能够在线上达到课程的要求是我们遇到的最大困难。海洋学系领导班子开学前三周就开始组织全院教师开展网络教学准备,先后尝试了Bb平台、QQ群课堂、智慧树、雨课堂、ClassIn等网络教学平台或直播平台,提前为网络教学保驾护航。这给我们从未进行过线上教学的实验课程提供了思路,我们可以录屏、直播,并针对流体的特点引导学生利用身边的材料开展动手实验。

我们团队第一时间成立了备课QQ群,对两门本科生实验课程进行了梳理。大家合理分工、搜集素材、交流文件,精益求精地制作课程PPT,开学三周时,团队交流的群文件已有2G之多。经多方测试,我们最终敲定课程选用录屏上传Bb平台、线上答疑、QQ群及ClassIn课堂互动模式。学生可以通过录播反复拉进度条,与自己的理解速度磨合。Bb平台互动讨论可以让所有同学看到大家的问题,进一步理解物理过程。QQ群和ClassIn课堂互动更是拉近了老师与学生之间的距离,使线上教学更加生机盎然。

一、因势而新,调整课程安排

实验课程一般以学生实验为主,讲授为辅。经过前期充分研讨,根据实际教学情况,教学团队重新统筹安排课程内容,将讲授部分整理为八个专题,放在前四周完成,重点讲授流体的性质及测量方法、实验相似性原理、实验设备原理等,这些都是开展学生创新性自主设计实验的必要内容。同时增加了学生阅读流体实验相关文献的作业,通过阅读文献,开阔视野,了解国际上流体实验的进展,从中学习如何设计、开展实验。

在课程中开展独立构思实验方案的自主设计创新性实验一直是我们课程的特色项目。学生在老师的指导下自主选题,利用书本中学到的知识,自行查阅文献,自主设计实验,实现对流体力学现象的显示、对运动规律的验证。通过这一过程加深对所涉及的流体力学基础知识的理解,从而培养实验动手能力和主动解决问题的能力。

学生自行查阅文献,完成自主设计实验的"设计"部分,提交文字报告,同时进行线上PPT汇报。这一部分也是耗时最多的内容,充分的准备时间有助于学生提升自主设计实验的质量。

二、多措并举,加强师生沟通

针对 QQ 是目前学生使用最多的交流软件的实际情况,三个专业的教学班均建立了 QQ 群,并利用 Bb 平台互动交流,建立课中和课后交流区。上课时间三位教师均在线,课后教师也要每日登录,尽可能及时回复学生的问题;每次课的最后半小时进行 ClassIn 直播课堂互动,力争更好地了解学生需求。

虚拟时空拉近了人与人之间的距离,网络授课时的师生互动交流比平常授课更多。学生通过 Bb 平台提问非常踊跃,根据前两周的统计,Bb 平台交流已达百余条;线上教学为实验课程提供了新的教学模式,完善的讲授内容可以让学生对实验项目的背景和相关理论知识了解更为深刻;录屏课程可以下载,对于难点、重点问题学生可以反复观看;讨论区加强了师生的沟通,学生有疑就问,老师力求详尽回答,让师生之间的交流没有障碍。充分交流也激发了学生的深入思考,他们不断涌现出十分有创意的想法。

三、另辟蹊径,生活即课堂

“流体力学实验”课程需要学生大量的动手参与。根据目前特殊的上课环境,我们因势而新,在线上指导学生利用身边的材料,发掘日常生活中的流体力学小知识,自主设计完成小实验。

水、食用油、酒精等流体可以用来制作实验装置,完成小实验,以了解流体力学现象,掌握其运动规律。淀粉、酱油、洗洁精也被老师和学生一起搬上了课堂。用淀粉调制非牛顿流体,酒精溶液和油显示表面张力,吹风机产生风应力,洗洁精改变表面张力驱动小船,气球变成了恒压水箱,矿泉水瓶变成了供水系统,村边的小河沟变成了循环流水槽……表面张力、密度层化特征、涡旋特征、层流与湍流、压力平衡、虹吸原理、船吸伯努利原理……学生的想象力无限,在有限的时间做出了很多优秀的作品。

利用生活中常见的物品来设计实验,达到了让学生动手开展实验的教学目的,更让云端的授课充满趣味。

四、注重反馈,倾听学生意见

以学生为中心是我们的教学目标,教学方式的改善与提高需要满足学生的学习需求。两周线上教学后,我们在 QQ 群组织了对教学方式的调查,倾听学生意见。根据投票结果,课程维持录屏视频授课、Bb 平台答疑互动,并每次课增加半小时直播互动环节。学生通过 QQ 对课程进行评价,也提出自己的期望。我们认真听取学生的意见和建议,不断改进教学方法,探索更佳的线上教学模式。通过四周的实验教学,网络教学越来越顺畅,师生接受度越来越高。只要用心,办法永远比困难多。

(原载《中国海洋大学报》第 2087 期第三版,2020 年 4 月 2 日)

对高校国学经典类课程在线教学的体会和思考

文学与新闻传播学院　丁玉柱

随着"互联网＋教育"技术和理念在中国教育界的实践,高校在线教育学习借助在线教育平台得到了迅猛发展,如专门针对高校在校学生获取学分的"智慧树"在线教育平台、既可供高校学生学习也面向全社会开放的"爱课程·中国大学 MOOC""学堂在线"、面向全体党员学习的"学习强国·学习慕课"在线学习平台以及旨在"为我军官兵打造一站式身学习空间"的"军事职业教育互联网服务平台"——"军职在线"等国内大型在线教育学习平台,都为高校教师提供了真英雄大用武之地。据教育部 2020 年 2 月推出的当前国内 22 个在线教育学习课程平台的数据,无论是从理、工、农、医、文、史、哲、经、法等教育专业领域来看,还是从讲师到教授、从硕导到博导的雄厚师资而论,甚至是从理论基础课、艺术欣赏课、实习实验课以及职业技能课等在线教育学习的课程类型来说,业已建设完成的中国高校本科 12 个学科门类的 24000 余门专业教学课程以及 2000 余门虚拟仿真实验课程,基本可以在线满足中国高校本科基础专业教育在线学习的资源需求。特别值得一提的是,2017 年教育部首次颁布"国家精品在线开放课程",更是极大地促进了高校在线优质课程的开发、建设和应用。一时间,"MOOC 不是万能的,但没有 MOOC 是万万不能的"在线教育与在线学习理念应运而生,各种高校 MOOC 联盟如雨后春笋拔地而起。

然而,不识在线真面目,只缘身在上下中。毋庸讳言,高校在线教学,普遍存在着教育部"雷声大"、一般高校"雨点小"、基层院系"干打雷、不下雨"甚至"既无雷声也无雨"的状况。就高校参与程度而言,大张旗鼓热处理者有之,但数量有限;不温不火、满足于"他有、你有、我也有"者有之,而且数量居多;不反对、不鼓励、不提倡的冷处理者也有,但数量有限。于是,锐意教学改革、勇于探索在线教学的高校及高校教师,处在了一种"知我者谓我心忧,不知我者谓我何求",难处与妙处"难与君说"的不尴不尬的自得甘苦境地。

谁料想,初春"新冠"突来袭,千课万课在线开。于是,平时大多数高校教师和学生几乎闻所未闻、见所未见、用所未用的 ClassIn 直播、ZOOM、QQ 屏幕分享,钉钉直播、腾讯会议视频、瞩目、雨课堂、云平台等在线直播教学软件工具,赶鸭子上架一般令习惯于师生共聚一堂、老师唱独角戏的传统授课模式的教师,临阵磨枪地操起上述高科技在线教育神器,在各自的高校 Bb 平台上使出浑身解数耍起了没有一点儿基本功的十八般在线教育武艺,生拉硬扯地把线下课堂教学搬到在线教学之中,其结果是崩了网络,卡了直播,累了老师,苦了学生。究其根本原因,则是很多高校对在线教育技术与理念实践淡薄,导致平时缺乏对教师进行在线教育技能培训,而很多高校教师中自诩为能者对在线教学不屑一顾,妄自菲薄者则对在线教学望而却步。因此,就真正意义而言,"抗疫"背景下的高校在线教学,许多不过是"临时抱佛脚,事来现烧香"的被逼无奈的应急之举。对此,笔者仅就高校在线教学,粗陋地谈几点个人的体会和思考,以请方家教正。

一、勿临渴而掘井,宜未雨而绸缪——在线教学思维的超前性

凡事预则立,不预则废,在线教学也是如此。2013 年是中国大学 MOOC 元年。从那时至今,哪怕从头做起,高校教师若能积极主动参与在线教学,恐怕至少也该有一门属于自己的在线教学课程,这样,"抗疫"形势下的在线教学则断不至于手忙脚乱甚至焦头烂额。笔者分别于 2013 年、2015 年在"智慧树""爱课程•中国大学 MOOC"以及"学堂在线"开设"《世说新语》的国学密码解析"(开课 12 期)、"《道德经》的智慧启示"(开课 10 期),积累了一定的在线教学和翻转课堂教学经验。因此,本学期所开的这两门课程,直接利用上述在线平台进行全环节的在线课程教学,取得了事半功倍的效果,而这得益于自己对国学热、中华优秀传统文化回归、在线教育技术应用、国学经典课程在线教学趋势的准确判断与大胆实践。

二、抱一而为天下式———在线教学内容的单纯性

由于在线教学受教学时间和教学空间所限,不能面面俱到,因此教师必须对教学对象和教学内容准确定位,既不能以博导、硕导自居而对本科生高谈阔论大讲特讲,也不能以教授、博士自诩,视本科生无知无识思想空白,而是要对在线教学的讲授内容删繁就简、纲举目张,如"《道德经》的智慧启示"仅以《道德经》五千言为主,每章将历史事件与现实案例相结合,着重讲授这一章所给予人们的智慧启示及其应用方法;"《世说新语》的国学密码解析"则精选《世说新语》原著中的经典人物、事件进行解析,从中挖掘其所蕴含的先秦诸子百家的观点、理论及其当时与当下的优劣利弊,引导学生学以致用,以在线单元教学的单纯性合成在线课程教学内容的丰富性和系统性。在此,建议国学经典类在线教学以一部经典或一个具有广度和深度的国学经典专题进行在线教学为佳,既易于教师把握和拓展,也便于学生学习和应用,那种"高大全"式的在线本科教学课程则应尽量避免。

三、图难于其易,图大于其细——在线教学实施的细节性

在线课程教学本质上是难者不会、会者不难,关键在于在线教学实施过程中下列教

学细节处理是否到位。

（1）在线教学内容与教学周期、课时的细节安排精准到位。在线课程教学不同于线下课堂教学，需要给学生充足的教学视频收看、单元测试、期中和期末考试以及在线讨论等时间，因此，以高校每学期可保障的16周（2学分）计算，"《世说新语》的国学密码解析"和"《道德经》的智慧启示"均设定为14章，即每周一章，每章包括5个左右教学视频（时长为15～25分钟）。这样，加上在线课程期末复习、考试恰好与校内课程教学同步。

（2）在线课程前期准备与在线课程录制精准到位。这主要包括PPT的字体、格式、图片、色彩、数量应尽量保持一致，既不可过多演示而使学生眼花缭乱，也不可过少而显得画面贫乏、形式呆板。同时，教学视频内容要与单元测试内容、在线考试内容、在线讨论题目具有高度的统一性，不可脱节。

（3）在线教学辅导答疑要准确、及时、到位。我在在线教育平台开设的"《世说新语》的国学密码解析""《道德经》的智慧启示"，尽管每学期选学人数数千人、万余人不等，但都能做到适时监督学习，所有学生在线提出的问题不会超过48小时全部给予回答。这样，既及时解答了学生的问题，也加强了师生在线互动，极大地提高了学生在线学习的积极性。

四、天下万物生于有，有生于无——在线教学课程的原创性

虽然在线课程教学相对于传统课堂教学来说从无到有，但在线课程教学本质上植根于传统课堂教学，只有铸就传统课堂教学诸如专业知识、教学方法、语言表达甚至仪容仪表、举手投足等过硬的基本功，只有熟练运用专项在线教育技术，才能建设好一门在线教育课程。在高校林立、课程重叠的大教育环境下，能"无中生有"地原创性地建设一门在线教学课程，固然是上佳之选，若达不到，也可退而求其次，采取"拿来主义"，即在教育部推荐的24000余门本科在线课程中选取与本人所教课程一致或近似的课程为自己的在线课程支架，根据自己教学实际，移花接木，增删取舍。在这方面，以《道德经》《世说新语》为唯一在线课程教学内容，采用MOOC形式对《道德经》八十一章内容逐章解析、对《世说新语》从国学理念角度进行解读，至少在在线课程教学领域无人涉足，应属原创，而原创性的价值与潜力则是当下难以预测和估量的，这已被两门课程的在线推广与社会应用所证明：2017年"《道德经》的智慧启示"被教育部评为首批"国家精品在线开放课程"，2018年"《世说新语》的国学密码解析"和"《道德经》的智慧启示"获得2018年山东省优秀教学成果一等奖，2019年"《道德经》的智慧启示"获批山东省线上线下混合式一流课程。

五、不谋万世者，不足谋一时；不谋万世者，不足谋一域——在线教学目的的终极性

可以预言，经此"抗疫"，全国高校的在线教学面貌将会焕然一新，显出勃勃生机。

未来的高等教育模式,将打破线下一统江山的业态,而呈现出线下教育和在线教育互动共存的高等教育教学新生态。高校教师如果没有一门自己原创的在线教学课程将会沦为同类优质课程的助教恐怕未必就是危言耸听,甚至在在线课程打破教学师资、教学时间、学习空间、评价体系局限的同时,在线大学建设也指日可待,某些学科的在线本科学位授予也未必是空中楼阁、海市蜃楼。高校教师舍我其谁的勇气与担当应从今日开始,由此,则在线教育目的的终极性不言自喻。

(原载《中国海洋大学报》第 2086 期第三版,2020 年 3 月 26 日)

未来线上授课是一个更广阔的教学平台

海洋与大气学院　刘敬武

2020 年疫情防控期间,为了保证线上教学的质量,大气物理教学团队很早便开始细致地比较分析线上授课的优势和劣势,根据"大气物理学"课程的特点,制订了一个以学生自主学习与教师线上指导相配合的详细教学方案。

在此期间,老师们广泛搜集并精选课程资料。除了为学生提供电子版中文教材外,还从 10 本英文教材中精选了两本作为学生的精读内容,并推荐学生提前观看国家精品课程视频的相关章节视频。同时,根据课程特点,我还重新设计了一套由浅入深的 Python 程序设计题目。线上授课更适合讲授 Python 程序的题目,学生通过 ZOOM 可以非常清晰地看到教师在线展示的 Python 操作过程。线上授课非常依赖学生自主学习的积极性。因担心线上授课难以保证学生自学的效果,于是我便根据每节课的主要知识点和关键内容设置 3 道左右主观题,在 Bb 平台上通过任务单布置课前预习任务,使学生通过回答这些主观题目,对课上将要讲的内容有一个大致的了解。预习作业不在多,而在于精。为了提高学生的预习效率,我要求每项预习任务需控制在两个小时以内完成,在 Bb 平台上提交的预习作业控制在一页,并要求学生上课前一天晚上将预习任务上传提交,以便于我在上课前快速批改完预习作业,总结出学生在哪些问题上认识不足,明确线上授课的重点,在线上课时可以做到有的放矢,在学生预习和教师授课之间形成良好的反馈。同时,课后作业也会与预习作业和线上讨论相配合。比如,课后作业深化预习作业里面的问题,使学生加深印象。通过预习作业、线上讲解和课后作业的密切配合,能够较好地保证教学效果。

面对线上教学这样的新鲜事物难免有恐惧心理。在准备线上授课过程中,我发现一些工具(如雨课堂、Bb 平台、ZOOM 等软件)其实都比较容易操作,习惯后比微信和 QQ 还要简单,这大大提高了工作效率和对线上教学的适应程度。而线上授课的难点在于如何结合课程特点和教师的授课风格保证学生学习的成效。无法面对面互动讲课,这不但会影响授课老师的状态,也会影响学生的学习效果。所以在 ZOOM 视频会议时,我会通过点名提问的方式增加与学生之间的互动。另外,学生也能通过 ZOOM 和 QQ 群进行文字交流,迅速拉近老师与学生的时空距离。

课后学生对线上听课感受进行了积极反馈,也让我吃了一颗"定心丸"。

　　两次线上授课后,我发现线上授课具有独特的优势。线上教学是一片新天地,同样大有可为。如线上授课过程中,学生能够更清楚地看到 PPT 和老师操作电脑的流程,这对于一些强调演示的课程非常高效方便;授课过程可以保存成视频文件,供学生重复观看学习;另外,基于 Bb 平台更容易检查学生的预习情况,为线上授课做好准备。当然,线上授课也有其固有的缺陷,比如互动不便和板书困难等问题,在视频过程中老师和学生的交流也无法达到面对面的通畅效果,但通过一些技术手段和授课时的技巧能够很大程度上弱化线上授课的缺陷,同时发挥线上授课的长处。线上授课不受听课人数限制,进入 5G 时代后,线上授课一定是一个更广阔的讲台。

　　大学课程的根本目的不是传授知识,而是培养创造知识的能力。提高学生通过自主学习获取知识的能力一直是授课老师的努力方向,线上授课正好为学生提供了一个提高自主学习能力的契机。我希望学生能够以更积极的态度应对、理解和掌握线上学习这种新的学习方法。

　　　　　　　　　　　　（原载《中国海洋大学报》第 2086 期第三版,2020 年 3 月 26 日）

在线教学，我的接纳与提升

食品科学与工程学院　毛相朝

　　一场突如其来的新冠肺炎疫情不仅让学生推迟了返校时间，而且让老师也必须用一种新的授课方式进行教学。从 2020 年 3 月 2 日开始，学校实行"教师线上教学、导师远程指导、学生不返校居家学习"的新型学习模式，这对于我这个一直钟爱传统授课方式的人来说，开始真有些不适应，而且每个星期要上六节课，内心对授课效果不免有些担心。"生化工程"是我已讲授了 10 年的一门课程，又和自己的研究方向密切相关，我担心的不是课程内容，而是因自己对线上教学方式的陌生所致教学效果的未知。

　　以前，我始终认为授课的效果取决于老师是否带着责任心去备课、教学内容是否准备充实、是否能够充分调动学生的积极性，更欣然于实际课堂上学生学习兴趣高涨、与老师积极互动，学生把课堂讨论作业手写交来老师批改。而且，"生化工程"课程是典型的应用课程，我总喜欢在每节课开始时用案例描述来引导学生认识课程的重要性、提高学习兴趣以及选择学习专业的自豪感和使命感。网络教学没有了课堂互动，我担心多年已习惯了的教学效果很难达到。

　　为了保证教学效果，课前要做充分的准备。我给学生准备了满满的自主学习任务单，包括了课程总体思路、讲授内容、教学目标、教学方法、教学过程、教学效果评价和课后作业等内容。把课程 PPT、电子版教材与课程相关的视频资料上传到 Bb 平台，同学们可以线上自学与线上互动。采用"学生自学＋随堂测验＋在线答疑＋课后自学"的形式，充分发挥线上 Bb 平台优势，系统设计选择题、判断题等自测题目，并在学生答题后进行实时反馈，使学生能及时了解自己对知识的掌握程度，多次答题设计也使学生能够及时补充自己未掌握的知识，循序渐进，最终达到对课程知识的全面系统掌握。同时，鼓励同学们积极开展学习交流与讨论，提高对课程相关知识的认识和理解程度。

　　然而，即使做了充分的课前准备，两节课下来我发现线上教学与线下教学仍然有明显的差别。

　　最大的感受就是缺乏师生互动导致的失落感。在 10 年的讲授过程中，我特意设计了结合国家层面的战略规划以及目前产业发展现状对人才的需求，引领学生树立专业自豪感和自信心，并且引入国内企业通过课程相关的生化工程技术提高产量和产能击退外资企业垄断市场的产业案例，激发学生凭借自己的专业技能服务社会的民族责任感，从而使得学生带着强烈的好奇心和浓厚的兴趣来学习这一门专业核心课程。每当讲到这里,在面对面的课堂上,我会从同学们充满自信的眼神中看到他们对未来的憧憬,我都会自豪地问"大家感觉我们的专业好不好",同学们则会异口同声地回答"好"。但是,线上教学过程中这些互动都没有了,即使用直播课程,因为担心影响网络效果,学生不能开视频和麦克,我感觉自己像在孤零零地唱"独角戏"。

有同学提出自学课件虽然时间自由,但是由于课程的工程学科特点,涉及很多反应机理方程的推导因为没有老师讲解感觉很吃力。这也正是我一开始就担心的问题。"生化工程"这门课的内容不仅涉及微生物和酶、生物化学的知识,还有大量数学计算的过程,更重要的是还有工程思维的提出和分析的过程,因此学生既要从微观上掌握生物催化剂的反应,又要根据反应过程学会用数学工程思维来解释反应过程。在传统课堂上,教师可以通过板书推导一些重要的反应机理方程,要求学生对类似的方程自己推导,以加深理解、巩固知识。但是,线上教学时仅靠学生自学确实很难理解和掌握推导过程,网上的视频资料有时思路不一致会导致认知混淆。为了使学生能够更好地学习掌握工程推导过程,我一面把方程推导部分做成动画,将方程按照推导过程一步一步放映,一面把自己变成"主播",通过 Bb 平台的 ClassIn 软件进行直播教学,可以随时在课件上标注重点和推导过程,基本可以还原线下面对面互动式教学的效果。

通过逐步改进教学方式,我的经验也越来越丰富,又结合微信群开展一些简单问题的互动讨论。三个周下来,我开始重新认识线上教学,发现线上教学其实也有很多线下教学难以媲美的优点。

第一,改变了传统教学"满堂灌"的方式,真正实现了学生先自主学习,课堂上再有针对性地讲授重点和难点知识,从而提高课堂时间的利用率。第二,老师可以把学习资料准备得更加充分,学生随时可以到 Bb 平台获取需要的资料,开展自主学习。第三,每节课都有在线随堂测试(包括客观题和主观题),能够保证所有学生上课不开小差,当场可以评估其学习效果。多元的评价方式,提高了线上教学的有效性。第四,用 ClassIn 软件进行直播后可以回放,有助于学生课后进行复习和巩固难点知识。这些优点都是线下教学无法比拟的。

全新的教学方式虽然给大家带来了一定挑战,但是隔空不隔爱,老师们都主动参与、积极作为,用特殊的方式陪伴学生一起学习和成长。

(原载《中国海洋大学报》第 2085 期第三版,2020 年 3 月 19 日)

浸润云端课堂，乐享数学魅力
——大学数学课程线上教学案例分享

数学科学学院　王　建

2020 年初，一场猝不及防的疫情，使各大高校均延期开学，教育部号召各高校充分利用网络平台实现"停课不停学"，传统的"三尺讲台"纷纷移至云端课堂，这给以板书授课为主的大学数学课程教学带来了巨大挑战。按照学校"延期返校、如期开课"的安排部署，数学科学学院全体教师不忘初心，牢记使命，同心协力，克服困难，实现了全校大学数学课程线上教学平稳有序、开局良好。本文是数学科学学院教师的一些体会和感悟，抛砖引玉，以期和各位教师交流切磋。

一、课程教学背景

"高等数学"等大学数学系列课程不仅是学习后续专业课程的重要工具，也是引导学生养成良好的学习习惯、树立正确的人生价值观的课程，更是培养学生理性思维、抽象思维、创新思维、分析和解决问题能力的重要载体。如何保证课程的线上教学质量对授课老师来说极具挑战性。针对该课程内容抽象、逻辑严密以及在线教学没有太多经验等问题，学院专门建立了"中海大数学线上课程问题交流群"，各课程组教师纷纷建言献策，积极探索线上教学新模式。

二、线上教学难点

根据课程线上授课的现实状况，结合课程组老师和学生的教学反馈，大学数学课程在线上教学存在以下难点。

1. 多种传统教学手段难以开展，原有教学设计必须调整

目前大学数学课程的授课方式还是以课堂授课为主，常用的教学手段多为课堂面授的形式所设计，为满足学生线上学习这一新型学习模式的需求，原有的教学设计必须调整。

2. 大学数学课程概念抽象、公式复杂，在线板书困难

大学数学课程涉及大量的公式推导，传统授课中教师通常是通过板书来讲授，但线上授课，板书书写变得尤为困难。

3. 教师和学生普遍缺乏线上教与学经验，难以营造课堂氛围

线上授课与传统授课最大的不同就在于线上教学缺少"临场感"。教师和学生已经习惯了传统授课模式，一时之间较难完全接受线上授课的方式，最突出的体现就在于课堂气氛的缺失，缺少了师生之间面对面一问一答的亲切和彼此眼神交汇的温暖。

4. 全国实行在线学习活动，网络稳定性面临挑战

线上授课是一项高度依赖网络质量和稳定性的教学活动，稳定的网络连接是达到教学效果的基本条件。全国各高校纷纷实行在线学习活动，前期开学的学校都遭遇网络卡顿，因此，如何应对各种网络状况也成了一个亟待解决的问题。

三、线上教学方案

虽然大学数学课程线上教学面临诸多挑战，但为了做到"保障到位、监督到位、服务到位、反馈到位"，广大教师集思广益，分享经验，充分挖掘线上教学的优势，对课前、课中、课后三个学习环节制订了详细的线上教学方案，全力以赴做到线上与线下课堂教学质量实质等效。

1. 分工协作，团队引导，做到课前保障到位

（1）准备课堂学习资料。

大学数学教研中心共有 7 个课程组，每个课程组分工协作，借助于学校 Bb 平台，提前将每门课程的教材、讲义、课件、微视频、作业、测试、参考资料等资源上传到平台中。针对学有余力的学生，还提供了数学分析的相关资料以及数学竞赛和考研的资料，用于课下自学。

（2）关注学生个体需求。

2020 年疫情防控期间，因为与教师的时空分离，缺乏校园人文活动的滋养，很容易产生沮丧、焦虑、厌学等消极情感，学生需要教师更多的人文关怀，因此，各位任课教师第一时间建了 QQ 群、微信群，联系到所有的学生；公布了自己的手机和微信号，方便学生联系；通过录制教师和学生自我介绍的微视频，让师生之间互相了解，为接下来的课程直播打下良好的基础。提前准备一些舒缓的音乐和有意思的视频，课件休息时放给学生听，起到开阔视野和放松心情的作用。

（3）修订混合式教学方案。

重新修订混合式教学方案，制作学习任务单，公布在平台上，明确告诉学生每周每次课要完成的学习任务和教师对学习者的反馈交流方式，包括课前课后作业的提交方式

和截止时间、问题交流和作业反馈的方式。学生上课前,需要查看学习任务,完成课前预习,提交预习作业至 Bb 平台指定位置,有问题可以在讨论版留言。

2. 谋定后动,精心设计,做到课中"监督到位"

对网络直播课,学院让教师选择一个主要授课平台及多个备选平台,如 ClassIn 直播、QQ 群直播、钉钉直播、腾讯会议等。学院教师主要采取了 Bb 平台 + 其他平台直播的教学模式,使学生自主学习和课堂参与相结合,时时监管。

(1)Bb 平台 +ClassIn 直播模式。由于 ClassIn 可以播放课件、音视频,更重要的是有黑板功能,因此,大多数教师采取了手写板书和 PPT 结合的课堂讲授方式,跟真实的课堂一样,准点上下课,学生普遍反映效果很好。这种直播坚持以学生为中心,主要针对预习作业、讨论版中学生出现的问题和课程的重难点知识进行讲解。

(2)Bb 平台 +QQ 群直播模式。不少老师采取了 Bb 平台 +QQ 群直播的方式。这种方式可以传输视频,课程直播效果流畅,快捷实现在线即时互动教学。支持教师进行 PPT 演示、屏幕分享、白板、提问等,教师可随时答疑。

(3)Bb 平台 + 钉钉群直播模式。有的老师采取了 Bb 平台 + 钉钉群直播模式。这种模式对学生人数不限,可以共享主播人屏幕,会自动录制直播视频,有直播视频回放功能,便于学生重复观看,加深印象。

(4)Bb 平台 +QQ 群课堂互动。此种方式可让学生下载视频进行观看,避免了直播不流畅的问题,兼顾了学生的复习需求。学生对某一知识点不明白时,可以反复观看相应的视频。

3. 合理安排,充分准备,做到课后"服务到位"

课堂教学结束以后,教师们或者利用平台录制功能或者自己录屏把学习视频同步到 Bb 平台,有疑问的同学可以点击回看。如果还有疑问,可以在讨论版留言,也可以在 QQ 群讨论。学生复习完相关知识以后,可以在 Bb 平台上完成老师布置的课后作业,然后拍照生成 PDF 文件上传到 Bb 平台。

4. 多措并举,保证质量,做到课后"反馈到位"

(1)学生疑问反馈。对于学生学习过程中遇到的问题,教师们都会利用 Bb 平台或者 QQ 群进行在线答疑,对共性问题下次上课会统一讲解并进行反馈。

(2)学生作业反馈。

助教每次批改完后填写作业反馈单,统计作业上交情况、存在的问题及值得称赞的地方,然后把记录单和优秀学生的作业拍照做成一份 PDF 上传到平台上以博客的形式发布给学生,并且及时反馈给任课教师。

(3)教学过程的反馈。

课程进行一周后,绝大部分学生以各种方式向教师反映学习效果很好。每位教师也都纷纷设计调查问卷,了解学生的学习体验,以便对接下来的教学策略进行调整。比如,王建老师的教学班级调查问卷显示:100%的学生对于直播的效果非常满意或比较满意,95.92%的学生认为"PPT+板书"的模式非常好或很好,95.92%的学生对于线上教学的收获和期待的完全一致或基本一致,95.92%的学生认为网上授课与实体课堂学习效果完全一致或基本一致,89.8%的学生对课程讲解打了5颗星(最多5颗星),83.67%的学生表示学习状态非常投入或者愿意投入。

万物复苏、春暖花开时,让我们在美丽的海大校园再相见。

(原载《中国海洋大学报》第2084期第三版,2020年3月12日)

一个新老师的两周线上直播课体会

外国语学院　尹　玮

　　两周的"英语电影赏析"课同步直播课程结束了,教学有序地推进着,盘踞在心头的不安与焦虑也渐渐被平静和些微喜悦替代。教师这一职业的魅力之一在于教学现场的互动。通过与每个学生眼神交流和面对面互动获得的即时反馈可以让我们及时准确地调整教学策略,包括身体语言的使用、语速的调整、适当的激励或惩戒、学习难点的再确认等,达到对课堂资源最大限度的调配、对课堂氛围最优的调动和认知负荷最合适的保持,最终达到学习的最佳效果。

　　线上直播课程,让老师陡然丧失了习以为常的面对面交流的一切优势和学生及时有效反馈带来的"安全感",如何配合线上平台和技术开发新的教学和互动策略,就成为老师面临的新课题。带着这个问题,在第一周课前,我利用投票工具和问卷的方式与学生交流,了解他们对在线授课的看法和在线学习存在的困难。在三个班 118 位同学中,53% 的同学认为线上授课效果不如线下好,42% 的同学认为线上线下有同样的效果,还有几位同学表示线上教学效果优于线下。但同时,他们纷纷表示了对特殊时期在线教学的充分理解和支持,绝大部分同学认为线上授课方式能够满足他们对课程的期待和需求,也表达了对学校和老师所做努力的感谢,认为在线学习促进了他们的自主学习能力,可以有更多的学习资源,学习氛围也比线下学习更为开放和自由,但同时考验了他们的自律能力、专注度和时间管理能力。对在线授课的吐槽集中在线上互动和卡顿、延迟和杂音带来的授课体验上。

　　有了这些沟通做铺垫,我要解决的就是技术问题。以往我采用的混合式教学,线上是线下的辅助,翻转课堂也是基于传统课堂,完整的线上直播教学对我来说是第一次,现有的直播平台和工具还需要重新学习。

　　通过课前调查,我将学生认可度最高的几种方式如 Bb 平台的 ClassIn、腾讯视频、QQ 屏幕分享和 Zoom 都提前测试了一下,一番手忙脚乱下来,竟然也有了一点心得。Zoom、腾讯视频和 QQ 屏幕分享从安装到操作都简单易行,页面设置对新人非常友好,视频内容不多的情况下直播和互动效果都不错。因第一次课介绍性的内容居多,我就用了 QQ 屏幕分享。提前在班级群做好了签到说明和课程内容说明,提醒大家闭麦,上课过程中通过主观问题个别提问和客观题输入"1"和"2"的方式进行互动,有效地避免了卡顿,课堂节奏整体是流畅稳定的,课后分组和作业完成情况良好。

第二周的课程涉及大量短视频,屏幕分享效果不佳,测试后发现从 Bb 平台 ClassIn 云盘中播放视频效果最为流畅,支持录课、回放和学生笔记功能,小黑板、抢答、计时器等各种线上互动小工具完备,在我的班级调查中也是学生的首选。美中不足的是云盘上传上限是 100M,内容多的 PPT 需要拆分,而且云盘上传的 PPT 中无法链接视频内容,略有遗憾。第二周的课程是在多平台支持下完成的,Bb 平台作为授课平台,QQ 群和微信群用来课下交流、投票反馈和签到。线上互动和答疑在 ClassIn 强大功能加持下也活跃了很多。

在线同步直播课程的重点不是直播,仍是课程,需要课程设计、课前准备、课堂互动和反馈,还需要课下作业与下次课程的衔接,课程内外与学生的交流,无论线上或者线下。

从备课到线上直播,我心里充满感恩。正式开学前的几周,OUC 教师交流群、海大 Bb-ClassIn 教师服务群、学院的工作与交流群,还有教学支持中心的老师和技术人员早早开始给予我们线上教学和技术的支持,教学促进团队的小伙伴儿们也动态分享了心得体会,所以两周的直播课程才得以顺利完成。感谢我可爱的、高素质的学生们,他们不仅配合地学习,也给了我很多课程的建议和反馈。他们的体谅、支持和鼓励对我的成长也很重要。这些都让我体会到:共赢的前提是我们是一个共同体——资源的共同体、学习的共同体、成长的共同体。

直播课程让很多和我一样的老师有机会实现授课方式的"跃迁",过程中存在着很多小问题,需要一边摸索一边改进。可能后面的课程还会面临更多的新问题,比如线上课程新鲜感过后带来倦怠。我一直鼓励自己:允许试错,但别停止探索。对我而言,从未如此真诚而努力地想向我的学生靠拢,想给他们更多信赖和支持,想为他们点赞,想和他们有更深入而良性的互动。

(原载《中国海洋大学报》第 2084 期第三版,2020 年 3 月 12 日)

"2+2"多平台融合教学助力学生自主学习

文学与新闻传播学院　柴　焰

"电影与人生"课程为学校本科通识立项课程,是我的教学团队建设的"影视文化"系列通识课程中的一门,自 2018 年秋季学期首次开课以来,受到了全校各专业本科学生的喜爱。据 2019 年教务处发布的学校通识课程教学质量测量诊断支持系统课程教与学"体检"报告显示,2018 年秋季学期"电影与人生"课程属于教学质量好、学生刻苦学习程度高的优质课程。

这门课一直采用混合式教学,建立了比较完整的以学生为中心的线上线下教学模式,教学效果良好。2020 年春季学期,按照学校在特殊时期对本科教学的特殊要求,我们积极调整教学方式,采用"2+2"即两个线上平台(中国大学 MOOC 平台、Bb 平台)、两个微信平台("海大电影课"微信公众号和班级微信群)相互融合的教学方式,力求更贴近学生的学习需求,更主动地优化课程教学资源供给,更有效地完成教学目标。授课教师在教学中以"鼓励者""调动者"的角色,主动放手,强化对学生自主学习的鼓励和激发,重在调动,鼓励交流,连动资源存量,形成师生学习共同体,让学生在主动观察、研究思考、交流分享中实现更有价值的深度学习和自我成长。

"2+2"多平台融合教学在"电影与人生"课的具体教学中分课程准备和课程教学阶段。正式开课一周前,授课教师在 Bb 平台发布了多条公告,详细阐释了课程的教学内容、教学目标、教学要求、课程考核方式等,并上传教学大纲、教学日历。开课前,建立班级微信群,所有选课同学入群。确定两名助教以及组建 4 ～ 5 人构成的学习小组。课程教学阶段分课前、课中、课后三个模块。

课前,选课同学要注册登录中国大学 MOOC 平台,完成教学团队建设完成的、同步开课的慕课电影鉴赏进行线上辅助电影知识的学习,完成测试题和课程讨论题;教师在 Bb 平台上传课程所有的教学资料,包括每个章节的授课视频、音频、讲稿、PPT 以及相关拓展学习的电子书、短视频等,打造"超量供给、限量选用"的资源池,给学生们提供更多样、更有趣、更适宜的教育供给。每一章节的学习任务也都在 Bb 平台发布,每周授课教师都会以 PPT 音频的形式详细布置学习任务,包括课程线上学习内容、学习进度、小组讨论问题、学习成果分享与展示等。

课中,如何让学生保持在线学习的欲望和兴趣、保证学习效果至关重要。"电影与人生"课以往在线下进行的学生课堂讨论调整在移动端完成。辅助课程教学的微信公众号"海大电影课"每周三、周五推送讨论题,学生留言进行公开讨论。老师根据线上学习情况的数据以及学生留言对思考题的理解情况,在班级微信群以"视音频方式"有针对性地对课程学习内容的重难点问题进行讲解,并对学生的讨论情况进行点评、互动和指导。课程设计注重项目式、探究式等学习方式,组织学生以小组为单位共同完成锻炼综合能力的学习任务。比如,以小组为单位开展以"爱国情奋斗者"为主题的主旋律电影评论和演讲活动。每个小组进行充分讨论、写演讲稿,推选一人将自己观看主旋律影片的评论以及人生感悟录制成带 PPT 展示的 3 分钟演讲视频。演讲视频将在 Bb 平台和"海大电影课"微信公众号进行公开展示。这些多渠道、多载体、多元素的教学形式有助于学生在学习过程中始终保持参与感,保持学习的热情,提高学生自主学习的专注度和效果。

课后,微信公众号"海大电影课"每天更新,择优推送选课学生的原创影评作品、微电影作品以及课程活动成果视频等,检验学生的学习效果。公众号所推送的影评、视频不仅在推动学生学习成果转化方面发挥了巨大作用,而且在促进学生对电影学习的热爱、师生之间学习交流、拓展知识视野等方面很有帮助。

"电影与人生"课在"2+2"多平台融合教学中创新评价机制,建立多元交互的评价体系,强化学生学习的过程性评价。学生线上学习的大数据、课程讨论情况、微信群交流互动情况、小组探究开展情况、发表在"海大电影课"公众号的影评文章等都进行量化积分,计入平时成绩,同时这些学习信息也形成了一个个"档案袋",成为学生学习成长的生动记录。

"电影与人生"课将不断优化授课模式,让学生足不出户也能够汲取新知、积淀思考、升华情感,受益良多。

（原载《中国海洋大学报》第 2084 期第三版,2020 年 3 月 12 日）

探索实践以学生为中心的教学理念

国际事务与公共管理学院　王宇环

随着大学教育的发展和新时代对人才培养要求的提高,由教师主导的课堂已经无法满足学生的学习要求,学生需要从接受性学习调整为自主性学习。研讨型教学作为大学教学的一种重要形式,致力于培养学生的问题意识和创新思维,在教师和学生以及学生之间的互动学习中,切实培养学生的自主学习能力,这成为研讨型教学的核心目标。

"当代西方政治思潮"属于国际事务与公共管理学院政治学与行政学专业的必修课程,每年春季学期对大二学生开设。课程主要介绍20世纪70年代以来西方的政治哲学理论和思想演变,帮助学生了解西方社会,提高理论思维水平和分析问题的能力,增进学生对西方社会政治生活的认识。在针对这门课程的研讨型教学设计中,我主要围绕教学大纲的设计、研讨过程的设计、课程评价指标体系的设计以及学生意见反馈几方面进行。

首先,教学大纲的设计。课程围绕功利主义、自由主义、自由至上主义、社群主义、公民资格理论、文化多元主义六章设置内容,分别设计研讨的主题和形式,准备研讨的文献材料。

其次,研讨过程的设计。2018年春季学期,该课程作为研讨型教室的第一轮试点课程,根据研讨型教室的情况,将全部38名学生分成5组,每组7～8人,各组推选组长1名、副组长2名,明确各自责任。开学初将全部参考资料(包括教学大纲、教学日历、阅读材料)发予学生,明确每一期讨论的时间节点,让学生准确掌握课程进度。在教师设计研讨主题的基础上,让学生自主设计核心议题和研讨形式,发挥学生的主动性、积极性,激发其创新能力。

再次,改革课程评价指标体系。改革以加强过程考核、最大化平时成绩占比为原则,将平时成绩占比扩大到50%。平时成绩由小组内评分、出席率、课堂发言、组别间整体表现四部分构成,占比分别为2:1:1:1。由此,学生的成绩构成更多地体现其努力程度,而不是僵化地记忆,鼓励学生阅读文献,通过思考提出和解决问题。

最后,收集学生反馈意见,对课程进行不断改进。在学期末的问卷调查中,84%的学生认为研讨型课程相对于传统课程来讲有助于学业进步,其中45%的学生认为对于学业进步的帮助非常大;学生在不同程度上认为研讨型课程提升了自身的文献阅读能力、写作能力、语言表达能力和团队协作能力;在对小组学习效果的调查中,有 66% 的学生认为小组的学习效果好,但这一比例并不高,说明在今后的小组学习设计上仍需探索更好的方式和方法;在对研讨型课程是否增加了课外学习时间的调查中,100% 的学生认为增加了,其中 32% 的学生认为课外学习时间有较大幅度的增加;在对评分体系的调查中,95% 的学生认为评分体系合理,其中 42% 的学生认为非常合理。

2018 年春季学期的"当代西方政治思潮"课程,是我首次探索实践对本科生进行研讨型教学,尝试通过课程改革,使学生更好地了解并掌握 20 世纪 70 年代以来西方的政治学家对功利、自由、平等、正义、权利、社群、共同善、公民美德、公民资格等的认识,熟知其核心内涵及内涵的演变与差异性,从而开阔视野,增进知识积累。明确不同理论与价值的相互继承与批判关系,认识各理论及主要思想家观察、分析政治现象的视角和方法,把握其内在关联与基本逻辑,锻炼并提高政治智慧和政治思维能力,形成对未来政治与社会生活核心价值的构思。批判地分析其精华与缺陷,尤其是认清所谓"普世价值"的阶级本质与局限性,增强政治敏锐性和鉴别力。在与同事和学生的交流中,我也认识到课程设计仍有进一步改进的空间,期待在今后,通过学校和学院提供的各种促进教学提升的平台,并在课程教研团队的探讨中,吸取更多的经验成果,促进教学水平不断提升。

(原载《中国海洋大学报》第 2044 期第三版,2019 年 1 月 19 日)

哲理，己见，趣味，情怀
——跳脱专业科普课的通识之道

党委宣传部　陈　鸢

高校要挤水课，意义重大，当挤之水也的确不少。在我看来，当前高校有相当一批以"通识课"名目开出的，其实不过是科普化、简约化了的专业课也当在被挤之列，至少应在被改造提升之列。因为它们达不到通识教育的目的。

何谓通识？通识教育的目的是什么？这是建设高质量通识课的认识前提。其实答案也并不难。所谓通识，无非是追求古今、中外、文理之融通，追求知识、见识乃至于胆识之获得。而通识教育的目的，就是充分拓展学生的眼界，增强学生对知识整体性的把握，实现不同领域知识的互鉴，认识到更加普遍性的规律，从而知致意诚，培养出通达的性情和超越的智慧。

因此，简单化、科普化了的专业课，依然只是专业课，一定达不到通识教育的目的。

当然通识课也不能是空中楼阁，它还必须依托具体的专业或跨专业的知识构建起来。问题是开课教师一定要明确通识的内涵，瞄准通识教育的目标，对自己的专业知识进行通识化而非简单科普化的改造提升，使它跳脱专业科普课，变成高质量的通识课。

那么如何才能跳脱专业科普课，开出更加有启发性、吸引力和提升学生通识素养的通识课程呢？笔者通过观察研究和教学实践，提出以下四点建议，供大家参考。

一、哲理

哲理对于人的启迪无疑比具体的专业知识更大。当然具体的专业知识是哲理的基础，有基本的专业知识在先，在其基础之上提炼出来的哲理更利于人们对哲理的理解。所以通识课必须依托具体的专业或跨专业的知识开起来，但又要努力从具体的专业知识中提升凝练出哲理，让具体的知识与哲理两相结合，启发学生，达到通识之效。

受此启发，我在设计通识课"读天与人类的成长——数学·天文与人文"时，就这样来做。比如讲到天文学由"地心说"进入"日心说"的过程，我先讲"地心说"的错误给人们带来的困扰——以地球为中心建立的天体模型，对行星逆行等各种现象难以解释，而且观察获得的数据越多越准确越难以解释，于是就不断地修饰模型来适应观察结果，给每颗行星都设计了十分复杂的轨道,又是本轮,又是均轮,又是偏轮,整个天体模型越改越繁杂。而"日心说"一出来,一切困扰迎刃而解。以太阳为核心,包括地球在内的行星都围绕太阳做非常简单的圆周运动,宇宙一下子就变得简约而美丽了。

讲完这个事实和相关知识,我们不能就此完结,而要抽取哲理。接着说:由"地心"到"日心",动了一下"心",结果满盘皆活了。这个科学故事启迪我们,当遇到无论怎样修正都难以完美甚至越搞越复杂的事情时就该想想,是否我们最基本的出发点就错了?

进而,我们说:真善美实际统一于自然。由"地心"到"日心",这件事情看起来使得人类和地球在宇宙中的地位下降了,却反而标志着人类理性和智慧的升腾。其实人的成长成熟也是如此,当他不再以自我为中心,而是认识到自己不过是人群中普通的一员,是宇宙中一粒尘埃时,反而标志着他成长成熟,智慧升华了。

进而,我们还要说:今天,我们接受了许多前人的结论,可以"站在巨人的肩膀上"继续攀登。这是我们的幸运,但也可能是我们巨大的不幸。最令人担心的是,我们接受的也可能只是一个被夸大了的局部真理、一个片面的认识,甚至根本上就是一个错误的结论——就像托勒密的"地心说"。

我们在接受结论的同时,往往忽略了前人探索中的教训、智慧和方法,实际是丢掉了前人传给我们、支撑我们走得更远的路标和拐杖。

而这些路标和拐杖中最重要的就是哲理,如大道至简、阴阳和谐、天人合一……

二、己见

我们无论讲哪门课都常常要介绍各家各派的观点。介绍前人特别是那些权威的观点当然是重要的。但在此基础上,我们一定要有自己的观点,哪怕是自己更加倾向同意的一个观点,并说明理由。这样可以传达给学生一些新意,至少教给学生看问题的角度和方法,否则就成了简单的知识二传手。

我在讲"春秋战国及其对后世中国的影响"这门课时就很注意针对历史人物和事件谈自己的看法。

比如讲完"完璧归赵"这个故事后,我接着会说:"其实这个《史记》故事有很多令人生疑的地方。如果说秦国真要找进攻赵国的口实,蔺相如欺骗秦王并将和氏璧偷偷送回赵国的做法比不送和氏璧入秦没有多大区别,甚至情理上应该更加令秦王生气,更可以作为发动战争的口实。历史记载只注重宣扬了蔺相如的机智勇敢,没有深入分析秦昭王的战略用意。纵观历史,秦昭王绝对不是个贪小利而忘大事的人。我揣测,秦昭王只是想借以城换璧这个诈谋,来试探赵国上下对秦国的态度和赵国实际的抗秦能力。结果一试,发现赵国上下对这样一件近乎玩笑的事情噤若寒蝉,草木皆兵,而又乖乖入套。其国力几斤几两,其君臣对秦国的惧怕程度就了然于胸了。当赵国为发现了一个外交英雄而欢呼的时候,秦昭王则为看透了赵国的可怜而乐不可支了。也可以说是秦昭王的大谋略成就了完璧归赵的蔺相如。试想,秦国担心的是一个能说会道的蔺相如,还是那个能征惯战的将军廉颇？赵国竟然因为蔺相如的这种外交功绩迅速提拔他,却冷落了百战建功的将军廉颇,虽然后面有个'将相和'的故事,也不过说明了廉颇的胸怀之大。"事实上,进一步考察历史,正如我所料,经过以城换璧的试探,秦对赵的底气和实力了如指掌后,从公元前282年开始不断进攻赵国,占领了赵国大片土地和城池,并消灭了赵国两万多军队。后来国之柱臣廉颇也终因愤恨离开了赵国。这不能不说是秦昭王用一个弥天大计欺骗了赵国,也骗过了司马迁,又通过司马迁的妙笔误导了后世千万人。

这就是我对"完璧归赵"这个历史故事的见解,未必正确,但可以让学生看到我思考问题的角度和方式。

三、趣味

趣味是吸引学生学习知识的重要因素。作为教师,我们要先体味到知识的趣味,然后把它传递给学生。在通识课程素材选择上,也可适当选些有趣的内容,引人入胜。

我讲课时在材料的选取和表达上也很注重趣味。比如讲到古人的智慧,我就引用了《墨子·鲁问篇》记载的一个有趣的故事:鲁班发明"钩拒"。

这个故事说的是鲁班到楚国游历,看到楚国人同越国人在长江上交战,越国人驾船经验丰富,在水上活动灵活。得势时他们就猛攻,楚国人躲之不急;失势时他们就快逃,楚国人追不上。楚国人不知如何应付是好。鲁班就为楚国人设计了一种水战设施,名叫"钩拒"。其实结构很简单:一个带有钩子和叉子的东西,当敌我双方船只靠近时,用这种"钩拒"把双方的船钩拒起来,让敌船想靠也靠不上来,想走也走不掉。然后楚国士兵就拿出他们特制的专门适合于这种"钩拒"长度距离的武器攻击越国士兵,而越国人的武器要么太长不得劲,要么太短够不着,只能干等着挨打。楚国人就靠"钩拒"赢得了战争。

这是古代军事技术上的一个创造发明。虽然这种具体方法已经过时,但是它所深含的思维方式对我们今天仍然有深刻的启迪作用。它告诉我们应该把那些难以把握的研究对象设法控制在一个相对稳定、便于我们研究和处理的范围之内,然后再研究使用适合于这个相对稳定范围的工具和方法来进行观察、研究和处理。巧合得很,2017年三位诺贝尔化学奖得主所发明的冷冻电子显微镜,正是这种思想的产物。

四、情怀

任何一门知识都凝聚了无数先贤的智慧和他们对自然、人类、家国的情怀。教师在讲通识课时,也应该传递这种情怀,启发学生心忧天下、怀抱古今。

我在课堂上总爱讲《史记·太史公自序》中一段感人的话,就是司马迁的父亲临终前对他的嘱托:"先人有言:'自周公卒五百岁而有孔子。孔子卒后至今五百岁,有能绍明世、正《易传》,继《春秋》、本《诗》《书》《礼》《乐》之际？'意在斯乎！意在斯乎！小子何敢让焉！"一位父亲临终嘱托儿子的是为中华文化继绝学,集大成。我想正是有了这样的教诲,司马迁才能说出:"人固有一死,或重于泰山,或轻于鸿毛"的话,才能忍受宫刑之辱完成《史记》的写作。

哲理、己见、趣味、情怀,这就是笔者对如何开好通识课,特别是从专业科普课中跳脱出来,开出高质量的通识课程,达到通识教育之目的的浅见。期待方家批评!

(原载《中国海洋大学报》第 2038 期第三版,2018 年 11 月 29 日)

关于思想政治理论课改革的一点思考

马克思主义学院　李艳霞

提高本科教学质量是我国高等教育界常抓不懈的一项艰巨任务。2007 年以来，教育部、财政部先后颁布《关于实施高等学校本科教学质量与教学改革工程的意见》《教育部关于进一步深化本科教学改革提高教学质量的若干意见》等文件，提出要进行"本科教育质量工程"建设，并指出，要"推动教学内容与教学方法的改革和研究"，"大力推进教学方法的改革"，"要坚持知识、能力和素质协调发展，继续深化人才培养模式、课程体系、教学内容和教学方法等方面的改革，实现从注重知识传授向更加重视能力和素质培养的转变"。《国家中长期教育改革和发展规划纲要（2010—2020 年）》也提出"把提高质量作为教育改革发展的核心任务"。思想政治理论课也不例外，教育部将 2017 年确定为"高校思想政治理论课教学质量年"，为响应这一号召，教指委和全国高职高专思想政治理论课建设联盟的 200 名专家深入全国 2596 所高校的课堂进行听课指导，这种力度恐怕在新中国成立后也是十分罕见的。可见，本科教学改革势在必行。

在这样的背景下，学校马克思主义学院的教师也纷纷根据自己所教课程的特点在整合教学内容、改革与创新教学方法和教学手段等方面做出了积极的探索与有益的尝试。结合近些年来的教学实践，我认为思想政治理论课改革应在以下几方面下功夫。

第一，在整合教学内容方面下功夫——专题式教学——这是教学改革的第一步。教学内容是讲好一门课的基础。与其他专业课不同的是思想政治理论课使用的教材必须是教育部统编教材，教师不能自编教材，所讲内容必须以教材为依据。但教材内容往往以"章节目"的形式出现，过于死板，且思想政治理论课的四门课程（"思想道德修养与法律基础""马克思主义基本原理""近现代史纲要""毛泽东思想和中国特色社会主义理论体系概论"）还存在内容相互交叉的现象，因而每门思想政治理论课都面临着如何实现由教材体系向教学体系转化的问题。专题式教学，即依托教材，打乱教材"章节目"，设置若干专题，是有效解决这一问题的关键。但如何设置专题则具有一定的技巧，否则容易造成混乱。以"毛泽东思想和中国特色社会主义理论体系概论"（简称"概论"）课程为例，教研部在专题设置上经过了仔细的研讨与论证，秉承以下基本原则：一是专题内容不脱离教材，并且要把教材的难点、重点讲解清楚；二是专题设置以一条主线贯穿其中，避免逻辑关系混乱；三是专题设置要结合社会热点，体现时代性；四是每个专题都要注重理论联系实际,注重知识的体系性讲解。在充分考虑以上四大原则的基础上,教研部以实践探索与理论成果为主线设置了马克思主义中国化与中国化的马克思主义、中国革命道路探索的重要理论成果、中国特色社会主义建设道路初步探索的重要理论成果、中国特色社会主义总任务的探索与实现、社会主义改革开放的探索与实践等八个专题。专题式教学要求教师高度整合教学内容。例如,在"概论"课第四讲"中国特色社会主义的总任务的探索与实现"中,教学要求先从党的十九大报告出发,告诉学生中国特色社会主义的总任务是什么,然后讲解这一总任务探索的基础——认识基础、国情基础以及历史方位,最后再讲解如何实现这两个总任务。这一讲解的逻辑顺序把教材中的社会主义本质论、社会主义初级阶段理论、中国特色社会主义进入新时代等内容毫不牵强且巧妙地融合在一起,既体现了理论与实践的高度统一,又体现了理论间的承接与发展。

第二,要在问题导向上下功夫——思想政治理论课要以理服人——这是教学方法改革的关键。人们习惯上把思想政治理论课简称为"思政课",个人并不认同这一说法,因为"思政课"这一简称往往忽略了其理论意义,使人们认为"思政课"没有多少理论内涵,只是单纯的说教。教师在授课中,如何规避"思政课"就是"说教课"的传统认识,以理服人是关键。以理服人,要避免直接告诉学生结论,而是通过理论阐述、数据支撑和其他证据材料佐证观点。以"概论"课为例,在讲到社会热点"我国是否存在两极分化"时,设置问题链:什么是两极分化——如何正确认识两极分化?——我国是否存在两极分化?(感性认识)——国际上评价社会成员贫富差距的指标是什么?——我国的基尼系数是多少?(客观给出官方、民间及国际组织的统计结果)——根据数据判断我国是否存在两极分化?——对基尼系数判断两极分化临界点的本土化分析——专家学者给出的建议——现阶段我国基尼系数过高是否是正常的?——我国应采取哪些措施防止两极分化的出现?通过问题链的设置为学生客观提供资料,让其自己得出结论,这种问题导向式教学实际上更趋向于研讨式教学,可以活跃课堂气氛,并使得出的结论更加具有说服力。

第三,在鼓励学生参与课堂方面下功夫——打破课堂主体一元化——是教学改革的重要一步。这里所说的学生参与课堂不单纯是指通过教师提问学生回答的式参与,而是指课堂上给学生充分的时间,规定讲解的范围,学生在给定的范围内进行选题,能够真正参与课堂内容的讲解,甚至参与成绩给定。参与是学生由被动学习转变为主动学习的关键。学生能够真正参与课堂的前提是:第一,学生对所讲内容具有足够驾驭能力,包括对知识的理解把握能力、分析问题与解决问题的能力、组织能力、团队协调与沟通能力、驾驭课堂的能力等。第二,学生对所讲内容具有足够的兴趣;第三,有足够的时间相对完整地讲解一个问题。以"概论"教研室的教学改革为例,为鼓励学生参与课堂,教师采取了模块式教学法,课堂授课被划分成两大模块,即学生展示模块与教师讲授模块。两大模块的授课主体分别是学生和教师,模块设置时间为2:8。考虑到"概论"课的特点,学生被分为若干讨论小组,讲解的范围分为两大块:一是自选选题,二是规定选题。自选选题以近期发生的某一事件入手,鼓励学生利用所学知识分析社会热点现象、社会问题、国家政策、国际关系等内容;规定选题以课本的热点为依托,规定学生选题范围,诸如美丽中国、供给侧结构性改革、村民自治、低碳经济、乡村振兴。在学生展示后鼓励学生间的探讨,除课堂以外,还可以利用 QQ 等平台,展开课下讨论,实现对课堂学习的课下延伸。实践证明,这一做法充分地调动了学生参与课堂教学的积极性。每当看到学生讨论小组下课后还在教室里探讨课堂展示内容,每当看到课堂展示时主学生娓娓道来,每当看到学生编排的一个个情景剧和微电影……都能深切感受到学生积极参与的热情,教师也会感到十分欣慰。

总之,思想政治理论课教学改革是一项系统工程,这一改革任重而道远,只有进行时,没有完成时。

(原载《中国海洋大学报》第 2038 期第三版,2018 年 11 月 29 日)

用演讲的心态对待课堂

马克思主义学院　刘永祥

蔡元培在就任北大校长演讲时说:"大学者,研究高深学问者也。"大学,不是名利场,而是一片净土。这片净土的成分,其实并不复杂:老师和学生。老师潜心钻研,学生认真求学,是一所好大学的必备条件。沟通二者的桥梁,正是课堂教学。知识,只有经过传递,才产生价值。因此,学生是一切大学工作的中心,自当毫无疑问。如何把学生培养成具有独立思考能力的人,如何让学生更有效地接收信息,是每一位老师都应该下功夫钻研的一门学问。

需要特别说明的是,尽管在总的教学理念上存在共通之处,但学科之间的差别有时候大到无法想象。故而,以下所谈有关"中国近现代史纲要"的些许教学体会,可能对文科教学更有针对性。我的做法归结起来只有一句话:用演讲的心态对待课堂,把每一节课都当作一场公开学术演讲!众所周知,任何学问都包括知识、方法和视野三个层次的学科训练,但人文学科最根本的落脚点仍然在于触动学生的内心,而在所有的输出形式里,最能直指听众内心者,当首推演讲。

一场演讲要想取得成功,首先要有完整的讲稿。讲稿必须十分详细,怎样开场,怎样谋篇布局,怎样上下串联,哪些地方应该使用排比句,哪些地方应该使用疑问句,哪些地方问而不答,哪些地方需要现场讨论,都应有所设置,要把每一句话、每一个词都写得清清楚楚,尤其要注重整体上的起承转合与环环相扣。讲稿完成以后,需要下功夫背诵,只有背诵得相当熟练,方能保证课堂讲述的流畅性,做到浑然一体,不至于太生硬。熟练到什么程度呢?不仅起承转合处的语句要背诵,PPT 中要展示的内容,像历史学经常引用的一些经典史料、最核心的话语都争取做到面向学生脱口而出。对讲稿精耕细作,方能在台上妙语连珠。那种认为大学授课不需要讲稿的观点,恐怕是很大的误会。

其次,演讲最重要的是什么?或许有人会说是技巧,诸如语调上的抑扬顿挫、与听众之间的眼神交流、合理而有度的身体动作等。技巧当然非常重要,但我觉得最重要的,是付诸情感、投入情绪。换言之,教师从内心里认同、喜爱所讲的内容,也想让学生发自内心喜爱,这是一个共情的过程。当我们真正投入情感以后,课堂讲述一定不是平淡的,而是吸引人的,让听众不自觉地进入所建构起来的场景里面。正如当年胡汉民评价青年汪精卫的演讲时所说:"出词气动容貌,听者任其擒纵。"这自然是演讲的最高境界,而投入情感无疑是极为关键的。

但是,几乎每位老师都会遭遇一个普遍性的问题,就是课程的重复讲授。疲惫,几乎无可逃避。每一位走上教师岗位的人,都必定对这份职业抱有热情和敬畏之心。但长年累月的重复,还是会一点点消磨掉教师的激情。要克服这一点,我觉得办法有两个:教学改革和自我激励。只有不断更新教学内容和教学方法,才不至于陷入僵化,才不会让这门课变成一门"死课",这在某种程度上需要科研做支撑;只有不断自我激励,在大脑中形成第一次讲授的潜意识,才能让自己踏入教室的那一刻,面对听讲的学生,调动起所有的情绪、所有的激情、所有的状态,才能真正享受这一过程。对教师来说,最可怕的是将教学当作任务来完成,一旦有了这种心态,学生立刻就能觉察出来。所以,捍卫那份最初的激情,才是教师所有力量的源泉。使命感,不可缺。

此外,演讲和授课都属于知识传递,必须考虑受众。一味以自我为中心,不愿意站在学生角度思考问题的老师,恐怕不能称之为合格。就海大而言,理工科学生居多,他们大都在高中时代就告别了历史学习,所以在课程设计上,必须遵循由浅入深(由简到繁)的模式,开始时"叙事"成分多,通过"叙事"引出"道理"。当学生慢慢适应教师节奏后,再增加理论"分析"的成分。毕竟,教学的目的不单单是传授知识,根本落脚点仍然在于解决问题的方法和视野。但如果一开始过分强调学科框架,全部是理论分析,对于20岁左右的年轻人来说太枯燥了,稍不留心会让课程失去吸引力。学生不想听,教师讲得再深刻,效果也只能是零。所以,不能一味求全,应更注重"点"的启发,每节课让学生从内心里认同几个核心"点"(在PPT最后进行提炼),慢慢积累起来,也就摸到学科门槛了。

至于语言表达方面,我尝试用两种极端的语言表达方式来建构课堂:一是活泼的、幽默的,甚至可以是段子,当然一定要掌握好度;二是文学的、严肃的、有气势的。这两种方式看似不搭边,其实可以融合在一起,用活泼的来映衬严肃的。同时,因为是思政课,所以我在课程里面贯穿了"驳斥历史虚无主义"的主线,对类似"侵略有理、殖民无罪"以及抹黑民族英雄等行为都加以驳斥,也喜欢将时事热点和新名词随时加入课堂,能够在一定程度上拉近和学生的距离。人文学科的价值之一,是指导现实、预测未来,所有的知识都应该能够作用于学生的现实,包括物质的和精神的。

值得注意的是,当前高校教学正在大力提倡以学生为中心,大方向自然没错,但不可生硬地照搬照套,必须根据具体的专业和学生知识储备来合理设计,尤其不能流于形式,将其等同于简单的分组合作,有时会适得其反。学生的课堂参与方式有很多,应根据实际情况来灵活处理。

从2002年成为一名本科生算起,我一直身处大学之中,至今已有16年。对于每位教师都必须参加教学评估的制度,是到海大以后才真正领略。说心里话,起初觉得这有点小题大做,认为大学应是个性张扬、思想放飞的场所,有必要设置那么多条条框框吗?等真正参加过评估后,才知道这是多么大的误解;才知道,这项制度对于学校的教学发展和教师的自我提升作用有多大!教学评估不是工厂生产,不是要用刻板的模型困住老师,而是在尊重每一位老师个性和每一门课程性质的前提下,寻求一种更佳的知识传递方法,让老师和学生之间的交流更为畅通,让本科教学始终保持高水准。它唯一的目的,在于发现问题。评估专家会针对不同课程提出专业意见,有时课间交流讨论不充分,还会专门打电话或发邮件提出建议。这是最让人感动的地方,说明专家对此事高度负责,一切以提高教学质量为中心,不走过场,不搞形式。

(原载《中国海洋大学报》第 2033 期第三版,2018 年 10 月 25 日)

后记

露珠虽小,却可以折射太阳的光辉。

本书收录的内容虽然只是学校教育教学工作的"沧海一粟",却可以从中窥见海大教师赓续优良传统、坚持修身立德、矢志追求卓越的良好精神风貌。

距《我在教学一线》第一辑出版已过去五年。五年,不算长,也不算短。五年间,学校的人才培养工作和师资队伍建设均取得了显著的成绩。2018年,学校开展了本科教学工作审核评估,对人才培养,特别是对本科人才培养进行了有强度、有深度的反思、讨论和改进,全校上下对人才培养根本任务、本科教育中心地位的认识得到进一步提升,重视本科教育的氛围更加浓厚。随着《中国海洋大学一流本科教育行动计划(2019—2024)》(即"海大本科教育30条")全面实施,学校深入落实立德树人根本任务,形成全员、全过程、全方位育人格局,进一步优化专业体系,重构专业核心课程和通识教育体系,创新人才培养能力显著增强。

本书收录的部分作品讲述了海大师生齐心协力克服新冠肺炎疫情不利影响、确保教育教学工作顺利开展的先进事迹。虽然新冠肺炎疫情已经过去,但海大师生在此期间表现出的不畏困难、共克时艰的优秀品质和在教育教学工作中形成的甘于奉献、勇于创新的先进经验值得铭记、学习。此外,本书对收录作品原文中一些不规范之处进行了修改完善,以期更好地为读者理解。

因能力水平有限,遗漏、欠妥,乃至谬误之处在所难免,恳望各位读者不吝批评指正。

编　者
2023 年 10 月